AF302812

Joseph D. Unwin

Sexualität und Gesellschaft

Warum sexuell freizügige Gesellschaften
langfristig scheitern

Bibliografische Information der Deutschen Nationalbibliothek:
Die Deutsche Nationalbibliothek verzeichnet diese Publikation
in der Deutschen Nationalbibliografie; detaillierte bibliografische
Daten sind im Internet über dnb.dnb.de abrufbar.

Titel der Originalausgabe: Sex and culture
Oxford University Press London 1934
Übersetzung (gekürzt): Stefan Baus
© Stefan Baus Taufkirchen Deutschland 2022
E-Mail: stefan_hermann_baus@yahoo.de
Herstellung und Verlag: BoD – Books on Demand, Norderstedt
Gestaltung und Umschlag: designenlassen.de
Schmitz Mediengestaltung
ISBN: 978-3756-20913-2

Inhalt

- - -

Tafeln und Abbildungen

Warum sexuell freizügige Gesellschaften langfristig scheitern – Vorbemerkungen des Übersetzers

Schlaglichter auf den Wandel der Sexualnormen

Am 5. Juni 1956 trat Elvis Presley, der „King of Rock 'n Roll", in der US-amerikanischen Milton-Berle-Show auf und spielte den Song *Hound dog*. Gekleidet war er, wie damals als Musiker üblich, mit Hemd, Anzug und schwarzer Hose. Gegen Ende, während eines langsameren Blues-Teils, machte der Sänger vor dem Mikrofon für einige Sekunden laszive Hüft- und Beinbewegungen im Rhythmus des Songs. Das Publikum reagierte unterschiedlich, teils mit verzücktem Klatschen und Begeisterung, aber auch mit Erstaunen und Fassungslosigkeit. Die Brisanz von Presleys erotischen Bewegungen war für alle im Saal spürbar. In den Medien löste der Auftritt umgehend einen Skandal aus. Presley wurde vorgeworfen, dass er „körperlich enthemmt und fanatisiert" auftrete und sein Tanz „voller sinnlicher, jugendgefährdender Impulse" sei.[1] Die Heftigkeit der Reaktionen lag darin begründet, dass der Sänger mit seinem aufreizenden öffentlichen Auftritt gegen die damaligen Sexualnormen verstieß. Mit vehementen Protesten versuchte das damalige Establishment die strengen Sitten und Werte zu verteidigen, mit denen es selbst noch aufgewachsen war: Sexuelle Anspielungen in der Öffentlichkeit galten als unsittlich; bestimmte Gesten und Bewegungen hatten außerhalb der Ehe nichts verloren. Bei folgenden TV-Auftritten wurde Elvis Presley aus Jugendschutzgründen nur vom Oberkörper aufwärts gezeigt.

Ein Zeitsprung: Am 7. August 2020 veröffentlichten die US-amerikanischen Rapperinnen Cardi B und Megan Thee Stallion den Song *Wet-Ass Pussy* (übersetzt etwa „verdammt feuchte Muschi"), in dem sie in aller Deutlichkeit und in vulgärer Sprache auf sexuelle Fantasien und Vorlieben eingingen. Im Musik-Clip zu diesem Lied stellten die Sängerinnen ihre weitgehend entblößten Brüste und Hintern in aufreizenden Posen zur Schau. Die Rapperinnen streiften dabei halbnackt durch eine luxuriöse Villa, in der Skulpturen mit goldenen Hintern und Wasserfontänen speienden Brüsten an den Wänden hingen. Nur 24 Stunden nach der Veröffentlichung des Videos war der Musik-Clip bereits 26 Millionen Mal angeklickt worden, bis zum April 2022 schon 454 Millionen Mal. Die Anzahl der Klicks übertraf damit die Einwoh-

---

[1] https://criminologia.de/2013/07/elvis-presley-rockn-roll-und-gesellschaftsparanoia (abgerufen am 15.4.2022).

nerzahl der kompletten Europäischen Union von Portugal bis Finnland. Die Reaktionen auf den Song und das pornografische Video waren dieses Mal, anders als bei Presley 1956, fast durchweg positiv. Lobend hervorgehoben wurden „der neue Sexpositivismus" (Tagesspiegel) und wie die Rapperinnen „Stolz und Fleischlichkeit behaupten" und „das verbindende Element menschlicher Körperausflüsse feiern" (Süddeutsche). Mehrere Medienanstalten und Fachzeitschriften listeten „Wet-Ass Pussy" als besten Song des Jahres. Das Establishment des Jahres 2020 sah in diesem pornografischen Video ein Plädoyer für „female Empowerment", ein Eintreten für eine gute Sache. Die wenigen kritischen Stimmen, die sich zu Wort meldeten, kamen vor allem von Tierschützern, die sich über die Zurschaustellung von Großkatzen im Musikvideo beklagten.

Die beiden Schlaglichter machen deutlich, wie grundlegend sich die Auffassungen über Sex und die Art, wie sie öffentlich thematisiert werden, gewandelt haben. Im frühen 21. Jahrhundert dominiert die Auffassung, dass die sexuelle Freizügigkeit erst dort eine Grenze findet, wo Straftaten begangen werden. Alles andere steht jedem frei. Psychische, kulturelle und gesellschaftliche Folgen der sexuellen Freizügigkeit werden heute nur wenig in den Blick genommen und weitgehend ausgeblendet.

Joseph D. Unwin hingegen interessierte sich für genau diese Fragen. Er wollte herausfinden, ob es einen Zusammenhang gibt zwischen Sexualnormen und der gesellschaftlichen Entwicklung – und wenn ja, welchen. Um es gleich vorweg zu sagen: Unwin stellte fest, dass es tatsächlich eine solche Verbindung gibt. Seine Untersuchungen ergaben, dass strengere Sexualnormen die gesellschaftliche Entwicklung fördern und laxere Normen – allerdings erst verzögert nach etwa drei Generationen – zu einem gesellschaftlichen Abwärtstrend oder Niedergang führen.

Sollten Unwins Erkenntnisse zutreffend sein, stellt sich die Frage: Treten die gesellschaftlichen Auswirkungen, die Unwin an unzähligen historischen Beispielen nachwies, auch heute noch auf? Werden auch in unserer Gesellschaft jene negativen Folgen eintreten, die angesichts des Wandels der Sexualnormen seit den späten 1960er-Jahren hin zu deutlich laxeren Einstellungen zu erwarten wären?

In den letzten Jahrzehnten kam es zu einer eklatanten Verschiebung hin zu unverbindlicheren Beziehungsformen. In dieser Zeit hat sich die Zahl der Eheschließungen deutlich vermindert[2], die Schei-

---

[2] von 750.452 Eheschließungen (11,0 pro 1.000 Einwohner) im Jahr 1950 auf 407.466 (4,9 pro 1.000 Einwohner) im Jahr 2017– vgl. Statistisches Bundesamt,

dungsrate erhöht[3], Dating-Plattformen wenden sich nicht mehr nur an Singles, sondern auch an Verheiratete[4], Prostitution[5] und Porno-Industrie[6] boomen.

Träfe Unwins Prognose zu, befänden wir uns in einer Phase eines kulturellen und gesellschaftlichen Abwärtstrends. Tatsächlich gibt es Indizien, die in diese Richtung weisen: Was der Soziologe Andreas Reckwitz als „Gesellschaft der Singularitäten" bezeichnet, den Trend zu Individualisierung und Partikularisierung, geht einher mit einem Nachlassen des gesellschaftlichen Zusammenhalts. An den schon seit längerem abnehmenden Bindekräften von Familien, Parteien, Vereinen und Kirchen lässt sich das gut erkennen. Ablesen lässt sich das auch an der zunehmenden Anzahl von Personen, die ohne Angehörige oder Freunde beerdigt werden. Allein im Berliner Bezirk Reinickendorf waren das im Jahr 2018 bereits 226 Personen, in ganz Berlin etwa 5 % aller Beerdigungen, Tendenz steigend.[7] Weitere Krisenphänomene sind die eklatante Zunahme psychischer Krankheiten[8] und die Tatsache, dass sowohl öffentliche Debatten als auch Gespräche zunehmend durch Fake News, Verschwörungstheorien, „alternative Fakten" und Lügen beeinträchtigt sind. Der Respekt vor der Wahrheit ist im Rückgang begriffen. Und mit dem Verschwinden der Tugend der Wahrhaftigkeit kommt es zur Auflösung von Gewissheiten.[9]

---

www-genesis.destatis.de/genesis/online/link/tabelleErgebnis/12611-0001 (abgerufen am 12.06.2019)

[3] von 46.101 im Jahr 1956 zum Höchststand von 213.975 im Jahr 2003 auf 153.501 im Jahr 2017 – Statistisches Bundesamt, www-genesis.destatis.de/genesis/online/link/tabelleErgebnis/12631-0001 (abgerufen am 12.6.2019)

[4] vgl. www.zu-zweit.de/online-dating-statistiken (abgerufen am 12.6.2019)

[5] In einer Studie von 2012 geht der Soziologe Udo Gerheim davon aus, dass 18 % der Männer in Deutschland zeitweise oder regelmäßig Prostitution nachfragen. (Katharina Sass, Gewalttat Sexkauf – Was wir über die Nachfrager der Prostitution wissen, in: Sass, Katharina (Hrsg.), Mythos „Sexarbeit", S. 45.)

[6] „Basierend auf den veröffentlichten globalen Top-Listen der meistbesuchten Websites, scheint es so zu sein, dass User viel mehr Zeit damit verbringen, Pornos zu schauen als soziale Medien zu nutzen, Filme zu streamen oder online einzukaufen." (www.wallstreet-online.de/nachricht/10896525-porno-seiten-beliebter-netflix-co – abgerufen am 12.6.2019)

[7] vgl. https://www.deutschlandfunk.de/verstorbene-ohne-angehoerige-wenn-der-staat-dasletzte-100.html (abgerufen am 16.4.22). Zur Zunahme der anonymen Bestattungen vgl.: https://www.welt.de/politik/deutschland/article15910 4588/Was-passiert-wenn-man-in-Deutschland-einsam-stirbt.html (abgerufen am 16.4.22).

[8] https://www.hrpraxis.ch/2021/06/psychische-erkrankungen-am-arbeitsplatz.html (abgerufen am 17.4.2022). Belege für diesen Trend finden sich v. a. in Statistiken von Krankenkassen, von Versicherern und in Ärzteblättern.

[9] vgl. Myriam Revault d'Allonnes, Brüchige Wahrheit – Zur Auflösung von Gewissheiten in demokratischen Gesellschaften, Hamburg 2019.

Neben dem schwindenden gesellschaftlichen Zusammenhalt würde Joseph Unwin für die kommenden Jahre auch eine Zunahme sozialer Krisen sowie ein Nachlassen der wirtschaftlichen Leistungsfähigkeit und des politischen Gewichts jener Gesellschaften erwarten, die einen Wandel hin zu laxen Sexualnormen vollzogen haben. Auch von daher haben seine Untersuchungen heute eine erhebliche Brisanz.

Zur Bedeutung anspruchsvoller Sexualnormen

In den westlichen Gesellschaften besteht heute ein starkes Bedürfnis, sich nicht einschränken lassen zu wollen, nicht auf Handlungsoptionen verzichten zu wollen. Für die gegenwärtige Kultur ist der Autonomiegedanke, der Gedanke der Selbstbestimmung [10] zentral. Im Mittelpunkt steht das Ideal des freien, ungebundenen Lebens – und damit letztlich das Ich und dessen potenziell grenzenlose Ansprüche. Die gegenwärtige Konsumgesellschaft [11] erzieht ihre Mitglieder zu einer möglichst sofortigen Bedürfnisbefriedigung. Die Bereitschaft zu verzichten wird dadurch geschwächt. Durch die Werbeindustrie und Vorbilder in sozialen Medien wird suggeriert, mehr zu benötigen und stets mehr und Neues erleben zu müssen. Die Folge ist eine Kultur der Maßlosigkeit, die in vielen Schattierungen und Ausprägungen auftritt – bis hin zum Suchtverhalten.

Diese Grundmentalität beeinflusst natürlich auch die Gestaltung von Beziehungen. Betrachtet man die langfristige Entwicklung von der Mitte des 20. Jahrhunderts – der Zeit des frühen Elvis Presley – bis in die Gegenwart, so sind die Veränderungen gravierend.

Viele Menschen sind heute geneigt, den jeweils vorherrschenden Gewohnheiten eine „normative Kraft des Faktischen" zuzubilligen, also das für gut oder normal zu halten, was hinreichend oft der Fall ist. Unwin hingegen weist in seinem Werk immer wieder auf qualitative Unterschiede hin. Typischerweise geht, wie Unwin aufzeigt, die Hochachtung von Monogamie und ehelicher Treue mit anspruchsvol-

---

[10] In der zweiten Hälfte des 20. Jahrhunderts war der Begriff „Selbstverwirklichung" noch gebräuchlicher, der auf dem gleichen Autonomiegedanken basiert, gleichzeitig aber noch einen Nachklang der älteren Annahme erkennen lässt, dass sich eine Person zielgerichtet auf einen Punkt größerer Vollkommenheit hin zubewegt. Im Begriff der „Selbstbestimmung" hingegen sind sowohl die Annahme eines Ziels als auch der im Begriff der „Verwirklichung" implizierte längere Zeithorizont eliminiert: Nur der gegenwärtige Wille steht im Fokus der Aufmerksamkeit.

[11] vgl. hierzu z. B. Zygmunt Bauman, Leben als Konsum, 2009.

len Sexualnormen einher. Von Mann und Frau wird Verzicht auf außereheliehen Geschlechtsverkehr erwartet. Was das biblische Gebot „Du sollst nicht ehebrechen"[12] fordert, ist nach den Resultaten der vorliegenden Studie nichts anderes als eine Grundvoraussetzung für eine intakte und zukunftsfähige Gesellschaft. Die dafür erforderliche Verzichtsleistung ist für Unwin eine zentrale Quelle gesellschaftlicher Energie, Kern jedes kulturellen Fortschritts und – so ließe sich hinzufügen – könnte heute einen Beitrag leisten für ein harmonischeres Miteinander der Geschlechter.

Ein Wissenschaftler wie Unwin, der das menschliche Verhalten in verschiedenen kulturellen Kontexten präzise analysierte, der zu ermitteln versuchte, welche Sitten mit welchen gesellschaftlichen Effekten korrelieren, was die Voraussetzungen sind für das Entstehen, Fortdauern oder den Verfall einer Kultur, der in seinem gewaltigen Datenmaterial Gesetzmäßigkeiten erkannte und auf ihre objektive Gültigkeit hinwies, der widerspricht der subjektivistischen Intuition der Gegenwart. An konkreten Beispielen zeigt Unwin die kulturelle und gesellschaftliche Relevanz sexueller Normen auf, und welche Auswirkungen diese auf die nächsten Generationen haben. Mit seiner datenbasierten Vorgehensweise ermittelte er Faktoren, die dem kulturellen und gesellschaftlichen Leben zuträglich, und solche, die ihm abträglich sind. Vor allem machte Unwin auf langfristige Wirkungen aufmerksam. Anhand zahlreicher Beispiele zeigte er, dass die Auswirkungen von Sexualnormen erst mit einer Verzögerung von drei Generationen in vollem Umfang zu Tage treten. Er weist damit auf die Verantwortung für das soziale und kulturelle Erbe hin, und lenkt den Blick auf das, was wir der nächsten Generation hinterlassen.

Unwin erkannte im Verlauf seiner Untersuchung, dass es so etwas wie eine menschliche Natur gibt, die über alle Kulturen und Epochen hinweg auf vergleichbare Weise wirkt. Seine Studie ist nicht so angelegt, dass sie eine vorgefertigte Meinung zu begründen versucht. Als Empiriker legte er seine Untersuchung ergebnisoffen an, ließ nur evidenzbasierte Erkenntnisse gelten – und war am Ende selbst von seinen Resultaten überrascht.

Manche seiner Ergebnisse lassen an Einsichten klassischer Philosophen wie Platon, Aristoteles oder Thomas von Aquin denken, die nicht müde wurden, die Relevanz objektiver Maßstäbe und die Bedeutung von Tugenden hervorzuheben. Sie stehen aber auch im Einklang mit jenen modernen Denkern, die – wie Hans Jonas oder Emmanuel Lévinas – die Verantwortung für den Anderen als essenziell erachten.

---

[12] vgl. Exodus 20,14 und Matthäus 5,27-28.

„Von dem Moment an", schreibt Lévinas zum Beispiel, „in dem der Andere mich anblickt, bin ich für ihn verantwortlich."[13] Unsere gegenwärtige Kultur der Unverbindlichkeit und der vielen virtuellen Kontakte hat diese Einsicht verdrängt. Wir müssen wieder neu lernen, dass wir im Angesicht des Anderen einander verantwortlich sind. Zusammenhalt kann nur dort entstehen, wo wir füreinander Verantwortung übernehmen. Er geht verloren, wenn wir versuchen, andere oder uns selbst zu manipulieren oder zu einem Werkzeug unserer Wünsche zu machen.

Unwins Forschungen legen jedenfalls nahe, die gegenwärtige Kultur der Austauschbarkeit und Gleichgültigkeit zu überwinden. Anspruchsvolle Sexualnormen können dabei helfen, dem eigenen Leben und unseren Familien ein festeres Fundament zu geben.

Zur Frage interkultureller Konflikte

Unwin beschäftigte sich auch mit dem Aufeinandertreffen unterschiedlicher Gesellschaften. In seinen Untersuchungen stellte er fest, dass eine Kultur, die strengere Sexualnormen aufweist, eine größere Energie und Dynamik entwickelt und eine demoralisierte Kultur auf Dauer verdrängt.

Heute kann man – anders als in der Zeit Unwins – kaum mehr von nationalen Kulturen sprechen. Im Lauf der letzten Jahrzehnte ist eine gemeinsame liberale westliche Kultur entstanden, die sich mindestens über Europa und Nordamerika erstreckt und die (natürlich mit Abweichungen, zeitlichen Verschiebungen und diversen Sonderwege einschlagenden Subkulturen) insgesamt vergleichbare Charakteristika aufweist. Wenn interkulturelle Konflikte entstehen, dann geschieht das in der Regel an den Kontaktlinien zwischen größeren Kulturkreisen oder innerhalb von Gesellschaften zwischen Mehrheitskultur und Subkultur. Unwins Erkenntnisse ermöglichen jedenfalls auch hier ein besseres Verständnis.

Gegenwärtig können die westlichen Gesellschaften ihre allem Anschein nach abnehmende soziale Energie noch kompensieren, da sie in einem historisch einmaligen Umfang auf fossile Energiequellen zurückgreifen können, die ihnen in nahezu allen Tätigkeiten des Alltags zur Verfügung stehen. In den archaischen und antiken Gesellschaften waren die Folgen laxer Sexualnormen umfassender und gravierender. Eine hedonistisch gewordene Kultur verminderte schnel-

---

[13] vgl. Emmanuel Lévinas, Ethik und Unendliches, ⁴2008, S. 72.

ler ihre Ressourcen und wurde schneller von einer sozial disziplinierteren Kultur übertroffen oder verdrängt.

Unwin selbst beschreibt die von ihm beobachteten gesellschaftlichen Entwicklungen sachlich und nüchtern. Ihm ging es letztlich um die kulturelle Weiterentwicklung von Gesellschaften, nicht um Imperialismus. Aldous Huxley wies zurecht darauf hin, dass soziale Energie auch missbraucht werden kann. Sein Plädoyer lautete deshalb: „Energiereiche Gesellschaften werden nur dann große Tugenden hervorbringen, wenn besonders darauf geachtet wird, die durch sexuelle Beschränkung entstandene Energie in ethisch respektable Kanäle umzuleiten. Wie kann das erreicht werden? Offensichtlich nur durch Erziehung."[14]

Zur Person Unwins

Über Joseph D. Unwin ist nicht viel bekannt. Geboren 1895 in England gehört er einer Generation an, die in den letzten Zügen des viktorianischen Zeitalters aufwuchs und den Zusammenbruch der „Welt von gestern" (St. Zweig) durch die Jahrhundertkatastrophe des 1. Weltkriegs an vorderster Front miterlebte: Fünf Jahre war er Soldat. Diese Erfahrung, die er mit Zeitgenossen wie J. R. R. Tolkien, C. S. Lewis und A. Huxley teilte, hat ihn zweifellos tief geprägt. Er hat am eigenen Leib erfahren, dass Zivilisationen auch wieder in die Barbarei herabsinken können, dass ein sozialer und kultureller Fortschritt nicht von alleine eintritt.

Nach dem Krieg kümmerte sich Unwin fünf Jahre um geschäftliche Angelegenheiten, ab 1924 studierte er an der Universität Cambridge Gesellschaftsanthropologie und Psychologie. Mit dem Thema seiner Promotionsschrift beschäftigte er sich sieben Jahre, und rechnet man die Überarbeitungen und Ergänzungen hinzu, kommt man auf zehn Jahre, die Unwin an seinem großen Werk „Sex and culture" forschte und schrieb. 1934 erschien es auf 676 eng bedruckten Seiten. Unwin hatte keine breite Leserschaft im Auge. Er verfasste seine Schrift für die wissenschaftliche Gemeinschaft, für Professoren und Studenten, denen er zumutete, zwischen Hauptteil, Anmerkungsapparat und Tafeln hin und her zu blättern. In den letzten beiden Jahren vor seinem frühen Tod im Juni 1936 führte er seine Forschungen weiter. Vor allem interessierte ihn, was eine ideale Gesellschaft kennzeichnet – eine Frage, die damals durch die Auseinandersetzung

---

[14] Introduction of Aldous Huxley, in: J. D. Unwin, Hopousia, New York 1940.

zwischen liberaler Demokratie, Faschismus und Kommunismus heftig debattiert wurde. Seine Entwürfe wurden posthum unter dem Titel „Hopousia" veröffentlicht. Aldous Huxley verfasste für diese nachgelassenen Aufzeichnungen eine ausführliche Einführung, in der er den Autor als einen „zugleich originellen wie systematischen, einen unkonventionellen wie vernünftigen Geist"[15] beschrieb.

Anthropologen wie George Peter Murdock griffen Einsichten von Unwin auf und führten seine ethnologischen Forschungen fort. Eine breite Rezeption seiner Schriften blieb hingegen aus. Drei Aspekte machen jedoch eine Beschäftigung mit Unwins Forschungen lohnenswert: erstens sein Nachweis, dass das menschliche Leben Gesetzmäßigkeiten folgt, die nicht beliebig veränderbar sind; zweitens seine Erkenntnis, dass sich die Hochachtung von Ehe und Familie positiv auf Kultur und Gesellschaft auswirken; und drittens seine Thesen über das Energielevel von Gesellschaften.

Unwins wissenschaftliche Untersuchungen weisen einen engen Bezug zu zahlreichen kontroversen Gegenwartsdebatten auf, beispielsweise zum Geschlechterverhältnis, zur Rolle von Religion und Kultur (im engeren Sinn), zu interkulturellen Konflikten sowie zu gesellschaftlichen und ökologischen Krisen.

Zur Übersetzung

Die vorliegende Teilübersetzung von Unwins umfangreicher Untersuchung möchte dazu beitragen, langfristige gesellschaftliche Entwicklungen besser zu verstehen. Unwins fundierte Einsichten können helfen, die Bedeutung der Familie, von Kunst, Kultur und Religion neu zu erkennen. Die Schrift möchte zeigen, warum die gegenwärtig weit verbreitete „Tinder-Kultur" überwunden werden sollte. Häufig wechselnde intime Beziehungen, unverbindliche Dates, offene Partnerschaftsformen, die Nutzung von Prostitution und ähnliche Phänomene schaden auf Dauer sowohl den beteiligten Akteuren selbst, als auch der Gesellschaft als Ganzer. Für eine positive kulturelle und gesellschaftliche Entwicklung ist eine Wiederentdeckung und Stärkung von „Lebensstilen der Verlässlichkeit" – mit Treue, Verantwortung, Liebe als Hingabe – dringend erforderlich.

Der folgende Text enthält alle für den Gedankengang Unwins zentralen Paragraphen aus dem Werk „Sex and culture". Die ethnolo-

---

[15] Introduction of Aldous Huxley, in: J. D. Unwin, Hopousia, New York 1940, S. 15.

gischen Belege, die im Original noch deutlich umfangreicher angeführt werden, liegen in dieser Übersetzung nur in beispielhaften
Auszügen vor. Die beigefügten Tafeln enthalten jedoch in kompri-
mierter Form Unwins Ergebnisse. Die historischen Belege wurden fast
vollständig übersetzt. Wo nötig, wurden in Fußnoten Erklärungen
ergänzt, die als Hinzufügungen des Übersetzers gekennzeichnet sind.

Ein genauer Nachweis, welche Paragraphen aus Unwins Schrift der
Übersetzung zugrunde liegen, findet sich am Ende. Für eine bessere
Lesbarkeit wurden zentrale Stellen aus dem Anmerkungsapparat an
entsprechender Stelle in den Fließtext integriert. Meist sind die Anmerkungen Präzisierungen der Darstellung; sie wurden in der Regel in eine
etwas kleinere Schrift gesetzt. Wer die vertiefenden Erläuterungen in
den klein gesetzten Passagen überspringt, kann dem Gedankengang
immer noch gut folgen.

Taufkirchen, Ostern 2022   Stefan Baus

Vorwort

Als ich diese Untersuchung begann, wollte ich nichts beweisen, und ich hatte keine Vorstellung davon, was das Ergebnis sein würde. Mit unbedarfter Aufgeschlossenheit beschloss ich, mithilfe von historischem Quellenmaterial eine irgendwie alarmierende Vermutung von Psychoanalytikern zu untersuchen. Deren Annahme war, dass sich emotionale Konflikte, die entstehen, wenn gesellschaftliche Vorschriften die direkte Erfüllung sexueller Triebe verhindern, anderweitig bemerkbar machen, und dass das, was wir „Zivilisation" nennen, immer auf einem verpflichtenden Verzicht der Befriedigung angeborener Bedürfnisse basiert. Zu diesem Ergebnis kamen die Psychoanalytiker, nachdem sie die Natur und die Ursachen geistiger Krankheiten untersucht hatten. Sie haben keinen Versuch unternommen, dies unter Bezugnahme auf kulturgeschichtliche Quellen zu belegen. Also entschloss ich mich, den Sachverhalt zu untersuchen. Ich begann in völliger Unwissenheit. Hätte ich geahnt, wie sehr ich meine persönliche Philosophie als Ergebnis der Studie ändern musste, hätte ich wahrscheinlich gezögert, sie überhaupt zu beginnen. Ich war so weit von dem Wunsch entfernt, eine persönliche Überzeugung zu belegen, dass ich fortwährend gegen die Schlussfolgerungen ankämpfte, die die Beweislage mir aufzwangen. Und so setzte ich meine Arbeit fort und widerstand der Versuchung etwas zu sagen, bis ich überzeugt war, keine Ausnahme zu den offensichtlichen Gesetzmäßigkeiten finden zu können. Dann sammelte ich so viel Material, wie mir nötig und ratsam schien. Diese Untersuchung ist das Ergebnis.

Ich musste viele unzivilisierte Gesellschaften auslassen, die ich zunächst einbeziehen wollte, weil ich herausfand, dass unser Kenntnisstand über sie nicht den Standard erreichte, den ich beschlossen hatte heranzuziehen. Daher habe ich die australischen Aborigines ausgeschlossen und ebenso viele Ethnien der Bantu und der indigenen Völker Amerikas, über deren Kulturen ich eine Voruntersuchung machte. Ich diskutiere die Ethnie der südöstlichen Solomon-Inseln (Melanesien), aber unser Wissen der anderen Bewohner der Solomonen habe ich nicht für gut genug befunden, um eine Berücksichtigung rechtfertigen zu können. Das Gleiche trifft auf die meisten Ethnien der Neuen Hebriden und Neuguinea zu. Meine Liste der polynesischen und mikronesischen Gesellschaften ist ebenfalls kürzer, als ich es gern gehabt hätte. Sie umfasst die Maori, Samoaner, Tongaer, Tahitianer und die Bewohner der Gilbert-Inseln. Außerdem gehe ich auf die Hawaiianer ein. Keinen Bezug nehme ich jedoch auf die Bewohner von Tuvalu, Kiribati und Palau sowie der Karolinen und der Marshall- und Marquesas-Inseln. Nur wenige Ethnien sind faszinierender als diese; aber unsere Informationen über sie sind sehr lückenhaft, spärlich und von zweifelhafter Zuverlässigkeit. Die Qualität der afrikanischen Ethnographie ist genauso unterschiedlich, und auch wenn es enttäuschend war, Gesellschaften wie die Bari, Kavirondo, Konde, Bushongo, Mbala sowie die Igbo- und Edo-sprechenden Ethnien auszuschließen (um einige der afrikanischen Gesellschaften zu nennen, die ich zunächst berücksichtigen wollte und später aufgeben musste), war ich nicht zufrieden mit der Qualität der verfügbaren Quellen hinsichtlich des Verhaltens der jeweiligen Volksgruppen. Des Weiteren studierte ich die Veddas, Toda, Oraon und andere bekannte Ethnien Indiens und Sri Lankas; ich fühlte mich aber nicht im Stande, die erforderlichen Daten aus unserem Wissen über sie zu ermitteln. Ich habe 28 indigene Gesellschaften Nordamerikas berücksichtigt, und in diesem Fall ist meine Auswahl erkennbar willkürlich erfolgt.

Von meiner ursprünglichen Liste habe ich die Ohiaht, Kwakiutl, Kutenai, Cheyenne, Delaware, Seminolen, Mojave und einige Shoshonen gestrichen. Aber es besteht kein Zweifel, dass unser Wissen über einige dieser Ethnien dem über die Lilloet, Shuswap und Thompson entspricht, die ich alle berücksichtigt habe. Die Ursache ist, dass unter den indigenen Völkern Amerikas eine große Vielfalt innerhalb eines kulturellen Grundmusters herrschte (wie ich es ausdrücken würde), und ich war bestrebt, so viele Gesellschaften wie nur möglich zu überprüfen, um herauszufinden, ob es zu einem Wandel im kulturellen Grundmuster selbst gekommen ist. Eine langwierige Suche ergab, dass es keinen derartigen Wandel gab. Aber als ich das Material über die indigenen Völkern Nordamerikas sammelte, schüchterte mich dessen großer Umfang in gewisser Weise ein. Einige Gesellschaften, wie die der Haida, Ojibwa, Dakota und Crow konnten schlicht nicht ausgelassen werden, da sie von elementarer Bedeutung waren und unsere Informationen über sie vergleichsweise gut sind. Von den restlichen Ethnien wählte ich einige aus, die als repräsentativ angesehen werden können.

Im Ganzen beschäftige ich mich mit 80 unzivilisierten Gesellschaften. Aus ihrem kulturellen Verhalten werde ich meine ersten Schlüsse ziehen. Im kulturellen Verhalten der ausgelassenen Gesellschaften war, soweit mir bekannt, kein Sachverhalt, der gegen diese Schlussfolgerung sprechen würde. Ich weise auf diese Tatsache hin, auch um den kritischen Leser zu informieren, dass meine Nachforschungen in Wirklichkeit ein weiteres Feld abdeckten als die gedruckte Studie.

Unser vergleichsweise geringes Wissen über die Sozialgeschichte zivilisierter Gesellschaften führt dazu, dass eine induktive Vorgehensweise über weite Strecken nicht möglich ist. Dies kann nicht oft genug und nicht deutlich genug gesagt werden. Ich bin so weit gegangen, in meiner ersten Anmerkung unverblümt zu sagen, dass Forschungen, die allein auf historischen Zeugnissen basieren, nicht beanspruchen können, erschöpfend zu sein. Hier denke ich insbesondere an die sozialen Vorschriften und Konventionen. Ich gebe zu, dass ich die zur Zeit bedauernswerterweise weit verbreitete Gewohnheit von Historikern und Altertumswissenschaftlern mit Sorge betrachte, von der Annahme auszugehen, dass die Vorschriften und Konventionen, die in einem Jahrhundert vorherrschen, aus dem wir unmittelbare Kenntnisse haben, ebenfalls in einem vorangegangenen oder nachfolgenden Jahrhundert vorherrschen, aus dem wir keine unmittelbaren Kenntnisse haben. Immer wenn sich unser Wissen vervollständigt, erkennen wir, dass in jeder dynamischen Gesellschaft die Art, wie die Verhältnisse zwischen den Geschlechtern reglementiert wird, einem stetigen Wandel unterworfen ist. Bis zum Nachweis des Gegenteils ist es falsch anzunehmen, dass in jeder dieser Gesellschaften die sozialen Gesetzmäßigkeiten statisch und unveränderlich sind, selbst für drei Generationen.

Meine einführende Untersuchung zivilisierter Gesellschaften beschränkt sich auf die Sumerer, Babylonier (bis zum 20. Jahrhundert v. Chr.), Griechen, Römer, Angelsachsen und Engländer. Einige Anmerkungen mache ich auch über die arabischen Mauren, und einige Vermutungen leite ich über die Perser, Makedonier, Hunnen und Mongolen ab. Die Kürze der Erörterung liegt, wie eben erwähnt, vor allem darin begründet, dass die Quellenlage im Vergleich zu anderen antiken Kulturen vergleichsweise dürftig ist. Aber ich merkte auch, dass die Tragweite der Aussagen, die ich zu vermitteln erhoffte, verdeckt werden könnte, wenn ich zu sehr ins Detail ging. Aus diesen Gründen habe ich es unterlassen, auf viele Gesellschaften, die ich gerne erörtert hätte, näher einzugehen. Die Kreter, Hethiter, Assyrer und Inder wurden deswegen völlig außen vor gelassen. Beiläufig nehme ich Bezug auf die anfängliche Vitalität der Germanen, aber die darauf folgende Lethargie zum Beispiel der Westgoten und Lombarden oder der Dynastie der Merowinger wird nicht einmal erwähnt.

Die Gesetzgebung der Germanen hingegen wird lediglich in ihrem Zusammenhang mit angelsächsischen Bräuchen beschrieben. Außerdem habe ich es für besser befunden, jegliche Bezugnahme auf den Aufstieg der Sassaniden bis zur Ära des Heraklius auszuklammern, genauso wie auch andere große Umbrüche, die in Westeuropa, Nordafrika und dem westlichen Asien nach dem Zusammenbruch des Weströmischen Reichs und vor der Eroberung durch Mohammed stattfanden. Ich habe versucht unnötige Kontroversen zu vermeiden, indem ich die Präsentation römischer Quellen abgebrochen habe, sobald ich die Veränderungen in der Gesetzgebung zusammengefasst hatte, die zwischen der Gründung der Stadt, der Römischen Republik und dem Kaiserreich des Augustus stattfanden. Von den Ereignissen der nächsten drei Jahrhunderte lege ich nur allgemeine Hinweise vor. Meine Gründe hierfür werden im Text genannt. Hinsichtlich der Venetianer, Portugiesen und Spanier habe ich nicht mehr getan als darauf hinzuweisen, dass sie offenkundig zu verschiedenen Zeiten eine unterschiedliche soziale Energie zeigten. Ich habe es dem Leser überlassen, die Relevanz meiner Schlussfolgerungen für die historische Entwicklung der Preußen, Holländer, Franzosen und anderer moderner Gesellschaften selbst zu beurteilen. Der Verzicht auf Material hierzu fiel mir sehr schwer. Aber ich dachte, dass sonst der induktive, von Einzelbeobachtungen ausgehende Charakter meiner Arbeit verletzt oder jedenfalls gefährdet worden wäre.

Ich habe erwähnt, dass es im kulturellen Werdegang der Gesellschaften, soweit ich weiß, nichts gibt, was im Widerspruch zu den Schlussfolgerungen steht, die ich gezogen habe. Zu einem späteren Zeitpunkt möchte ich einige meiner Auslassungen nachreichen. In der Zwischenzeit hege ich die Hoffnung, dass ein Student der Geschichte, wenn er von den hier präsentierten Fakten beeindruckt ist, meine Urteile anhand der kulturellen Entwicklung einer Gesellschaft, die in seinem Fachgebiet liegt, überprüfen wird.

Da ich nun so kühn war, in meiner Studie auf unsere eigene Gesellschaft einzugehen, sollte ich eine frühzeitige Warnung aussprechen, die Schlussfolgerungen nicht zu wörtlich auf die Gegenwart anzuwenden, weder im Sinne einer Reform noch in einem fanatischen Geist. Meine eigene Auffassung zu diesem wichtigen Thema steht implizit in meinen Schlusssätzen.

Wenn ich nun Beweise vorlege, so habe ich jede Anstrengung unternommen, akkurat und prägnant vorzugehen, aber trotz aller Sorgfalt und einiger Überarbeitungen können sich Fehler eingeschlichen haben. Sollten welche gefunden werden, wäre ich froh, darauf aufmerksam gemacht zu werden. Die Studie ist nicht kurz; dennoch ist sie an manchen Stellen extrem verdichtet. Es wäre tatsächlich einfacher gewesen, sie in sieben Bänden zu schreiben statt in einem. Das mag, auch wenn ich nichts beschönigen möchte, einige der Ungeschicklichkeiten erklären, die ich selbst in der Arbeit finde. Mein einziges Ziel war, mich so auszudrücken, dass kein Zweifel darüber bleibt, was ich jeweils genau meine. Ich hoffe, dass das zweite und dritte Kapitel seinen Zweck, Belege zu liefern, erfüllt. Sicher muss keiner die beiden Kapitel von Anfang bis Ende durchlesen. Ich bezweifle, dass ein durchschnittlicher Leser aus diesen Kapiteln viel mitnimmt; aber wenn er die Anmerkungen durchblättert, wird er etwas Aufschlussreiches finden.

Das Buch besteht aus drei Teilen: Text, Anmerkungen und Tafeln. Im Text beziehe ich mich allein auf die Fakten und interpretiere sie ohne vom zentralen Argument abzuschweifen. In den Tafeln werden die Fakten überblicksartig bzw. auf statistische Weise angeführt. Die Anmerkungen[16] sind zweifacher Art. Zum einen zitiere ich Autoritäten zu den im Text gemachten Aussagen, vergleiche und analysiere gegenteilige Auffassungen und erhelle schwer verständliche Textstellen. Ich betrachte diesen Teil des Buchs als wichtig. Die Zeiten sind vorbei, in denen wir eine Aussage akzeptieren konnten, weil sie ein einzelner Experten bestätigt hat, oder in denen wir darauf verzichten konnten, andere Experten zu konsultieren oder zu zitieren. Die Bücher und Artikel, auf die ich mich beziehe, habe ich gründlich gelesen und verglichen. Zum anderen habe ich die Anmerkungen verwendet, um meine Annahme zu stützen, dass unzivilisierte Gesellschaften nur gemäß ihrer Riten klassifiziert werden können, sowie um auf einige Missverständnisse hinzuweisen, die durch die gängige Methode entstehen, die ursprünglichen Begriffe zu übersetzen. Ich bin entsetzt über die Fehler, in die wir geführt wurden durch den ungenauen Gebrauch von Begriffen wie „Hoher Gott“, „Geist“, „Gott“, „Dämon“, „böser Geist“, „lokale Gottheit“ usw. Es besteht für mich kein Zweifel, dass jemand, der diese Wörter ohne Bezug zum ursprünglichen Begriff und dessen angenommener Bedeutung verwendet, Gefahr läuft, oberflächlich zu sein oder gar fehlgeleitet zu werden.

Am besten, ich beschreibe den allgemeinen Plan der Studie, indem ich erkläre, wie das Buch geschrieben wurde.

Im Jahr 1924, nach zehn Jahren intellektueller Untätigkeit – fünf davon brachte ich im Krieg zu, fünf in Geschäften, die einige Reisen erforderten – beschloss ich, mich dem Studium zwischenmenschlicher Angelegenheiten zu widmen. Während meiner folgenden Lektüren stieß ich auf die alten sumerischen Gesetze, den Kodex Hammurabi, die neu veröffentlichen Gesetze der Hethiter und der Manu. Ich war sehr beeindruckt von deren Eigenart. Zu dieser Zeit waren die Arbeiten der Psychoanalytiker bereits Gegenstand lebhafter Debatten. Aus meinem Studium antiker Werke, gelesen im Licht der griechischen und römischen Geschichte, tauchte der Verdacht auf, dass die Psycho-

---

[16] In der Übersetzung sind sie mit kleinerer Schrift in den Text integriert.

logen mit ihren Vermutungen über die „Zivilisation" richtig liegen könnten. Und je mehr ich historische Gesellschaften studierte, desto mehr war ich davon überzeugt, dass die Fakten ihre Theorien stützen könnten. Aber ich erkannte, zu keiner klaren Entscheidung kommen zu können, bis ich nicht sowohl die zivilisierten als auch die unzivilisierten Gesellschaften in der Studie berücksichtigte, die durchzuführen ich mich entschlossen hatte. Nachdem ich dann einige historische Belege auf zwei kurzen Seiten zusammengestellt hatte, suchte ich die Universität von Cambridge auf, um die Beziehung zwischen sexuellen Möglichkeiten und dem kulturellen Zustand bei unzivilisierten Ethnien zu erforschen. Als ich zum ersten Mal einige Autoritäten im Bereich der Ideen und des Verhaltens unzivilisierter Völker konsultierte, begann ich zu verzweifeln. Es schien nämlich, dass aus den historischen Belegen kaum Einsichten gewonnen werden konnten. Die Sprache der Sozialanthropologen schien nicht immer exakt zu sein, und ich konnte viele Aussagen in Bezug auf das Denken der Unzivilisierten, die einige Sozialanthropologen unhinterfragt zu akzeptieren schienen, nicht glauben. Ich lebte eng mit den unzivilisierten Menschen zusammen und stellte die Glaubwürdigkeit so vieler Behauptungen in Frage, die meine Vorgänger zufriedengestellt zu haben schienen. Glücklicherweise hatte ich in meiner ersten Übersicht (die 37 Spalten enthielt) die Riten der Völker ebenso berücksichtigt wie ihre Glaubensüberzeugungen; und nach und nach erwuchs aus dieser Datensammlung jener Zusammenhang, der in meinen ersten Kapiteln beschrieben wird. Der Zusammenhang war tatsächlich eindrucksvoll. Aber ich sah ein, dass ich erst dann fähig sein würde, die verschiedenen Arten der kulturellen Entwicklung oder den Grund für den offenkundigen Zusammenhang zu verstehen, wenn ich Erkenntnisse über die Ideen gewinnen würde, die dieses Verhalten veranlassten. Auf diese Weise stieß ich auf das Phänomen, das gemeinhin, aber auch missverständlich „die Evolution der Religion" genannt wird.

Im Zuge meiner Darstellung des Datenmaterials musste ich einige anthropologische Schriften stark kritisieren oder abträglich kommentieren; aber ich kann ehrlich sagen, dass ich meine Anmerkungen auf jene Schriften beschränkt habe, bei denen zu befürchten war, dass sie allgemein und unkritisch für bare Münze genommen werden könnten. Ich bin nicht so weit gegangen, unabhängig von meiner Problemstellung jede Auffassung zurückzuweisen. Ich hoffe, dass die Kritik, die ich geübt habe, richtig verstanden wird: Sie entsprang einzig dem Bestreben nach einer größeren Exaktheit und Klarheit. Üblicherweise fand ich heraus, dass die gründlichen Vorarbeiten notwendig waren,

bevor irgendeine Beschreibung von Ideen und Verhalten unzivilisierter Gesellschaften als zuverlässiger Nachweis akzeptiert werden kann.

Nachdem ich die Analyse durchgeführt und aus den anthropologischen Befunden einige Schlussfolgerungen gezogen hatte, ging ich
im vierten Kapitel dazu über, die Auffassungen kompetenter Psychologen hinsichtlich der Auswirkungen verpflichtender Keuschheit zu
skizzieren. Geübte Psychologen werden erkennen, dass dieser Teil
meiner Arbeit grundlegend ist. Sie werden vielleicht über die Unver-
frorenheit eines Mannes verwundert sein, der seine Fragestellung aus
einer durch und durch behavioristischen Perspektive angeht und
dann bei der Psychoanalyse Hilfe sucht. Aber ich muss mich dafür
nicht entschuldigen. Ich glaube nicht, dass menschliche Gesellschaften
irgendwie anders als durch ihr Verhalten klassifiziert werden können.
Dennoch war ich gezwungen, einen behavioristischen Ansatz zu
wählen. Der springende Punkt meines Arguments ist, dass die Psychoanalytiker aus völlig anderen Überlegungen heraus vermutet haben,
dass die Fakten so sind, wie ich sie gefunden habe.

Es wird allgemein angenommen, dass unweigerlich eine Form
von Neurose entsteht, wenn sexuelle Triebe durch verpflichtende
Kontrollen unterdrückt werden. Wenn wir unter einer Neurose etwas
Abnormales verstehen, wird diese Auffassung durch die Fakten nicht
gestützt. In gewisser Weise leiden alle zivilisierten Menschen unter
einer Neurose. Es ist also üblich, das Wort für den Nervenzustand
verhaltensgestörter Personen vorzubehalten. In den letzten Jahren
wurde diesen Personen in unserer Gesellschaft große Aufmerksamkeit
zuteil, tatsächlich sogar in allen Teilen der westlichen Zivilisation.
Aber wir dürfen nicht vergessen, dass die Anzahl derjenigen, deren
Verhalten erfolgreich angepasst werden konnte, weit größer ist. Einige
dieser angepassten Personen sind im genauen Sinn des Begriffs nicht
weniger neurotisch als diejenigen, die wir als verhaltensgestört
bezeichnen. Ihre Abnormalität scheint aber erlaubt zu sein. Auf dem
Instrument des menschlichen Verhaltens werden manche Noten als
normal bezeichnet, andere als abnormal, manche als exzentrisch,
andere als kriminell. In jedem dieser Fälle liegt der Unterschied nicht
in einer anderen Art eines Verhaltens, sondern dem Grad der Ausprägung, und die jeweiligen Grenzen werden von jeder Gesellschaft
willkürlich festgelegt. So wie die meisten von uns Kavaliersdelikte
begehen und dennoch nicht als Verbrecher eingesperrt werden, so ist
jeder von uns eines Verhaltens schuldig, das, wenn man es übertreibt,
einen Nervenzustand hervorruft, den ein Arzt als Neurose diagnosti-
zieren würde. Wenn die verpflichtende Keuschheit streng ist, scheinen manche Personen nicht fähig, sich an ihre kulturelle Umgebung

anzupassen. Aber unabhängig von unserer Sympathie ihnen gegenüber dürfen wir nicht kaschieren, dass es auch die gibt, deren Anpassung gelungen ist. Und wir dürfen den relativen Charakter unserer Urteile nicht vergessen. Tatsache ist, dass in der Mehrzahl der Fälle verpflichtende Keuschheit soziale Energie hervorbringt; und nur selten führt eine dauerhafte Reglementierung zu dem, was fachlich eine Neurose genannt wird.

Im Schlusskapitel präsentiere ich meine Ergebnisse und verorte den kulturellen Prozess in einem, wie mir scheint, angemessenen Bezug zu biologischen und universellen Prozessen. Unsere Vorgänger hielten sich nicht immer an eine klare Unterscheidung zwischen diesen drei Prozessen, und ich habe versucht ein wenig Ordnung in das Chaos zu bringen, das in den Köpfen durch die Kontroversen entstand, die das Auftreten der darwinistischen Hypothesen begleiteten. Auch in diesem Kapitel nehme ich nicht das Ergebnis vorweg. Schritt für Schritt führe ich zur Schlussfolgerung hin und die letzte Stufe meiner Argumentation erreiche ich erst in den letzten beiden Abschnitten.

Die Studie ist also nicht mehr als sie vorgibt. Sie enthält schlicht und einfach die Resultate einer Untersuchung und eine Interpretation der Fakten, die die Untersuchung ans Licht gebracht hat. Ich habe keinen Versuch unternommen, ein großes theoretisches Gebäude zu errichten; vielmehr habe ich Fundamente freigelegt, auf denen später ein Bauwerk errichtet werden kann. Intellektuelle eines gewissen Temperaments werden geneigt sein, die Schlussfolgerungen, die ich gezogen habe, zu akzeptieren. Um meine mühsamen Nachweise werden sie sich keinen Deut kümmern. Möglicherweise werden sie auch behaupten, dass ich ihnen nichts sagen kann, was sie nicht schon zuvor gewusst hätten. Sie dürfen bei ihrer Meinung bleiben. Menschen mit einem anderen Temperament werden meine Schlussfolgerungen vehement ablehnen. Sie werden die Belege sehr genau unter die Lupe nehmen. Für sie habe ich geschrieben. Für sie habe ich auch rigoros unterschieden zwischen Fakten und meiner Interpretation der Fakten.

Diejenigen, die den viel weitreichenderen Forderungen der Unschärferelation in der Physik ein offenes Ohr geliehen haben, mögen vor meinem unbeugsamen Determinismus zurückscheuen; aber zur Zeit habe ich nicht vor, dem etwas hinzuzufügen, was ich hier und an anderer Stelle dargelegt habe. Ich anerkenne und betone sogar den freien Willen individueller menschlicher Wesen. Wenn nötig bin ich bereit, die Spontanität eines einzelnen Elektrons zu akzeptieren. Diese Sachen berühren nicht das Grundprinzip des Determinismus, wie ich ihn verstehe und definiere. Weiter möchte ich mich nicht verteidigen, bis durch neue Forschungsergebnisse über das Verhalten der Elektronen kompetente Forscher die Position, die ich eingenommen habe, als unhaltbar nachweisen.

Für jemanden, der nicht vertraut ist mit den Methoden wissenschaftlicher Forschung, könnten die präsentierten Fakten übermäßig vereinfacht erscheinen. Der Grund dafür ist, dass ich so lange mit der Veröffentlichung gewartet habe, bis ich das Gefühl hatte, sie wirklich verstanden zu haben. Wenn einer zögern sollte, die Nachweistafel zu akzeptieren, weil deren Inhalte zu gut aufgehen, dann lautet meine Erwiderung, dass die Wahrheit meistens eine einfache Sache ist. Wenn eine vermeintliche Wahrheit kompliziert daherkommt, dann ist es wahrscheinlich, dass wir etwas noch nicht richtig verstehen. Ich glaube, dass viel unscharfes, offensichtlich abstruses Wissen, das gegenwärtig im Umlauf ist, aufgrund von Forschungen entsteht, die auf schnelle Ergebnisse aus sind und deren Daten verfrüht veröffentlicht werden. Sie tauchen auf, um dieser Auffassung der Wahrheit zu widersprechen. Die Verbindung vorehelicher Keuschheit mit dem von mir so genannten deistischen Kulturzustand ist mir seit 1929 bekannt, und ich gestehe einen kurzen Artikel über dieses Thema geschrieben zu haben. Aber ich zog das Manuskript vor der Veröffentlichung zurück.

Im Frühling 1930 stieß ich auf die Existenz einer ungeregelt-verpflichtenden bzw. gelegentlichen vorehelichen Keuschheit. Einige Monate später hatte ich die Nachweistafel vervollständigt, wie sie nun vorliegt. Dann spielte ich erneut mit dem Gedanken einer Veröffentlichung, entschloss mich jedoch die Tafel vor dem öffentlichen Auge zurückzuhalten, bis ich mir gewiss war, ihre Bedeutung wirklich zu verstehen. Ich bin mir bewusst, dass es üblich ist, die Resultate einer ausgiebigen Forschung in einer Serie kurzer Artikel zu präsentieren, und dass es gefährlich ist, mit einer Konvention zu brechen. Jedoch war ich nicht überzeugt, dass die Tafel begrüßt oder gar überprüft werden würde, wenn nicht zur selben Zeit eine Interpretation der Erkenntnisse beigefügt wird.

Kurz gesagt, meine Schlussfolgerung ist, dass der kulturelle Werdegang einer jeden menschlichen Gesellschaft erstens auf der dem Menschen inhärenten Natur basiert, und zweitens auf dem Energielevel, auf dem sich eine Gesellschaft aufgrund ihrer sexuellen Vorschriften befindet. Je nach dem Grad an Keuschheit, der eingefordert wird, lassen sich die sexuellen Vorschriften, die menschliche Gesellschaften in der Vergangenheit ausgeprägt haben, in sechs Klassen einteilen. Diese haben sechs unterschiedliche Energielevel, drei geringere und drei höhere. Alle unzivilisierten Gesellschaften wiesen einen der drei niedrigen Energielevel auf. Zivilisierte Gesellschaften befanden sich immer in einem der drei höheren Energiezustände. Jeder der drei

Zustände niedrigerer Energie produziert einen bestimmten kulturellen Zustand. Diese kulturellen Zustände nenne ich zoistisch, manistisch und deistisch. Von den Zuständen höherer Energie erzeugt nur einer einen bestimmten kulturellen Zustand, nämlich den rationalistischen. Die beiden anderen Zustände sind solche expansiver und produktiver Energie.

Eine deistische Gesellschaft kann expansive Energie entfalten, aber, solange sie nicht rationalistisch geworden ist, keine produktive. Wenn eine rationalistische kulturelle Schicht ihre Energie für eine Generation zurückhält (die Werke rechtfertigen keine genauere Zeitangabe), scheint ihre kulturelle Tradition verstärkt zu werden durch ein Element, das ich menschliche Entropie genannt habe. Genau wie das zweite Gesetz der Thermodynamik bzw. das Gesetz der Entropie die Richtung des universalen Prozesses zu zeigen scheint, so scheint der oben genannte Vorgang die Richtung des kulturellen Prozesses anzuzeigen – daher sein Name. Solange die Gesellschaftsschicht fortfährt eine hohe Energie zu zeigen, verändert sich ihr kultureller Werdegang in Richtung des kulturellen Prozesses. Wenn, warum auch immer, ihre Energie sinkt, entfernt sich deren Verhalten von dieser Richtung. Soweit meine Kenntnis geht, gab es keine Gesellschaftsschicht, die sich länger als eine halbe Generation nach dem Auftreten menschlicher Entropie in Richtung des kulturellen Prozesses bewegt hat. Warum das so ist, muss der spekulativen Philosophie überlassen bleiben.

Bezüglich der dem Menschen inhärenten Natur sollte meine Verwendung des Begriffs „Konzept" erklärt werden. Ich verwende ihn nicht als Psychologe. Ich weise auf die unveränderliche Reaktion des Menschen gegenüber dem „Außergewöhnlichen" hin, mache aber keinen Versuch, sie zu erklären oder zu analysieren. Wenn ich sage, dass die menschliche Kultur (wie definiert) offensichtlich auf dem Konzept einer wunderbaren Qualität (oder Macht) gegründet ist, die sich in etwas Außergewöhnlichem oder Transzendentem manifestiert, dann meine ich damit vor allem, dass dies der kleinste gemeinsame Nenner unserer vier kulturellen Zustände zu sein scheint. Ich bin weit davon entfernt nahezulegen, dass in den Köpfen aller Menschen eine klar formulierte Vorstellung dieser Qualität oder Macht vorhanden ist oder war. Dennoch will die Verwendung des Begriffs „Konzept" implizieren, dass dies meiner Meinung nach so ist oder war. Es war mir jedenfalls nicht möglich, mich auf eine andere einfache Weise auszudrücken. Also hoffe ich, dass der Begriff, wenn auch nicht ganz befriedigend, als ein nützliches Werkzeug zur Beschreibung eines Geisteszustands verwendet werden kann, den es ersichtlich gibt und gab.

Ich allein bin verantwortlich für die Methoden, die ich verwendet, und die Schlussfolgerungen, die ich gezogen habe. Dennoch bin ich vielen Gelehrten für ihre Hilfe und Unterstützung zu Dank verpflichtet.

Im Jahr 1931 präsentierte ich dem Prüfungsausschuss für Forschungsstudien der Universität Cambridge eine Dissertation zum Thema dieses Buchs. Dr. R. R. Marett, Dozent für Gesellschaftsanthropologie der Universität Oxford, und Mr. F. C. Bartlett, Professor für Experimentalpsychologie an der Universität Cambridge, agierten als Doktorväter. Durch ihre Kritik lernte ich viel, und ich bin ihnen dankbar für ihren fortwährenden Einsatz.

Das Manuskript wurde von Januar bis März 1933 überarbeitet. Im März 1934 wurde das letzte Kapitel erweitert und um einige Anmerkungen ergänzt.

London, den 26. Mai 1934   Joseph D. Unwin

1. Die Anlage der Studie

1.1 Die Untersuchung

Sowohl unter zivilisierten wie auch unzivilisierten Völkern herrscht ein enger Zusammenhang zwischen den Möglichkeiten, Sex zu praktizieren, und dem Zustand der Kultur, und ich hielt es für lohnenswert, eine detaillierte Untersuchung dieses Sachverhalts durchzuführen. Die Resultate meiner Untersuchung und die Schlussfolgerungen, die ich aus den Fakten gezogen habe, werden auf den folgenden Seiten präsentiert.

Indem ich sie nun öffentlich vorlege, bin ich mir nicht nur des voluminösen Umfangs des Quellenmaterials bewusst, das ich den Leser zu prüfen bitte, sondern auch der etablierten Meinung, die in Bezug auf die Regulierung des Sexualverhaltens gegenwärtig herrscht. Diese Meinungen können entweder als dogmatisch oder theoretisch bezeichnet werden. Diejenigen, die einer dogmatischen Meinung anhängen, behaupten, dass ihre Schlussfolgerungen auf einem übernatürlichen Gebot gründen; da aber dieses übernatürliche Gebot nicht von allen Menschen geteilt wird, können die Vertreter dogmatischer Meinungen keine Autorität beanspruchen, außer denen gegenüber, die das Gebot teilen und damit zwangsläufig die Meinung bereits unterschreiben. Theoretische Meinungen werden von denjenigen vertreten, die gegen den Dogmatismus der vorigen Partei rebelliert haben. Sie ersetzen das übernatürliche Gebot ihrer Gegner durch einen vermeintlichen Rationalismus. Dennoch haben ihre Schlussfolgerungen keine größere Stichhaltigkeit, weil es ihnen kaum gelingt, den persönlichen Anteil aus ihren Vorannahmen auszuschließen; und wenn sie versuchen, ihre Meinung unter Verweis auf Quellenmaterial zu rechtfertigen, haben sie die Tendenz, rationale Nachweise durch vermutete Hypothesen zu ersetzen und eine Ansammlung an passendem Veranschaulichungsmaterial als Beweis ihrer individuellen Theorien vorzulegen. Solche Methoden sind desaströs, wenn man sich mit Themen wie Sex und Kultur beschäftigt. Deshalb habe ich mich bemüht, eine Methode zu entwickeln, bei der der persönliche Anteil weitgehend vermieden werden soll, und versucht, eine Herangehensweise zu adaptieren, die einer naturwissenschaftlichen so nahe wie möglich kommt. Auf diese Weise hoffe ich mich selbst abgesichert zu haben gegen voreilige und oberflächliche Schlussfolgerungen. Ich bin mir der Hindernisse durchaus bewusst, die einem Erforscher menschlichen Verhaltens, der danach strebt, die Methoden der exakten Wissenschaften anzuwenden, im Wege stehen. Dennoch bin ich überzeugt, dass –

wenn das Studium menschlicher Interaktionen ein höheres Level erreichen soll als das bloßer Meinungen (die immer abhängig sind von der Zeit, in der sie geäußert werden) – ein radikaler Wandel stattfinden muss gegenüber den Methoden, die bisher angewendet wurden. Daher schlage ich vor, dieses Kapitel zu nutzen, um die Methode und die Formulierung exakter Definitionen zu bedenken.

Wenn ein Chemiker eine Untersuchung durchführt über die Reaktion zweier chemischer Elemente, drückt er keine persönliche Meinung aus. Er akzeptiert die Ergebnisse als Teil der ihnen inhärenten Natur und veröffentlicht sie mithilfe der Formelsprache, die allen Chemikern gleichermaßen vertraut ist. Wenn das getan ist, wird er vielleicht sein Material einer vertieften Analyse unterziehen. Möglicherweise wird er um die Hilfe anderer Wissenschaftler bitten, damit die natürliche Beschaffenheit der Elemente noch exakter erforscht wird. Die Beachtung und Annahme der vorangegangenen Ergebnisse jedoch und der erkannte Grund für das beobachtete Verhalten liegen in der endgültigen Natur des physikalischen Universums begründet.

Für das Studium des menschlichen Verhaltens, so möchte ich behaupten, trifft das Gleiche zu. Wenn aufgrund einer intensivierten Erforschung von Zeugnissen menschlicher Kultur erkannt wird, dass bestimmte kulturelle Faktoren mit bestimmten sozialen Faktoren korrelieren, müssen wir zunächst das Belegmaterial sammeln, klassifizieren und präsentieren; anschließend müssen wir es so gut wie möglich dokumentieren, damit wir nachvollziehbare Vermutungen anstellen können, die die Art und Weise reflektieren, wie die Phänomene verbunden sind. Wenn das getan ist, können wir um die Hilfe von Psychologen und Biologen bitten, damit gemeinsame Überlegungen angestellt werden, an deren Ende eine Schlussfolgerung steht, die die Zustimmung aller findet. Die Akzeptanz des ersten Nachweises muss jedoch der nachfolgenden Diskussion vorangehen. Wir können uns nicht im Sonnenschein der Theorie sonnen, bevor wir in das kalte Wasser der Fakten gesprungen sind. Der allerletzte Grund für ein beobachtetes Verhalten wird dessen ungeachtet immer in der Natur des Menschen verborgen bleiben. Unsere individuellen Meinungen über die Relation zwischen kulturellen und sozialen Faktoren sind irrelevant. Wenn wir versuchen, unsere persönlichen fixen Ideen einzubringen, berauben wir uns selbst der Anziehungskraft der reinen menschlichen Vernunft.

Der experimentierende Chemiker jedenfalls genießt viele Vorteile, die dem Sozialwissenschaftler vorenthalten sind. Er kann seine Ergebnisse mittels aussagekräftiger Zeichen, die seine Kernaussage präzise und ökonomisch ausdrücken, mitteilen. Der Erforscher menschlichen

Verhaltens hingegen ist gezwungen seine Nachweise in alltäglichen Worten zu erklären und er muss seine Untersuchung mit der Definition exakter Fachbegriffe einleiten. Ein Chemiker bringt seine symbolische Gleichung auf eine Seite und kann den Rest seiner Abhandlung einer Diskussion über deren Bedeutung widmen. Ein Sozialwissenschaftler muss den langen und beschwerlichen Weg einer monotonen Darstellung gehen und seine Interpretation zurückhalten, bis das Belegmaterial in Gänze präsentiert und beleuchtet worden ist. Das ist die einzige zuverlässige Methode. Die Veranschaulichung einer persönlichen Theorie durch das Zitieren einiger Beispiele ist nicht zielführend, da auf diese Weise auch viele gegenteilige und sogar widersprüchliche Theorien „bewiesen" werden könnten (und tatsächlich schon „bewiesen" wurden).

Ein dritter Vorteil, den der Chemiker genießt, entsteht durch die Natur des Materials, mit dem er arbeitet. Wenn er seine Formel über das Verhalten zweier chemischer Substanzen veröffentlicht hat, kann jeder andere Chemiker durch ein einfaches Experiment die Richtigkeit seiner Schlussfolgerung überprüfen. Der Beweis kann unbegrenzt oft erbracht werden, weil auch das Experiment unbegrenzt oft wiederholt werden kann. Im Ergebnis heißt das: Solange die Natur gleichförmig bleibt, wird die beobachtbare Reaktion zwangsläufig die Gleiche bleiben. Nun geht die Begrenzung sexueller Möglichkeiten immer mit einer Verbesserung des kulturellen Zustands einher (und soweit ich weiß, war dem auch immer so); aber durch ein Studium allein der Fakten ist es für mich nicht möglich zu behaupten, dass dieses Zusammentreffen zwangsläufig ist, da ich keine Serie von Experimenten durchführen kann, durch die ich die Wahrheit der Behauptung (oder Prophezeiung) testen könnte. Darüber hinaus kann ich nicht sagen, dass die Aussage für jede Gesellschaft, die existiert oder existiert hat, wahr ist, da der Beweis, auf dem eine solche Erklärung basiert, nicht zu erbringen ist. Alles, was ich tun kann, ist in meine Erhebung so viel verlässliches Quellenmaterial aufzunehmen wie möglich und eine finale Schlussfolgerung so lange zurückzustellen, bis die Belege in Gänze präsentiert und dokumentiert sind. Und das ist es, was ich mir zu tun vornehme.

1.2 Das Material

Das Material, das für eine Untersuchung der Beziehung zwischen sexuellen Möglichkeiten und dem kulturellen Zustand verfügbar ist, ist von zweierlei Art, von historischer und anthropologischer. Es ist üblich, die Sozialgeschichte und die Gesellschaftsanthropologie als getrennte Disziplinen zu betrachten, aber die Unterscheidung zwischen ihnen ist zeitbedingt und kein Naturgesetz. Tatsächlich vermute ich, dass Sozialgeschichte und Gesellschaftsanthropologie zwei Strömungen des gleichen Wissensstroms sind. Für die Anliegen der Studie können wir einen vorübergehenden Damm zwischen beiden errichten, aber wenn wir diesen nicht rechtzeitig entfernen, werden wir sehen, dass der Strom unserer Studie nicht auf dem offenen Meer einer akzeptablen Schlussfolgerung ankommen wird. Das Wasser wird auf unfruchtbarem Land verschwendet – was nichts hervorbringen wird außer unscharfen Urteilen.

Zugleich ist die Unterscheidung mehr als eine akademische Konvention. Die historischen und anthropologischen Fakten dieser Studie sind von völlig unterschiedlichem Charakter. In den historischen Dokumenten können wir die Veränderungen beobachten, die sich Jahrhundert für Jahrhundert hinsichtlich des kulturellen Zustands einer Gesellschaft zutrugen. Das Studium der Gesellschaftsanthropologie fördert viele primitive, über die ganze Welt verstreute Völker zutage, die unterschiedliche Positionen auf der Skala der Kultur einnehmen. Die historischen Gesetzessammlungen und weitere aufschlussreiche Quellen erzählen uns von den Veränderungen, die die Mitglieder historischer Gesellschaften hinsichtlich ihrer Methoden, das Verhalten zwischen den Geschlechtern zu reglementieren, mitmachten.

Die sexuellen Vorschriften unzivilisierter Gesellschaften müssen wir jedoch anders studieren. Wir müssen die Regeln, die in einer Gesellschaft wirksam sind, mit denen vergleichen, die in einer anderen vorherrschen. Im einen Fall vergleichen wir den gesellschaftlichen Zustand mit dem Zustand der gleichen Gesellschaft in einer vorangegangenen oder nachfolgenden Epoche; im anderen Fall vergleichen wir den Zustand *einer* Gesellschaft mit dem Zustand einer *anderen* in der gleichen Epoche. Im ersten Fall bewegen wir uns durch die Zeit, im zweiten durch den Raum. Wenn wir uns auf die historischen Fakten konzentrieren, sollten wir den größeren Teil der Zeugnisse außer Betracht lassen. Wenn wir unsere Studie auf unzivilisierte Völker beschränken würden, wären die wichtigsten Gesellschaften aus der Studie ausgeschlossen. Etliche der historischen Zeugnisse sind, wie auch immer, überaus fragmentarisch. Für eine Schlussfolgerung können sie nur als unterstützendes Material für andere, vollständigere Zeugnisse in Anspruch genommen werden. Ich möchte die wichtigeren und zuverlässigeren historischen Fakten in den letzten Kapiteln dieses Buchs wiederholen. Aber damit das sehr beträchtliche Material einfacher bewältigt werden kann, beabsichtige ich, meine Folgerungen allein aus den anthropologischen Zeugnissen zu gewinnen. Auf diese Weise möchte ich nicht zuletzt die gebräuchliche Unterscheidung zwischen Sozialgeschichte und Gesellschaftsanthropologie wahren.

Für manche Gelehrte mag diese Unterscheidung willkürlich erscheinen. Nun, so möchte ich einen bedeutenden Physiker zitieren, der über die wissenschaftliche Vorgehensweise erklärte: „Alles ist mit allem verbunden. Unseren Forschungsgegenstand können wir beliebig auswählen. Wir können uns auf einen winzig kleinen Flecken konzentrieren oder uns für eine umfassende Untersuchung entscheiden. Bei der ersten Methode ist der Umfang begrenzt, bei der zweiten laufen wir Gefahr, oberflächlich zu sein. Wenn ein Einzelner sowohl Umfang, als auch Tiefe anstrebt, dann müssen beide Ziele zu unterschiedlichen Zeiten erledigt werden. Es ist nicht möglich, sie gleichzeitig zu bearbeiten."[17]

Unsere vergleichsweise große Unkenntnis der Menschheitsgeschichte ist wirklich beklagenswert. Zuverlässige Informationen besitzen wir nur über wenige Gesellschaften, die für eine kurze Zeitspanne einen kleinen Teil der Erdoberfläche bewohnt haben. Und sogar in diesen Zeugnissen befinden sich viele Lücken.

Der soziale und kulturelle Zustand der Babylonier in der Zeit vor 1800 v. Chr. zeigt sich im Kodex Hammurabi und den erhaltenen Inschriften, Verträgen und Briefen, die auch von den Sumerern bekannt sind, wenn auch zu einem geringeren Grad. Aber bisher wurde noch kein ägyptisches Gesetzesbuch gefunden, und obwohl sich unsere Kenntnisse der ägyptischen Geschichte über 3000 Jahre erstrecken, klafft eine komplette Lücke an detaillierten Informationen bezüglich der Bedingungen, die in den jeweils einzelnen Jahrhunderten herrschten. Unser Wissen über die Assyrer ist größtenteils auf die Epoche nach König Sanherib beschränkt. Das Leben der frühen Perser bekommen wir nur flüchtig zu sehen. Es ist nicht sicher, ob die Illias und die Odyssee die Gewohnheiten der griechischen Achaier wiedergeben. Die athenische Gesetzgebung ist eine dunkle Ecke in einem ansonsten gutbeleuchteten Raum. Wir würden kaum etwas über das dorische Sparta wissen, wenn wir die Schriften der Athener nicht hätten. Die Gesetze der Manu erzählen uns etwas über die Bedingungen, unter denen die Alten Inder lebten. Aber über die frühen Chinesen und Japaner konnten nur wenige Fakten zusammengetragen werden. Für das Studium der Sassaniden ist Rawlinson beinahe unser einziger englischer Fachmann. Wenn wir das frühe Arabien diskutieren, müssen wir uns fast ausschließlich auf Robertson Smith verlassen. Unsere Kenntnisse über die Hethiter, Neu-Babylonier und Mauren ist nicht gut genug, um als Grundlage einer Untersuchung verwendet werden zu können. Sie können lediglich als verstärkende Nachweise für eine Schlussfolgerung dienen, die auf detaillierte-

---

[17] O. Lodge, Science and Human Progress, S. 16.

rem Material basiert. Die Römer, Germanen und Angelsachsen sind die einzigen Gesellschaften, von denen die Sozial- und Kulturgeschichte wirklich gut bekannt ist. Forschungen, die auf dieses historische Material begrenzt sind, können nicht beanspruchen, erschöpfend zu sein.

1.3 Definition von „kultureller Zustand"

Die Bedeutung des Wortes „Kultur" ist recht weit. Es wird verwendet, um soziale Bräuche, Religion, Literatur, Künste, Wissenschaften, Herrschaftsformen, handwerkliche Fertigkeiten, Kommunikationsformen, Baustile und alle Industriezweige zu benennen. Wir sprechen von einem „kulturellen Kontakt", wenn wir auf das Aufeinandertreffen von Gesellschaften unterschiedlicher Kulturen hinweisen, und von „kultureller Diffusion", wenn wir auf die Tatsache anspielen, dass Migranten die Kultur ihrer neuen Heimat nicht einfach aufsaugen, sondern einen Teil ihrer eigenen Kultur bewahren, sodass jede der beiden Kulturen die andere affiziert. Die sogenannten kultivierten Zeitalter, die Altsteinzeit und die Jungsteinzeit zum Beispiel, haben ihre verschiedenartigen Ausprägungen von „Kultur", die als Nachweis für die Entwicklung der menschlichen „Kultur" herangezogen werden.

Es ist offensichtlich, dass die Verwendung eines so vielgestaltigen Begriffs strikt eingegrenzt werden muss, bevor man sagen kann, dass er eine präzise Bedeutung besitzt. Um zu dieser Begrenzung zu kommen, möchte ich einige grundsätzliche Tatsachen im Bezug auf unzivilisierte Völker voranstellen.

Die Arbeiten von Frazer, van Gennep, Driberg und Malinowski haben gezeigt, dass die Mitglieder unzivilisierter Gesellschaften spüren, dass sie von gewissen Kräften und Mächten umgeben sind. In Zeiten von Krankheit oder Not, bei Aussaat oder Ernte, wenn Regen gebraucht wird oder zu viel vorhanden ist, zur Geburt, dem Erwachsenwerden, Heirat und Tod und zu jedem bedeutsamen Ereignis manifestieren sich diese Kräfte oder Mächte. Deren Bedürfnisse müssen auf angemessene Weise befriedigt werden, am rechten Ort, zur rechten Zeit, durch die richtige Person.

Unter gewissen Umständen halten es einige Wilde für möglich, dass sie den Lauf der Natur durch Riten und magische Sprüche kontrollieren, Einfluss auf Wind und Wetter nehmen und Gefahren von ihnen, ihrem Vieh und ihrem Getreide abhalten können. Sie denken, dass sie die Erde überreden können Früchte hervorzubringen und die Tiere sich zu vermehren. Das ist zumindest die Art und Weise, in der die verschiedenen Riten interpretiert wurden. Aber wir müssen uns in Erinnerung rufen, dass die magischen Zeremonien zwar magisch, aber nicht genauso übernatürlich waren, und diese einfache Tatsache lässt mich zweifeln, ob wir immer richtig verstanden haben, was im Kopf des Wilden vor sich ging. Wie Driberg gesagt hat: Magie ist nicht allmächtig; wäre sie es, würde der Wilde überhaupt nicht arbeiten. Die Wahrheit scheint zu sein, dass der Wilde die Riten, die uns so sinnlos und kompliziert erscheinen, deshalb ausführt, weil er sie als notwendig und wirksam betrachtet. Für ihn sind sie notwendig, weil die Mächte, die ihn umgeben, gehegt und gepflegt werden müssen; und sie sind wirksam, weil es nichts zu fürchten gibt, wenn die richtigen Riten von der richtigen Person am rechten Ort und zur rechten Zeit durchgeführt werden.

Wir dürfen nicht über die Faktenlage hinausgehen und behaupten, dass solche Wilden keine Kenntnisse hätten von allen Naturgesetzen. Sie mögen vielleicht die Natur nicht als eine Ansammlung geordneter Aktivitäten begreifen, die mit festgelegter Gesetzmäßigkeit aufeinander folgen; doch haben sie eine sehr klare Vorstellung davon, was in ihrer begrenzten Welt üblich und unüblich ist. Die Melanesier, über die Professor Malinowski geschrieben hat, besitzen eine Sage über das Meer, die so rational und konsistent ist wie unsere eigene Vorstellung; aber sie glauben, dass Beschwörungen gesungen werden müssen, wenn ein Kanu gebaut wird. Ihre Ackerbau-Methoden basieren auf Logik und Erfahrung, und sie pflanzen immer zur rechten Zeit. Aber ihrer Meinung nach müssen während des Pflanzens die Mächte des Alls angerufen werden. Sie glauben, dass Magie für einen Erfolg unentbehrlich ist, und für solche Menschen durchdringt die Sphäre des Heiligen (oder Erschreckenden) das Profane oder Gewöhnliche, sodass nichts unternommen werden kann, ohne dass den Mächten, die sich in diesen Dingen manifestieren, Aufmerksamkeit geschenkt wird.

Die Stimulation und Kontrolle von Sonne, Himmel und Erde sind jedenfalls für den Wilden Teil des Lebensgeschäfts, oder, um die Sache etwas anders und genauer zu nehmen: Die Mächte manifestieren sich für ihn nicht nur in Sonne, Himmel und Erde. Auch die großen Ereignisse im Leben eines jeden Menschen – Geburt, Erwachsenwerden und Tod – sind Zeiten einer eigentümlichen Gefahr und einer immensen Bedeutsamkeit. Daher müssen zu diesen Gelegenheiten ebenfalls gewisse soziale Zeremonien durchgeführt werden, die gleichermaßen notwendig und wirksam sind. Jeder Mann und jede Frau muss zwangsläufig diese Krisen durchleben, und als ein Schutzschild gegen Gefahren und als Impfung für die Bewältigung künftiger

Schwierigkeiten müssen gewisse Zeremonien durchgeführt werden, auf die passende Weise, durch die passende Person, am rechten Ort und zur rechten Zeit.[18]

Ein unzivilisierter Mensch nimmt für gewöhnlich an, dass eine Krankheit, die sich mit einfachen pflanzlichen oder medizinischen Mitteln nicht heilen lässt, nur durch die Annahme einer böswilligen Macht erklärt werden kann, die sich gegen ihn wendet, oder dass durch seine Nachlässigkeit eine ihm bisher gewogene Macht verärgert worden ist. Folglich muss er Zuflucht zu einem Menschen nehmen, der diese Macht zurückrufen, kontrollieren oder beeinflussen kann, oder der einen Rat weiß über das Wesen jener Macht.

Ich habe diese Überzeugungen in allgemeine Begriffe gefasst, damit die Termini so wie weit möglich auf alle unzivilisierten Gesellschaften angewendet werden können. Wir können die Angelegenheit zusammenfassen, wenn wir sagen, dass sich für die Mitglieder einer jeden unzivilisierten Gesellschaft eine gewisse Macht im Universum manifestiert (oder gewisse Mächte sich manifestieren), und dass Schritte unternommen werden, um eine richtige Beziehung zu ihr (oder ihnen) zu pflegen.

Nun ist es offensichtlich, dass sich die verschiedenen Gesellschaften diese Mächte unterschiedlich vorstellen, und dass sie für ihr Anliegen, eine richtige Verbindung zu ihnen zu wahren, unterschiedliche Methoden einsetzen. Der kulturelle Zustand einer Gesellschaft ergibt sich aus der Art und Weise, wie diese Mächte konzipiert werden, und aus den Schritten, die unternommen werden, um die Beziehung zu ihnen aufrecht zu erhalten. In der vorliegenden Studie wird die Wendung „kultureller Zustand" durchweg in diesem Sinn verwendet.

Hier sind zwei Anmerkungen nötig. Zunächst bin ich mir bewusst, dass der Sinn, den ich dem Terminus „kultureller Zustand" beimesse, übermäßig eingeschränkt erscheinen könnte. Er ist tatsächlich enger als ich ursprünglich beabsichtigte. Als ich in diese Studie einstieg, schloss ich die soziale und politische Organisationsform in das Feld der Untersuchung mit ein. Ich fand heraus, dass Gesellschaften, die sich im von mir so genannten deistischen Kulturzustand befanden, üblicherweise als Monarchien organisiert waren; und es

---

[18] siehe J. G. Frazer, The Golden Bough, passim; A. van Gennep, Les Rites de passage, passim; B. Malinowski, in: Science, Religion and Reality, hrsg. J. Needham, S. 28 ff.; B. Malinowski, Argonauts of the Western Pacific, passim und besonders S. 105 ff.; J. H. Driberg, The Savage as he really is, S. 47; J. H. Driberg, At Home with the Savage, S. 188 ff.

schien mir erstrebenswert, detailliertere Nachforschungen über diese Angelegenheit anzustellen. Aber das kühne Unternehmen musste aufgegeben werden. Wenn man die Methoden der sozialen und politischen Kontrolle von Unzivilisierten analysieren und klassifizieren will, muss man zunächst die Fakten sammeln und ordnen. Man muss wissen, ob der Einfluss eines Menschen auf seiner Geburt beruht oder seiner Persönlichkeit, oder ob er seine Autorität über Mitglieder einer bestimmten sozialen Gruppe ausübt oder die Einwohner eines bestimmten Territoriums. Das sind einfache, aber fundamentale Unterscheidungen. In der entsprechenden Fachliteratur wird jedoch das Wort „Anführer" auf extrem vage und ungenaue Weise verwendet. Nur wenige Autoren verknüpfen damit eine einzige, präzise Bedeutung, und die Nachweise sind von so dürftiger Qualität, dass oft eine ausgiebige Diskussion notwendig wäre, bevor dessen Bedeutung geklärt werden kann. Nur selten ist es möglich zu sagen, ob die Führerschaft individuell, sozial oder politisch gewesen ist. Manchmal wurde einer „Anführer" genannt, weil er in einer bestimmten Krisensituation die Führung übernommen hatte.

Die gleichen Einwände treffen auf den Gebrauch des Begriffs „König" zu. Es müssten zunächst die Details des zugänglichen Quellenmaterials bewertet und verglichen werden, bevor wir uns sicher sein können, dass unsere Benennungen zuverlässig sind. Manchmal wird der Ausdruck „Oberster Anführer" für einen Mann verwendet, den andere Autoren als „König" bezeichnen würden.

Solange das erforderliche Quellenmaterial keiner eingehenderen Untersuchung unterzogen wird, bleibt mir also keine andere Möglichkeit als die Bedeutung von „kultureller Zustand" zu begrenzen.

Ich bin davon überzeugt, dass die Verbindung, die zwischen monarchischen Institutionen und der Verehrung von Göttern in Tempeln zu existieren scheint, klarer ist als angenommen; aber ich sehe nicht, wie wir irgendeine definitive Schlussfolgerung aus den hierin übereinstimmenden Fakten ziehen könnten, bevor wir unsere Begriffe definiert haben. Genauso bin ich davon überzeugt, dass die Herrschaftsform, die eine Gesellschaft zu einer bestimmten Zeit annimmt, von der gleichen Notwendigkeit bestimmt ist wie deren kultureller Zustand. Die Quellenbelege, auf der diese Meinung beruht, sind jedoch eher historischer als anthropologischer Art.

Zweitens muss der kulturelle Zustand einer Gesellschaft nicht mit seiner Religion verwoben sein. Das ist besonders wichtig. Es stimmt, dass für einige Völker die beiden Phänomene fast deckungsgleich wären, wenn wir die Definition von „Religion" nur weit genug ausdehnen. Einige kulturelle Details jedoch, wie die Heilung von Krank-

heit oder der Umgang mit dem Wetter, die unter dieser Voraussetzung integraler Bestandteil von „Religion" wären, werden nicht von
allen Mitgliedern aller Gesellschaften und aller Zeiten mit „Religion"
verbunden; und es ist essenziell, dass unsere Definitionen auf jede
Gesellschaft und jede Zeit angewendet werden können. Wie viele
Intellektuelle des 20. Jahrhunderts würden der These zustimmen, dass
ihre medizinischen und meteorologischen Methoden Teil ihrer Religion sind? Für den modernen Verstand hört sich das sinnlos an. Das ist
der Grund, warum sich unser kultureller Zustand geändert hat. Einige
unserer Vorväter hätten ihm zugestimmt.

Eine derart weite Definition von „Religion" kann aus akademischer
Sicht gerechtfertigt sein, aber in der Praxis wäre sie extrem unangemessen. Selbst für einen, der sehr gründlich denkt, ist es extrem
schwer, einen so essentiellen Begriff in einem Sinn zu verwenden, der
sich vom gewohnten unterscheidet. Die Gewohnheiten und Überzeugungen des Gehirns können sich nicht so schnell umstellen. Tatsächlich ist es äußerst irritierend, wenn ein Autor einen Alltagsbegriff auf
seine ganz eigene Weise verwendet. Solche Wörter sollten als Fachbegriffe so weit wie möglich vermieden werden. Normalerweise gelingt
es, einen zufriedenstellenden Ersatzbegriff zu finden, der weniger
verbreitet und weniger Gegenstand individueller Interpretationen ist.

Die Definitionen von Religion sind zahlreich; ihre Qualität ist unterschiedlich.
J. H. Leuba hat 48 verschiedene Definitionen zusammengestellt und in zwei
Gruppen eingeteilt; aber seine Ausführungen sind durch die Tatsache beeinträchtigt, dass er „Religion" mit „Religionen" verwechselt.[19] Diese notwendige
Unterscheidung wurde von Wilson D. Wallis erkannt: „Wenn wir uns dem
Gegenstand der Religion anthropologisch nähern wollen, dürfen wir Religion
im Allgemeinen nicht mit einer spezifischen Ausprägung von ihr verwechseln.
Die Überzeugungen der Gläubigen sind eine Sache, ihre Richtigkeit eine
andere. Als Anthropologen beschäftigen wir uns nicht mit der Richtigkeit,
sondern mit verbalen und rituellen Ausdrucksformen des religiösen Bewusstseins."[20] Professor Wallis selbst ist keiner der Definitionen von „Religion"
verbunden. A. Lang verwechselt „Religion" und „Religionen", wenn er sagt:
„Unter Religion verstehen wir den Glauben an die Existenz einer nichtmenschlichen Intelligenz, die von den materiellen Mechanismen des Gehirns
oder der Nerven unabhängig ist."[21] Der subjektive Zugang ist hier stark
ausgeprägt. Lang hat eine große Begabung für Kontroversen, und der Charakter seiner anderen Schriften hat seinen anthropologischen Thesen eine größere
Verbreitung beschert als es ihre wissenschaftliche Bedeutung erfordert hätte.

---

[19] J. H. Leuba, A Psychological Study of Religion, S. 24 f., 339 ff.
[20] W. D. Wallis, An Introduction to Anthropology, S. 284.
[21] A. Lang, The Making of Religion, S. 35 f.

Sein Denken ist selten exakt. „Es ist eine feststehende Tatsache", behauptet er, „dass unter einigen der primitivsten Wilden zwar kein abstrakter Monotheismus mit einer Lehre existiert, aber ein Glauben an ein mächtiges, moralisches, gütiges und schöpferisches Wesen. Dieser Glaube wird neben dem Glauben an Geister, Totem, Fetische usw. aufgefunden."[22] Aber können wir überhaupt die Belege annehmen, auf denen so eine Aussage fußt? Lang gibt die Kriterien nicht preis, aufgrund derer er urteilt, ob ein angenommener Glaube die Hinwendung an einen „Hochgott" einschließt oder nicht. Auch definiert er nicht den Begriff „Hochgott". Bis jetzt konnte er diese vage Konzeption als wissenschaftliche Klassifikation tarnen. Wenn Lang behauptet, dass die „früheste Form von Religion vergleichsweise hochstehend war" und „zwangsläufig im Verlauf des Prozesses der gesellschaftlichen Entwicklung herabsank"[23], dann definiert er so wichtige Begriffe wie „früheste", „hochstehend" und „herabsinken" nicht. Der Wert seiner Schlussfolgerungen ist jedoch vom Sinn abhängig, den er diesen Ausdrücken beimisst.

Nach E. Durkheim können wir einen Ritus nicht definieren, bevor wir nicht die Glaubensvorstellung definiert haben[24], aber ich sehe nicht, wie wir einen Glauben unabhängig von seinen Riten erforschen können.

James Frazer definiert Religion als die „Besänftigung und Versöhnung von Mächten, die über dem Menschen stehen und von denen geglaubt wird, dass sie den Lauf der Natur und des menschlichen Lebens beherrschen."[25] Er behauptet, dass dem religiösen Zeitalter ein magisches vorausging. Wenn Religion auf diese Weise definiert wird, folgt daraus, dass das Phänomen auf die Völker beschränkt ist, die an eine über dem Menschen stehende Macht glauben. Diejenigen, die eine solche Macht nicht anerkennen, gelten dann als „magisch". Aber Frazers Gegenüberstellung ist unvollständig. Er erkennt, dass Religion aus „zwei Aspekten" besteht, Glaubensüberzeugungen und Riten; aber in seinem Gebrauch des Wortes „magisch" vermischt er sie. Die Beschwichtigungsriten, die von „religiösen" Völkern durchgeführt werden, mögen zurecht den (nach seiner Definition) magischen kontrastiert werden; aber Frazer spart den Punkt aus, dass manche Mächte im Universum sich auch denen gegenüber zeigen, die sich im „magischen Zeitalter" befinden. In seiner Definition von „magisch" wird jedoch keine Macht erwähnt, die einer „über dem Menschen stehenden" und sich „religiösen Völkern" zeigenden Macht entspricht. Dr. R. R. Marett hat einen vorsichtigen Versuch unternommen, diese Lücke zu schließen.[26] Seine Vorschläge bezüglich der Natur der Macht, die sich den „nicht religiösen" Völkern im Sinne Frazers zeigt, sind sehr wertvoll.

Der zweifache Charakter von Religion wurde von W. James erkannt: „Das Wesen der Religion besteht aus der Überzeugung, dass es eine unsichtbare Ordnung gibt und ein höchstes Gut in ihr liegt, das uns auf diese Ordnung hin

---

[22] A. Lang, The Making of Religion, S. 254.
[23] A. Lang, Magic and Religion, Vorwort.
[24] E. Durkeim, The Elementary Forms of Religious Life, übersetzt von J. W. Swain, S. 36.
[25] The Magic Art, S. 222 f., 235, 426.
[26] R. R. Marett, The Threshold of Religion, passim.

harmonisch ausrichtet."[27] In dieser Passage diskutiert James bestimmte zivilisierte Religionen, aber ganz offensichtlich hält er in philosophischer Begrifflichkeit die gleiche Idee fest, die A. C. Haddon so ausgedrückt hat: „Es gibt also zwei fundamentale Faktoren in der Religion, den Glauben an eine geheimnisvolle Macht, und den Wunsch, durch eine Form von Verehrung in eine Kommunikation mit dieser Macht einzutreten."[28] Würde man „Verehrung dieser Macht" durch „ihn" ersetzen, dann wäre die Definition so gut wie identisch mit dem Sinn, den ich unter „kultureller Zustand" verstehe.

1.4 Die kulturellen Zustände zoistisch, manistisch und deistisch

Die Grundfrage „Welche Schritte werden unternommen, um eine rechte Beziehung mit den Mächten im Universum zu pflegen?" lässt sich (a) in die Frage nach dem Ort unterteilen, an dem die Riten durchgeführt werden, und (b) in die Frage nach den vermittelnden Personen, die diese Aufgabe wirksam bewerkstelligen. Wir konzentrieren uns zunächst auf den Ort; die Vermittlung wird im Folgenden erörtert.

1. Eine Untersuchung unzivilisierter Völker zeigt, dass einige von ihnen Tempel errichteten und andere nicht. Wenn die Mitglieder einer beliebigen Gesellschaft im Bestreben nach einer rechten Verbindung mit den Mächten im Universum Tempel bauten, dann befand sich diese Gesellschaft in einem deistischen Kulturzustand. Wenn wir die Riten einer beliebigen Gesellschaft analysieren, lautet also die erste Frage, die wir stellen müssen: Errichtete das Volk Tempel? Lautet die Antwort *Ja*, befand es sich in einem deistischen Kulturzustand; lautet sie *Nein*, befand es sich nicht in diesem Zustand. Menschen, die sich in einem deistischen Kulturzustand befinden, führen ihre Riten in Tempeln und durch die Vermittlung von Priestern aus. Ich definiere einen Tempel als überdachtes, von einer Grabstätte unterschiedenes Gebäude, in dem sich die Mächte des Universums manifestieren, und das in erster Linie errichtet wurde, um eine angemessene Beziehung zu diesen Mächten zu pflegen. Das Gebäude ist so beschaffen, dass ein Mensch aufrecht in ihm stehen kann.

2. Eine Untersuchung unzivilisierter Ethnien zeigt, dass es unter den Gesellschaften, die keine Tempel errichteten, einige gab, die ihren Verstorbenen nach dem Tod Aufmerksamkeit schenkten. Solche Ethnien befanden sich im manistischen Kulturzustand. Bei einer negativen

---

[27] W. James, The Varieties of Religious Experience, S. 53.
[28] A. C. Haddon, Magic and Fetishism, S. 93.

Antwort auf unsere erste Frage, müssen wir also eine zweite Frage stellen: Schenkte diese Ethnie ihren Verstorbenen nach dem Tod irgendeine Form von Aufmerksamkeit? Alle Gesellschaften, auf die dies zutrifft, befanden sich in einem manistischen Kulturzustand. Trifft es nicht zu, befanden sie sich auch nicht in diesem Zustand. Gewöhnlich werden die Riten und Zeremonien manistischer Ethnien als „Ahnenverehrung" bezeichnet. In der anthropologischen Fachliteratur wurde dieser Begriff jedoch für eine Vielzahl von Praktiken verwendet, die sich sowohl im Gehalt als auch in der Absicht unterscheiden. Kaum ein Wort wurde vielseitiger benutzt, und die daraus resultierende Verwirrung wurde durch die Verwendung von Begriffen wie „Besänftigung", „Versöhnung" und „Opferung" noch verstärkt.

3. Einige Gesellschaften errichteten weder Tempel, noch schenkten sie ihren Verstorbenen nach dem Tod irgendeine Form von Aufmerksamkeit. Alle diese Gesellschaften, bei denen die beiden relevanten Fragen negativ beantwortet werden, ordnen wir dem zoistischen Kulturzustand zu.

Innerhalb dieser kulturellen Grundmuster gibt es immer eine immense Vielfalt.

1.5 Die Vermittlung zu den Mächten im Universum

Manchmal wird behauptet, dass sich ein Priester aus einem Magier entwickelt hat, und vor einiger Zeit dachte auch ich, dass es so geschehen sein muss. Ich näherte mich dem Sachverhalt mit dem Vorurteil der üblichen „evolutionären" Sichtweise und war verblüfft durch das Auftauchen einer Schwierigkeit. Es dauerte nicht lang, bis ich herausfand, dass sie nicht im Problem selbst lag, sondern in unserer Art und Weise, wie wir sie thematisieren. Heute verstehe ich, dass es eine solche Entwicklung vom Magier zum Priester nie gegeben hat. Die Vorstellung wurde in die Tatsachen hineininterpretiert und nicht aus ihnen herausgelesen. Die Wahrheit scheint zu sein, dass Priester und Magier die gleichen Personen sind, die jedoch an verschiedenen Orten und in einem unterschiedlichen kulturellen Kontext wirken.

Was ist der wesentliche Unterschied zwischen einem Priester und einem Magier? Ein Magier setzt seine eigenen Gegenstände ein, die er sich selbst ausgesucht und denen er möglicherweise Macht übertragen hat. Er kann sie einsetzen, wann und wo er will. Die Ausstattung eines Priesters wird hingegen genauso von seinen Kollegen verwendet. Die göttlichen Botschaften äußert er gewöhnlich in einem Tempel. Ein Magier erwirbt in den meisten Fällen Ansehen durch Bewährung und Leistungen oder durch die Übernahme magischer Gegenstände, die sich in den Händen eines früheren Besitzers bereits als wirkmächtig erwiesen haben. Seine Autorität währt so lange, wie sich seine Macht zeigt. Die Autorität des Priesters hingegen ist fortwährend und beständig; manchmal verdankt er sein Amt der Tatsache, dass er Mitglied einer Gruppe oder eines Stammes ist. Die Autorität des Magiers geht auf ihn selbst zurück; ein Priester teilt sie mit allen anderen Priestern, die dem gleichen Gott dienen.

Ein weiterer Unterschied wurde vorgeschlagen und oft herausgestellt. Es wird behauptet, dass ein Priester eine Macht, die größer ist als er selbst, vermittelt oder erfleht, während ein Magier seine Macht selbst kontrolliert. Die Unterscheidung ist hübsch und reizvoll für den gebildeten Verstand. Sie ist jedoch kaum annehmbar, da sie auf Kriterien basiert, die sich einer Überprüfung entziehen.

Angenommen, wir reisen in ein fernes Land und leben unter einer unzivilisierten Ethnie. Wie können wir beurteilen, ob jemand ein Magier oder ein Priester ist? Es wäre uns nicht möglich, diese Frage einzig durch ein Studium der Vorstellungen der Eingeborenen zu entscheiden, da es keine verlässliche Methode gibt, mit ihnen vertraut zu werden. Wir können den Antworten auf unsere Fragen nicht trauen. Selbst wenn es den Eingeborenen gelingt, mit uns über einige Teile ihres Glaubens zu kommunizieren, müssen wir aufpassen, über ihre Auskünfte nicht in einer Weise zu berichten, die durch unsere eigene Tradition beeinflusst oder gar bestimmt wird. Wir können in der Tat keinen Feldversuch durchführen, wenn wir eine derart inkonsequente Forschungsmethode anwenden. Wir müssen die Taten der Menschen beobachten und die Personen zunächst anhand ihrer Ausrüstungsgegenstände und ihrer Praktiken beurteilen. Ob jemand ein Magier oder ein Priester ist, beurteilen wir also nach dem Ort wo, und nach der Art und Weise wie er handelt. Die Entwicklung eines Magiers zu einem Priester ist eine Frage, die nicht von Belang ist. Der Priester ist ein Magier, der Mitglied einer deistischen Gesellschaft ist.

Oft wurde behauptet, dass sich in einer Gesellschaft, die im kulturellen Rang Fortschritte machte oder sich entwickelte, die verschiedenen Magier in unterschiedlichen Orden organisierten: Zauberer, Medizinmänner, Wahrsager, Regenmacher usw. Solange diese Sichtweise nicht unverzüglich berichtigt wird, wird es nicht möglich sein, das Wesentliche der Veränderung von einem zoistischen in einen deistischen Kulturzustand oder von einem deistischen in einen rationalistischen Zustand richtig zu verstehen.

1.6 Anmerkungen zum Quellenmaterial

Ich habe bereits angemerkt, dass es für einen außenstehenden Beobachter schwierig ist, den „Glauben" und die „Überzeugungen" einer Gesellschaft ohne eine gewisse subjektive Beimischung widerzugeben. Der Gehalt des Geschriebenen ist immer zu einem gewissen Ausmaß autobiographisch. Der gleiche Kritikpunkt trifft auf die Beschreibung sexuellen Verhaltens zu. So wie sich unsere Beobachter mehr auf den Glauben und die Überzeugungen konzentriert haben, so tendierten sie auch dazu, eher das sexuelle Verhalten der Eingeborenen zu beschreiben als deren sexuelle Vorschriften. Solche Berichte haben für diese Studie nur einen geringen Wert.

Einige Autoren sind darum bemüht, die Eingeborenen weißzuwaschen. Aus ihrer Sicht kann der Wilde ein Wilder sein, aber er bleibt auf jeden Fall ein moralischer Wilder. Die genaue Bedeutung, die mit dem Attribut „moralisch" verbunden ist, kenne ich nicht, aber ich vermute, dass ein moralisches Urteil je nach Beurteiler variiert und je nach der Tradition, in der er erzogen wurde oder gegen die er sich wendete. Würde ein moderner Schriftsteller zum Beispiel die gleiche Schilderung des tahitianischen Arioi-Ordens verfassen wie die frühen Fernreisenden und Missionare? Letztere verdammten das sexuelle Verhalten dieses Ordens sehr deutlich. Jedoch verhielten sich ihre Mitglieder auf eine Weise, dass einige moderne Menschen sich wünschen könnten, alle Männer und Frauen der westlichen Gesellschaften würden es ihnen gleichtun. Manchmal lesen wir, dass „die Keuschheit hohe Achtung genoss" oder dass „die Mädchen bescheiden und schön sind und mehrheitlich keusch". Solche Aussagen weisen einen hohen romantischen Anteil auf und entbehren eines präzisen Gehalts.

Die gegenteilige Tendenz zeigt sich in den Schriften der frühen Fernreisenden und Missionare. Deren Schilderungen über das unzüchtige Verhalten der eingeborenen Frauen sind, selbst wenn sie wahr sind, oft nicht frei von einem Bestreben, die Heiden in grellen Farben darzustellen. Dort wo die Fernreisenden diese und andere Motive hatten, auf den freizügigen Charakter der heidnischen Frauen einzugehen, dürfen wir nicht vergessen, dass die Einstellung eines Eingeborenen gegenüber einem weißen Mann, besonders bei einer ersten Bekanntschaft, nicht immer der Ansicht der gleichen Person gegenüber einem Mitglied ihres eigenen Stammes entsprach.

Einige unserer Gewährsleute haben es versäumt, zwischen vor- und nachehelichem Verhalten zu unterscheiden und haben eine Menge Verwirrung gestiftet durch ihren vagen Gebrauch des Begriffs „Keuschheit". Wenn ein Missionar ihn gebraucht, bezieht er sich gewöhnlich auf das nacheheliche Verhalten: eine keusche Ehefrau ist eine treue Ehefrau; eine unkeusche Frau ist eine, die ihren Mann verlassen hat, um mit einem anderen zu leben. In der Mehrzahl der Fälle, in denen ein Missionar behauptet, die eingeborenen Frauen seien unkeusch, meint er lediglich, dass es häufig zu Ehebrüchen und Scheidungen kam. Die Fernreisenden gebrauchten den Begriff „Keuschheit" unterschiedlich. Wenn sie intensiv mit den Sitten der Eingeborenen, über die sie schrieben, vertraut waren (was selten der Fall war), meinten sie gewöhnlich das Gleiche wie die Missionare. Wenn ihr Wissen über die Menschen oberflächlicher war, kann die Tatsache, dass sich die Frauen den Annäherungsversuchen der weißen Seemänner widersetzten, dazu geführt haben, dass sie behaupteten, die Frauen seien keusch. Unter den modernen Autoren gibt es keinen einheitlichen Umgang mit dem Begriff „Keuschheit"; sie verwenden ihn nach Belieben.[29]

Manchmal verdeckt die Art und Weise, in der ein Bericht geschrieben ist, die tatsächlichen Fakten. Beispielsweise merken A. C. Fletcher und F. La Flesche über den amerikanischen Stamm der Omaha an: „Männer und Frauen waren gleichwertig. Die Stammessitte bevorzugte Keuschheit, und diejenigen, die sie praktizierten, standen im öffentlichen Ansehen höher als die, die es nicht taten." J. O. Dorsey trifft eine ähnliche Aussage. „Den Mädchen", schreibt er, „war es nicht gestattet, zu einem Tanz zu gehen, außer ihre Mütter begleiteten sie und sie liefen oder ritten mit keinem Mann außer ihrem Ehemann." Man könnte jetzt diese beiden Passagen zitieren und aus ihnen schließen, dass die Frauen der Omaha gezwungen waren, enthaltsam zu leben. Nichts wäre jedoch falscher. An anderer Stelle schreibt Dorsay: „Manchmal, wenn ein Jugendlicher ein Mädchen sieht, das er liebt, sagt er ihr, wenn sie ihm gewogen ist: Ich werde hier bleiben. Komm doch bitte nachts hierher! Nachdem sie wiedergekommen ist, genießt er sie und fragt sie anschließend, ob sie heiraten will. Anders war es jedoch mit einem Mädchen, das widerspenstig war oder dem Verehrer zunächst nicht zuhören wollte. Nachdem sie miteinander geschlafen hatten, sagt er in etwa: Da du mich verletzt hast, will ich

---

[29] Die Problematik von Keuschheit und Mäßigung wurden ausgiebig erörtert von E. Westermarck, History of Human Marriage, S. 139-160, 418-454, und von R. Briffault, The Mothers, S. 8-64, 259 f. Die Erörterung ist beeinträchtigt durch die Tatsache, dass die Begriffe nicht definiert werden. Darüber hinaus sind die meisten vermeintlichen Belege, auf die sich diese Wissenschaftler stützen, lediglich Meinungsäußerungen von Fernreisenden und Beobachtern, deren Urteile vor allem ihr eigenes individuelles Temperament widerspiegeln.

doch nicht heiraten."[30] Die Schlussfolgerung, die aus den ersten beiden Passagen gezogen werden kann, wird also durch die dritte Textstelle widerlegt. Wir dürfen uns also nicht irreführen lassen und denken, dass die Ehe, in dem Sinn, wie wir sie verstehen, auf eine voreheliche intime Begegnung folgte. Dorsay verwendet den Begriff „Ehe" für jede sexuelle Verbindung, und im vorliegenden Zusammenhang bezeichnet das Wort nicht mehr als eine vorübergehende Partnerschaft.

Ein besonders vertracktes Beispiel gibt es im Fall der Gilbert-Inseln. Wenn sich eine Braut mit ihrem Ehemann verband, wurde von ihr erwartet, Jungfrau zu sein. Sobald die Ehe vollzogen war, untersuchten die alten Frauen aus der Familie des Bräutigams das Ehebett nach Belegen ihrer Jungfräulichkeit. Das vorherrschende System des Grundbesitzes hinderte jedoch einige junge Frauen daran, sich mit einem Geschäftspartner zu verbinden. Ein solches Mädchen wurde *Nikiranroro* genannt, wörtlich *Übriggebliebene ihrer Generation*. Sie war in sexueller Hinsicht frei. Nun widersprechen sich unsere Berichte über die vorehelichen Vorschriften der Gilbert-Insulaner, da sich einige von ihnen auf die Ehefrauen beziehen, von denen Jungfräulichkeit erwartet wurde, und andere sich auf das Verhalten jener Frauen beschränken, die nicht heiraten konnten. Die sexuellen Aktivitäten der *Nikiranroro* beeindruckten die Fernreisenden so sehr und stießen die frühen Missionare so sehr ab, dass sie es versäumten, detailliertere Nachforschungen anzustellen. Daher erwähnen sie nicht die Forderung nach vorehelicher Keuschheit, die nur von den sorgfältigeren und weniger emotionalen Beobachtern erkannt wurde. Gewöhnlich bezeichnen die frühen Autoren die *Nikiranroro* als „Prostituierte" und dieser Begriff wurde auch als Übersetzung für *Nikiranroro* vorgeschlagen. So nachlässig waren wir in unserem Bemühen, die Bedeutung der einheimischen Wörter zu verstehen. Demjenigen, der diesen Fauxpas berichtigt hat, verdanken wir sehr viel.[31]

Ein anderer Fallstrick für Unachtsame ist die Vermischung von vorehelicher Schwangerschaft und vorehelichem Geschlechtsverkehr. Manchmal wird uns gesagt, dass letzterer absolut verboten war, ob-

---

[30] siehe A. C. Fletcher und F. La Flesche, The Omaha Tribe, S. 323 (für Keuschheit), 325 (für Ehe im Sinne von Partnerschaft); J. O. Dorsey, Omaha Sociology, S. 260, 365.

[31] vergleiche A. Grimble, From birth to death in the Gilbert Islands, S. 32 f., der von der Forderung nach Keuschheit berichtet, mit C. Wilkes, Narrative of U.S. Exploring Expedition 1838-1842, S. 91. Der Begriff *Nikiranroro* wurde von Tutuila, The Line Islanders, S. 265-70 als „Hure" widergegeben. Für die Berichtigung der Übersetzung siehe R. Briffault, The Mothers, S. 25 ff.

wohl es tatsächlich so war, dass die Einwohner nur die Geburt eines vorehelichen Kindes verbaten. Briffault war der erste, der darauf aufmerksam machte, dass, wenn ein Mädchen für die Geburt eines vorehelichen Kindes bestraft wurde, die Elterngeneration nicht zwangsläufig deren sexuelle Aktivitäten missbilligte.[32]

Diese Beispiele veranschaulichen die Unzuverlässigkeit mancher Quellen und die Notwendigkeit exakter Definitionen. Die Bedeutung der verschiedenen Termini, die ich verwende, werde ich anfügen.

---

[32] Für eine Erörterung der mutmaßlichen Gleichgültigkeit gegenüber außerehelichem Geschlechtsverkehr siehe R. Briffault, The Mothers, S. 100-117.

2. Ethnologische Befunde

2.1 Loyalitätsinseln und Tanna

Auf den Loyalitätsinseln[33] wurden vorehelich geborene Kinder als böses Omen angesehen. Wenn ein Mädchen vor der Heirat schwanger wurde, musste sie eine Abtreibung über sich ergehen lassen. Jedoch war damit keine soziale Stigmatisierung verbunden, weder für den Vater, noch für die Mutter des Kindes. Vorehelicher Geschlechtsverkehr mit häufig wechselnden Partnern (Promiskuität) war erlaubt.[34]

Captain Andrew Cheyne[35] merkt an, dass er auf einer der besuchten Inseln voreheliche Keuschheit beider Geschlechter beobachtet habe. Seine Auffassung könnte durch die Insulanerinnen entstanden sein, die sich den Annäherungsversuchen seiner Seemänner widersetzt haben, oder durch die Tötung der vorehelich geborenen Kinder. Eine Erklärung, wie er an seine Informationen über das männliche Verhalten kam, kann ich nicht ausmachen. Cheyne war Kapitän eines Schiffes, das im Sandelholz-Handel im Einsatz war. Aus diesem Grund messe ich seinen Berichten keinen allzu großen Wert bei. Tatsächlich hätte ich, wenn er unsere einzige Quelle gewesen wäre, die Loyalitätsinseln aus dieser Studie ausgeschlossen. Unser Wissen über ihre Gewohnheiten wäre dann unzureichend gewesen.

In Tanna[36] war es wie auf den Loyalitätsinseln: Promiskuität zwischen den Geschlechtern war erlaubt und, so Humphreys, sexuelle Freizügigkeit vor der Heirat wurde nicht missbilligt. Er fügt hinzu, dass sowohl Kindsmord als auch Abtreibung verbreitet gewesen seien. Es ist also möglich, dass auch in Tanna vorehelich geborene Kinder getötet wurden.[37]

Die Bewohner der Loyalitätsinseln hatten keine Tempel, und nach der Bestattung wurde keinem Toten Aufmerksamkeit geschenkt. „Von den Geistern der Verstorbenen", merkt Hadfield an, „wurde nicht angenommen, dass sie irgendetwas Bösartiges gegenüber den Lebenden bewirkten."[38] Folglich befinden sich die Bewohner der Loyalitätsinseln in einem zoistischen kulturellen Zustand.

---

[33] neukaledonische Pazifikinsel östlich von Australien (Anm. d. Ü.)

[34] E. Hadfield, Among the Natives of the Loyalty Group, S. 180; A. Cheyne, A Description of the Islands in the Western Pacific, S. 15 und 25.

[35] Er bereiste zwischen 1842 und 1844 die mikronesischen Inseln. (Anm. d. Ü.)

[36] pazifische Insel, heute Teil des nordöstlich von Australien liegenden Inselstaates Vanuatu (Anm. d. Ü.)

[37] C. B. Humphreys, The Southern New Hebrides, S. 30.

[38] E. Hadfield, Among the Natives of the Loyalty Group, S. 159 f.

Eine alte Quelle von frühen Missionaren, die S. H. Ray zitiert[39], behauptet, dass die Bewohner der Loyalitätsinseln „Relikte ihrer Toten, wie Fingernägel, Zähne oder Haarbüschel aufbewahren und verehren". Vermutlich bezieht sich der Text aber auf den dort angeführten Brauch, gewisse Körperteile eines verstorbenen Magiers an sich zu nehmen, um sich etwas von der magischen Kraft des Toten einzuverleiben.

Die Macht im Universum war *Haze*. Dieses Wort scheint als Substantiv, Adjektiv oder Adverb verwendet worden zu sein. Das wird aus dem folgenden Satz klar: „Ein *Haze* war jedes Objekt, das zu *Haze* gemacht wurde (*nyi Haze*), oder das durch den *Tene Haze* mit einer übernatürlichen Macht ausgestattet wurde, also durch jemanden, der *Haze* besaß."[40] Hier handelte es sich normalerweise um eine ältere Person, die von den Leuten einen materiellen Lohn für die Ausübung ihrer magischen Kräfte erhielt. Aufgrund seiner *Haze* konnte ein *Tene Haze* Krankheiten zufügen und aus der Ferne töten; er konnte auch den Effekt seiner eigenen destruktiven Beschwörungen wieder neutralisieren und jede Erkrankung heilen. Wenn er der Meinung war, nicht angemessen für seine Dienste entlohnt worden zu sein, konnte er einen Rückfall verursachen und tat dies auch. In allen Fällen war die Wirksamkeit seiner Dienste einzig von der *Haze* abhängig, die er besaß.[41]

Krankheiten gab es wenige, „Ärzte" viele. Zusätzlich zum *Tene Haze*, der magische Steine einsetzte, gab es auch den *Tene Dosino*, der Kräuter verabreichte. Aber offenbar war die Behandlung des *Tene Dosino* ohne *Haze* nicht wirksam, zumal Hadfield zugesteht, dass „die zwei Heilkünste ineinander zu verschmelzen schienen". Vielleicht bezieht sich *Dosino* auch mehr auf die Kräuter als auf den Kräuterarzt.

Der Respekt gegenüber dem *Tene Haze* war tatsächlich so groß und das Bestreben nach *Haze* war bei den Inselbewohnern so umfassend und ausschließlich, dass wenn ein Träger von *Haze* starb, jeder darauf erpicht war, sich ein Körperteil dieser Person zu sichern, um sich etwas von der magischen Kraft anzueignen, die jedem Glied innewohnte. Diejenigen, die gern selbst Magier sein wollten, stritten sich um Augen, Zehennägel und Knochen.[42] Die einzige Methode zur Heilung einer hartnäckigen Krankheit war die blanke „Magie" des *Tene Haze*. Die Bewohner der Loyalitätsinseln unterschieden nicht

---

[39] S. H. Ray, The People and Language of Lifu, Loyalty Islands, S. 289.
[40] S. H. Ray, a. a. O., S. 295.
[41] E. Hadfield, Among the Natives of the Loyalty Group, S. 145 f., 193 f.
[42] E. Hadfield, a. a. O., S. 149.

zwischen einem Magier, einem Medizinmann und einem Wahrsager. Tatsächlich ist es zweifelhaft, ob sie überhaupt verstanden hätten, worin der Unterschied besteht, zumal der *Tene Haze* durch die Wirkung seiner *Haze* in allen diesen Feldern agieren konnte. Auf ähnliche Weise waren „Sonne, Wind und Regen alle mehr oder weniger unter der Kontrolle gewisser Zauberer, die durch Nahrungsmittelgaben leicht dazu bewogen wurden, ihre Kraft und Fähigkeiten einzusetzen"[43].

Der Regenmacher war populär, aber der Magier, der auf die Sonne Einfluss hatte, wurde oft verdächtigt, Trockenheit zu verursachen, damit Menschen an Hunger sterben, deren Fleisch dann für ein kannibalisches Festmahl zur Verfügung steht. Es scheint das Privileg des *Tene Haze* gewesen zu sein, ein kannibalisches Fest auszurufen, wann immer er wollte, und um ihn davor zu bewahren, zu viel Sonnenschein zu bewirken, wurde bestimmt, dass er immer, wenn er von seinem Vorrecht Gebrauch machte, seinen ältesten Sohn töten musste. Das erscheint rational; denn unter der Annahme eines solchen blinden Glaubens an die Macht des Magiers, war dies eine exzellente Methode, Trockenheit zu verhindern. Ob Lévy-Bruhl[44] das als „prälogisch" bezeichnen würde?

Der Glaube an die Macht der Magier war unausgesprochen so stark, dass ein Eingeborener auf die Frage „Wer hat die Blumen erschaffen?" mit „unsere alten Männer" antwortete.[45]

Unter den Bewohnern von Tanna herrschten ähnliche Bräuche. Sie hatten weder Tempel, noch befanden sie es für nötig, die Toten zu besänftigen. Die Macht im Universum hieß *Uhngen*, die Gray und Ray mit *Haze* gleichsetzten.[46] Welchen Begriff die Tanna-Insulaner für einen Magier verwendeten, wird nicht überliefert. Die Bezeichnung *Wasyolnuruk* (Zauberer) scheint eher ein beschreibender Begriff als ein feststehender Ausdruck zu sein. Angewendet wurde er für einen Magier, der gemeinschaftsschädigende Riten praktizierte. Die Auffassung der Berichte legt die Vermutung nahe, dass zwischen Zauberer, Medizinmann und Wahrsager nicht unterschieden wurde. Ein Missionar, der als *Uhngen*-Mann, als ein mit der Macht im Universum Verbundener galt, wurde mehr als einmal verdächtigt, eine Krankheit verursacht und verbreitet zu haben.[47] Der Begriff *Yolnuruk* wurde

---

[43] E. Hadfield, a. a. O., S. 111 f.

[44] französischer Ethnologe (1857-1939), der die Idee einer universellen menschlichen Vernunft lange ablehnte (Anm. d. Ü.)

[45] S. H. Ray, a. a. O., S. 252.

[46] W. Gray und S. H. Ray, Some Notes on the Tannese, Int. Arch. for Eth. (1894), S. 232 f.

[47] siehe A. C. P. Watt, Twenty-five Years on Tanna, S. 153, 183.

jedoch nicht verwendet, um zwischen Magier und einem gewöhnlichen Mann zu unterscheiden.

Die Quelle magischer Kraft war der Besitz eines magischen Steins. Ein Bewohner der Loyalitätsinseln hätte einen solchen Stein *Haze* genannt, und auch wenn es nirgends explizit erwähnt wird, ist es möglich, dass ein Tanna-Insulaner ihn *Uhngen* genannt haben könnte. So wie die Bewohner der Loyalitätsinseln von den Magiern glaubten, dass sie die Blumen erschaffen haben, so ging ein Bewohner Tannas davon aus, dass ein Mann, der einen magischen Stein besaß, die Früchte der Erde vermehren konnte. Gray merkt an: Frage *Wer hat die Brotfrucht, den Fisch, die Yamsknolle usw. erschaffen?* und die Antwort ist: *Der-und-der. – Und wie hat er sie erschaffen? – Li Uhngen.* Die Folgerung lautet, dass die Steine magische Kraft hatten, weil sie *Uhngen* waren. Jeder Bereich der Natur stand unter der Kontrolle eines speziellen Steins, und folglich eines bestimmten Menschen: Daher konnte einer die Yamsknolle zum Wachsen bringen, und ein anderer Regen bewirken; ein Dritter konnte die Sonne zum Scheinen bringen usw.[48] „Wenn eine Regenbeschwörung keinen Erfolg zeitigt", erklärt Watt, „dann liegt das daran, dass jemand anderes eine große Menge an Sonnenschein macht."[49]

Der allgemeine Ausdruck für die Steine, die eingesetzt wurden, um den Lauf der Natur zu verändern, war *Nauveti nadi*. Davon zu unterscheiden ist *Nauveti nuruk*, welches die Macht über Leben und Tod beinhaltete. Die Bedeutung von *Nauveti* ist unbekannt. Sollte sie „Stein" sein, müssen *nadi* und *nuruk* näher bestimmende Adjektive oder Adverbien sein.

Watt beschreibt die Methoden des Regenmachers in einigen Details und schildert, dass dieser „seinen verstorbenen Vater und verstorbene Freunde anrief und sie einlud an seiner Feier des Regenmachens teilzunehmen." Es wird aber aus der zitierten Passage klar, dass der Erfolg des Mannes nicht von irgendeiner Unterstützung, die ihm von irgendwoher zukam, abhing, und dass sein mögliches Versagen nicht aus ihrem Widerwillen resultierte. Vielleicht sollten wir annehmen, dass er einfach die Namen von erfolgreichen Regenmachern anrief, die mittlerweile tot waren. Das Wort „Vater" muss nicht unbedingt wörtlich verstanden werden.[50]

---

[48] W. Gray, Notes on the Tannese, Fourth Rep. Aust. Ass. Adv. Sc. (1892), S. 651, 653; C. B. Humphreys, The Southern New Hebrides, S. 73.
[49] A. C. P. Watt, Twenty-five Years on Tanna, S. 178-184.
[50] vgl. A. C. P. Watt, a. a. O., S. 180.

Tafel Südpazifische Inseln und Neuguinea

Ethnie	Kultureller Zustand (Z = zoistisch; M = manistisch; D = deistisch)	Umgang mit Not			Methode Wetterkontrolle		Umgang mit Geistern			Tempel und Priester	Voreheliche Keuschheit
		Magie	Opfer / Exorzismus	Priester	Magier	Priester	Magische Kontrolle	Fürsorge	Kult		
1. Loyalitäts-Inseln	Z	+	-	-	+	-	-	-	-	-	-
2. Tanna	Z	+	-	-	+	-	-	-	-	-	-
3. Neubritannien	M	+	+-	-	+	-	+	+-	-	-	-°
4. südöstliche Solomonen	M	+	+	-	+	-	-	+	+	-	-°
5. Banks-Inseln	Z	+	+	-	+	-	+	-	-	-	-
6. Fidschi	D	+	+	+?	-	+	-	+	+	+	+
7. Trobriand-Inseln	Z	+	-	-	+	-	-	-	-	-	-
8. Kiwai Papua	Z	+	-	-	+	-	+	-	-	-	-
9. Mafulu	Z	+	-	-	-	-	-	-	-	-	-
10. Purari	Z	+	-	-	-	-	-	-	-	-	-
11. Koita	Z	+	-	-	+	-	-	-	-	-	-
12. Mailu	Z	+	-	-	o	o	-	-	-	-	-
13. Orakaiva	M ?	+	-	-	+	-	-	+-?	-	-	-?

2.2 Die Schilluk

Die Schilluk (oder Chollo) waren eine bemerkenswerte Ethnie.[51] Ihre Sitten sind von großer Bedeutung. Sie waren manistisch und zum Teil fast deistisch. Die Art und Weise, wie einer die Führung der Gesellschaft erlangen und zum *Reth* (König) werden konnte, und die merkwürdige Tatsache, dass der *Reth* umgebracht wurde, damit er nicht alt und in der Ausübung seiner Herrschaft altersschwach werden konnte, nehmen einen langen Teil von James Frazers Schrift ein, die sich mit dem „göttlichen König" und dem „sterbenden Gott" beschäftigt. Doch

---

[51] Ethnie aus dem heutigen Südsudan (Anm. d. Ü.)

gibt es Grund zur Annahme, dass der Kult um den *Reth* im Leben der Schilluk nicht die Bedeutung hatte, die ihm manchmal zugesprochen wurde. Wir müssen die Verhaltensweisen einer Gesellschaft im Ganzen betrachten, wenn wir deren kulturellen Zustand präzise bestimmen wollen.[52]

Die höchste Macht im Universum war *Jwok*. Es heißt, das Wort sei bei Krankheit, plötzlichem oder gewaltsamem Tod und „jedem Lebewesen mit übernatürlichen Kräften" verwendet worden. Die Schilluk gebrauchten in Bezug auf *Jwok* das Wort *lamo* (beschwören). Das impliziert den Einsatz magischer Kräfte oder Einwirkungen. Bezogen auf ihren toten *Reth* verwendeten sie jedoch den Begriff *kwacho* (beten, bitten). Das impliziert einen Totenkult. Der Ausdruck für einen Magier war *Ajwogo* (der von *Jwok* Abhängige). Nach Professor Westermann konnte sich das Volk durch die Vermittlung des *Ajwogo* (oder – im Plural – der *Ajwuk*) an Nyakang und andere tote *Reth* wenden. Der *Ajwogo* konnte Regen verschaffen oder ihn verhindern, das Vieh durch Zaubersprüche beschützen, Krankheiten heilen, Wunder vollführen und Menschen durch Hexerei töten. Wenn *Iwok* in ihm war, wurde ein *Ajwogo* ekstatisch.[53]

Professor Seligmann behauptet, dass die *Ajwuk* „den Geist toter Könige in sich trugen". In der Literatur über die Schilluk lesen wir durchweg vom „Geist toter Könige" und den „Geistern der Toten", aber unsere Fachleute geben nirgends den Begriff an, den sie auf diese Weise übersetzen. Ein Vergleich von Seligmanns Bericht mit dem von Westermann legt nahe, dass dieses Wort *Jwok* war. Das wird durch Professor Seligmanns Hinweis unterstützt, dass „das Eingehen in den Geist ihrer Könige die am meisten verbreitete Krankheitsursache war". Wie wir gesehen haben, wurde ursprünglich angenommen, dass *Jwok* die Krankheitsursache war, und es scheint so gut wie sicher, dass sich Seligmann auf *Jwok* bezieht, wenn er vom „Geist toter Könige" spricht.[54]

---

[52] siehe J. G. Frazer, The Dying God, S. 17-26, 198, 204; J. G. Frazer, Adonis, Attis and Osiris, S. 161-167.

[53] D. Westermann, The Shilluk People, S. 260 f. Siehe auch D. S. Oyler, The Shilluk's Belief in the Evil Eye; the Evil Medicine Man, S. 122 f., 137; D. S. Oyler, The Shilluk's Belief in the Good Medicine Man, S. 113, 116 (für den Glauben an Hexerei und die Ausübung von Magie). Oyler betont, dass die Schilluk „von Medizinmännern" beherrscht wurden. Er unterteilt den Stand der Magier in fünf Klassen. Ich vermute aber, dass diese schöne Unterscheidung im Kopf der Schilluk nicht existierte. Westermann übernahm viele Informationen von Oyler. Wenn Oylers Darstellung von Westermanns abweicht, sollte Oylers Beschreibung vorgezogen werden.

[54] C. G. Seligman, The Cult of Nyakang, Fourth Report, Wellcome Laboratory,

Gewöhnlich wird der autokratisch regierende *Reth* als ein „König" bezeichnet. Man sollte jedoch besser einfach vom *Reth* sprechen. Nyakang wird für den ersten *Reth* gehalten, und seit seiner Zeit, so wird gesagt, habe es 20 *Reth* aus elf Generationen gegeben. Die Grabstätte eines *Reth* nannte man *Kengo*, im Gegensatz zum Grab eines gewöhnlichen Menschen, das *Roro* hieß. Das Wort *Kengo* wurde auch für das Haus verwendet, das über dem Grab eines *Reth* errichtet wurde, und auch für Gebäude ähnlichen Charakters, die in anderen Dörfern und Gegenden zu Ehren des *Reth* gebaut wurden. Die Schilluk dachten, dass sich in allen *Kengo* die Macht der Toten manifestierte.[55]

Über die toten *Reth* wurde geschrieben, dass sie sich in gewissen Tieren manifestierten. Wenn ein Vogel, in dem ein toter *Reth* erschien, auf einem Baum landete, sei dieser Baum fortan heilig und dem *Reth* geweiht gewesen. Ich akzeptiere den Bericht mit einem Vorbehalt. Ich denke, dass viele Tiere *Jwok* genannt wurden und manche auch *Reth*, aber ich bezweifle die Reinkarnation, solange ich mir nicht sicher sein kann, dass die Identifizierung von Vogel und *Reth* nicht durch die Verwendung des gleichen Adjektivs oder Adverbs zustande gekommen ist.

Das Ehrenmal (*Kengo*) war also ein Gebäude, das eigens dafür errichtet wurde, um eine richtige Beziehung zum toten *Reth* pflegen zu können. Da die Schilluk das *Kengo* für ein Grab hielten und nicht für ein Gotteshaus, liegt es nicht innerhalb unserer Definition des Begriffs „Tempel". Jedoch liegt hier ein Grenzfall vor, und das *Kengo* der Schilluk stellt in der Nachweiskette ein wichtiges Verbindungsglied dar, das die Entwicklung eines Tempels, ausgehend von einer Erinnerungsstätte an „etwas Ungewöhnliches", zeigt. Ein *Kengo* wurde immer in einem guten Zustand gehalten, ob es nun ein echtes Grab war oder nicht. Niemandem war es gestattet, die Anlage zu betreten, außer denjenigen, die sich um die Sauberkeit des Gebäudes kümmerten. Es glich einem gewöhnlichen Haus, nur dass es kleiner und schmaler war, wenngleich auch größere und aufwändigere Beispiele nicht unbekannt waren. Ein besonders schönes *Kengo* mit bemalten Mauern gab es in Fenikang; die Anlage enthielt fünf Hütten. Die Ausstattung eines *Kengo* war unterschiedlich. Für Nyakang und seinen Sohn Dag soll es mehr *Kengo* gegeben haben als für die anderen *Reth*, aber jeder *Reth* scheint durch Formen von Achtung an seinem *Kengo* geehrt

---

Band 2, S. 231; C. G. Seligman, „Shilluk" in: Enc. Rel. Eth., hrsg. von J. Hastings.
[55] siehe C. G. Seligman, The Cult of Nyakang, Fourth Report, Wellcome Laboratory, Band 2, S. 225; C. G. Seligman, „Shilluk" in: Enc. Rel. Eth.; D. Westermann, The Shilluk People, S. 42.

worden zu sein. Da jedoch die Untersuchungen unserer Fachleute noch lückenhaft sind, lässt sich nicht sagen, über welche Gegend sich der Kult eines bestimmten *Reth* erstreckte.[56]

Diejenigen, die sich um das *Kengo* gekümmert haben, sollen (1) alte Frauen, (2) Ehefrauen des toten *Reth*, und (3) *Bang Reth* (Plural *Oting Reth*), das heißt Diener des *Reth* gewesen sein. Die alten Frauen scheinen als einzige dauerhaft gewirkt zu haben. Ein *Bang Reth* stach heraus, da sich der tote *Reth* in ihm manifestierte. Wir haben festgestellt, dass ein *Ajwogo* eine Person war, die in Ekstase geriet, „besessen" war vom toten *Reth* und als Stellvertreter agierte, durch den die Menschen dem *Reth* nahekamen. Nach Oyler war auch ein *Bang Reth*, ein Diener des Königs, vom toten *Reth* „besessen". „Der Beginn der Besessenheit", schreibt er, „wird durch Hysterie angezeigt. Wenn eine Person dieses Anzeichen zum ersten Mal zeigt, wird ein anerkannter Diener des Königs herbeigerufen. Der Geist kann den Menschen mitteilen, welchen König er repräsentiert." Wenn der Patient geheilt werden konnte, hieß es, dass der Geist „ausgefahren" sei; aber wenn die Besessenheit vollständig und andauernd war, wurden Maßnahmen ergriffen, die Person „in den Stand der Diener des Königs" aufzunehmen. Uns wird nicht überliefert, worin diese Maßnahmen bestanden, doch waren sie immaterieller Art. Der springende Punkt war, dass die Macht des *Ajwogo* und des *Bang Reth* den gleichen Ursprung hatte: *Jwok*. Die Quelle magischer Kräfte war bei den Schilluk also die Besessenheit von der Macht im Universum. Der Unterschied zwischen einem *Ajwogo* und einem *Bang Reth* scheint folgender gewesen zu sein: Beide gerieten in Ekstase, aber während sie bei dem Ersten auf *Jwok* selbst zurückging, beruhte sie beim Zweiten auf der Besessenheit von ihm in Form des Geistes (*Jwok*) eines bestimmten toten *Reth*.

Die Gleichsetzung der beiden Personen resultiert aus ihren Tätigkeiten. Die *Ajwogo* beschützten das Vieh, behandelten Krankheiten und „vollbrachten Wunder". Ein *Bang Reth* befreite die Menschen von Geschwülsten, erahnte mithilfe von Schneckengehäusen die Identität eines Geistes (*Jwok*), um den Dämon eines kranken Kindes zu vertreiben. Ferner stand er im Kontakt mit verstorbenen Familienangehörigen, übertrug Krankheiten auf ein Schaf, das dann im Fluss ertränkt und von der Flut mitgenommen wurde; und er schlachtete die Opfergaben, die dem toten *Reth* an seinem Kengo dargebracht wurden. Seine wichtigste Aufgabe war jedoch die Heilung von Krank-

---

[56] siehe die Quellen oben und D. S. Oyler, Nikawg's Place in the Shilluk Religion, S. 287 f.

heiten. In diesem Zusammenhang ist eine Textstelle es wert, wörtlich zitiert zu werden: „Die Tatsache, dass die Macht von Nyakang bei den Schilluk nicht so groß ist wie ihre Stellung nahelegt, wird durch einen Vergleich der Diener des Königs mit den Heilmagiern gestützt. Sie üben die gleichen Tätigkeiten aus, aber die Macht der Heilmagier ist größer. Die Hauptaufgabe der Diener des Königs besteht darin, Krankheiten zu heilen. Die sogenannten Heilungen sind nahezu immer magischer Natur."[57]

Besonders Nyakang, aber auch Dag und andere tote *Reth* wurden in Zeiten von Krankheit und Bedrängnis angerufen, wenn eine Dürre das Leben des Viehs und das Getreide bedrohte, aber auch zur Erntezeit. Die Achtung, die ihnen entgegengebracht wurde, oder die Bitten, die an sie adressiert wurden, richteten sich niemals ausschließlich an sie. Den Schilluk zeigten sich auch andere Mächte, beispielsweise „die Ahnen und der tote Dorfvorsteher". Viele Mitglieder der Gesellschaft hielten sie für gleichermaßen der Opfergaben wert und für gleichermaßen fähig, den erwünschten Segen zu gewähren. Tatsächlich scheint Nyakang nur ein *primus inter pares* gewesen zu sein. Die Erstlingsfrüchte mögen ihm vorbehalten gewesen sein, in Zeiten von Krankheit und Bedrängnis mag ihm geopfert, mögen an seinem *Kengo* Nahrungsmittel niedergelegt worden sein; aber „ähnliche Opfergaben wurden auch anderen Königen und möglicherweise auch Ahnen gemacht."[58]

Seligmann schreibt, dass Regenzeremonien üblich waren, wenn Regen ausblieb und kommen sollte. Das ist so nicht Oylers Meinung. Er meint, dass in Zeiten von Trockenheit ein Schaf geopfert wurde. Oyler behauptet, dass die Menschen einiger Gegenden Regenmachern aus der Ethnie der Dinka vertrauten. Nirgends erwähnt er Opfergaben an Nyakang im Zusammenhang mit den Anliegen von Regenzeremonien.

Fürsorge gegenüber den Geistern scheint üblich gewesen und regelmäßig erfolgt zu sein. Oyler schreibt: „Oft wurden Nahrungsmittel auf dem Grab einer verstorbenen Person niedergelegt, um ihn zu besänftigen oder zu beschenken. Manchmal wurden die Gaben auch im Haus des Verstorbenen platziert. Dies geschah aber nicht über einen langen Zeitraum hinweg, außer am Grab eines starken Anführers oder Königs. Im Fall von Königen erfolgten die Opferungen ziemlich

---

[57] C. G. Seligman, The Cult of Nyakang, Fourth Report, Wellcome Laboratory, Band 2, S. 225-227; D. S. Oyler, Nikawg's Place in the Shilluk Religion, S. 286-291.
[58] D. S. Oyler, a. a. O., S. 281, 286; C. G. Seligman, a. a. O., S. 226-228.

regelmäßig. Im Fall gewöhnlicher Leute opfern die Schilluk gewöhnlich nur dann, wenn sie eine Hilfe erbitten. Waren die Toten feindselig, könnte die Absicht gewesen sein, sie durch die ihnen erwiesene Ehre zu besänftigen. In praktischer Hinsicht richteten sich all ihre Gebete an die Geister, meist die der toten Könige. Es war erlaubt, zum toten Anführer, einem Verstorbenen und anderen Verwandten zu beten."

Ich denke, dass die kuriose Ausdrucksweise dieser Sätze die Wahrheit über die Schilluk-Kultur zeigt. Einige von ihnen taten dies, andere etwas anderes. Ihren Ahnen erwiesen sie Achtung, genauso wie ihren verstorbenen großen Anführern und ihren toten *Reth*. Ständig unterschieden sie zwischen dem Einen und den Vielen. Die Achtung, die sie den Ahnen erwiesen, war möglicherweise Fürsorge; jene aber, die Nyakang und anderen *Reth* galt, scheint auch Kult gewesen zu sein.

Diese bemerkenswerte Ethnie bestand nicht auf Jungfräulichkeit. Ein alter Mann dieses Stammes schätzte, dass nur ein oder zwei von zehn Bräuten bei der Heirat Jungfrauen waren. Sexuelle Freizügigkeit vor der Ehe war nicht verboten. Jeder Mann, der ein Mädchen vor ihrer Hochzeit schwängerte, wurde aber bestraft, egal ob es verlobt war oder nicht. War sie verlobt, fiel die Strafe härter aus. Sogar ein verlobter Mann durfte mit seiner künftigen Frau nicht wie und wann er wollte sexuell verkehren: „Er brauchte Zeugen, die beglaubigten, dass das Mädchen zustimmte und ihre Eltern dem nicht widersprachen." Leider wissen wir nicht, was geschah, wenn die Eltern es ablehnten. Wenn Kinder in jungen Jahren erkrankten, wurde der Mutter vorgeworfen, voreheliche Beziehungen mit einem anderen Mann als ihrem Verlobten gehabt zu haben.[59]

Die folgende Aussage ist eine angemessene Zusammenfassung der Vorschriften: „Freier sexueller Verkehr vor der Ehe, wie er bei den Dinka und Nuer existiert, ist nicht erlaubt. Die Frau ist unter den Schilluk respektiert; Exzesse sind verboten. Alle Verstöße der Keuschheitsregeln, ob in oder außerhalb der Ehe, werden bestraft."[60]

---

[59] D. S. Oyler, a. a. O.
[60] W. Hoffmayr, Die Schilluk, S. 297 f.; H. Spencer, Descriptive Sociology, herausgegeben von E. Torday, Nr. 4, S. 241.

2.3 Die Wayao und Anyanja (matrilineare Ethnien)

Ich schlage vor, die Ethnien der Wayao und der Anyanja zusammen zu erörtern. Zunächst beschreibe ich deren vorehelichen sexuellen Vorschriften.

Die Wayao kamen spät in die Gegend des Shire-Flusses[61]. Als sie sich entlang der südöstlichen Küste des Malawisees niederließen, war die Gegend schon durch einige Stämme besiedelt, die zu den Anyanja gezählt werden. Die Wayao waren den Anyanja als die Ajawa bekannt. Jedoch verbreitete sich der erste Name, und so habe auch ihn gewählt, obwohl er eigentlich weniger korrekt ist als Ajawa. Die Anyanja scheinen biologisch näher mit den Amazulu und anderen Stämmen von der Küste verwandt zu sein als mit den Wayao. Sie waren eine große, schwer zu fassende Gruppe, die das ganze Hügelland des Shire-Flusses sowie die West-, Süd- und Ostküste des Sees bewohnte. Die Kultur beider Ethnien war sehr ähnlich, und es ist sehr wahrscheinlich, dass einige Gewohnheiten und Riten der Wayao den Anyanja zugeschrieben wurden und umgekehrt. In einigen Fällen kann so eine Übertragung leicht bemerkt werden, doch da für beide Gruppen die gleichen Autoren unsere Gewährsmänner sind, ist es zweifelhaft, ob sie überhaupt getrennt erörtert werden können. Über die Wayao wissen wir allerdings mehr als über die Anyanja. Tatsächlich ist es möglich, dass die Wayao die einzige Ethnie sind, über die unsere Informationen ausreichend und verlässlich sind. Sowohl die Wayao als auch die Anyanja waren matrilinear[62]; ein Kind gehörte zur sozialen Gruppe ihrer Mutter. Ein Bruder folgte dem Bruder nach; fehlte einer, dann erbte der Sohn einer Schwester.[63] Eine Heirat war matrilokal[64]; eine Frau verließ nur selten ihr eigenes Dorf. Einen Brautpreis gab es nicht.[65]

---

[61] Fluss in Malawi und Mosambik (Anm. d. Ü.)

[62] Gesellschaft, die sich über die Abstammungslinie der Frau organisiert. (Anm. d. Ü.)

[63] siehe A. Werner, The Natives of British Central Africa, S. 252; H. S. Stannus, The Wayao of Nyasaland, Harvard African Studies, S. 236, 277, 282; Duff MacDonald, Africana, S. 187 (für die Wayao) und A. Werner, a. a. O., S. 252; H. S. Stannus, Notes on some tribes of British Central Africa, S. 307; R. S. Rattray, Some Folklore Stories and Songs in Chinyanja, S. 127 (für die Anyanja).

[64] Der Mann zieht bei der Hochzeit in den Wohnort seiner Ehefrau. (Anm. d. Ü.)

[65] siehe H. S. Stannus, The Wayao of Nyasaland, Harvard African Studies, S. 233-236; Duff MacDonald, Africana, S. 118 (für die Methode, wie die Wayao eine Ehefrau freiten).

Manchmal wurde eine Heirat durch zwei Mütter vereinbart; aber es war auch möglich, dass ein Mann in seinem eigenen Namen mit einer Mutter verhandelte, die bereits ein Mädchen abgegeben hatte. In dem Fall war gewöhnlich der erste Bewerber erfolgreich. Seine einzige Verpflichtung bestand darin, das junge Mädchen, das bei ihrer Mutter blieb, mit Lendenschurzen zu versorgen. Manchmal brachte jedoch ein Mann, der sich mit einem neugeborenen Kind verlobt hatte, seine Verlobte in das Dorf eines seiner Frauen.[66] Ganz offensichtlich waren die Bräuche in verschiedenen Gegenden unterschiedlich. Hetherwick berichtet, dass sich ein Mann seine Frau sicherte, indem er ihrer Mutter diente, die ihrerseits das erstgeborene Kind der Vermählten als Ersatz für die verlorene Tochter zu sich nahm. Nach Stannus brachten einige Anführer ihre Frauen in ihre eigenen Dörfer. Stannus sagt nicht, ob sie die Sippe der Frau entschädigten oder nicht. Werner behauptet, dass alle Ehefrauen in ihrem eigenen Dorf blieben und ein polygamer Ehemann seine Frauen reihum besuchte.

„Fast im ganzen britischen Zentralafrika", merkt H. H. Johnston an, „ist Keuschheit vor der Pubertät unbekannt, außer vielleicht unter den Anyanja." Er gibt nicht die Quellen an, auf die er sich bezieht, und so können wir nicht schlussfolgern, dass die voreheliche sexuelle Freizügigkeit der Anyanja geringer war als die anderer Stämme. Abgesehen vom Fall der Wayao fehlen eindeutige Belege.

Stannus behauptet, dass ein Mann aus dem Volk der Wayao, der mit einem unverlobten Mädchen sexuellen Kontakt hatte, in keiner Weise getadelt wurde. Das Mädchen galt als verantwortlich für ihre eigenen Taten. Solche Kontakte waren weit verbreitet und wurden kaum beachtet. Nach MacDonald gehe kein Mann an einer alleinstehenden Frau vorüber, und sie weise ihrerseits ihn nicht zurück. Jeder jedoch, der mit einer verlobten Frau intim wurde, war eines Verbrechens schuldig, das oft mit dem Tod bestraft wurde. Das Wort, das für eine Verlobung benutzt wurde, wurde auch für die Handlung verwendet, bei der sich ein Mann ein Grundstück zum Hacken auswählte; so nahm er es allein für seinen Gebrauch in Beschlag. Man kann den Effekt der sexuellen Begrenzung ermessen, wenn man sich daran erinnert, dass es weitverbreitete Praxis war, ein Mädchen schon im Kleinkindalter zu verloben.[67] Folglich erlegten die sexuellen Vorschriften der Wayao den Menschen eine unregelmäßige und gelegentliche

---

[66] siehe A. Hetherwick, „Nyanjas", in: Enc. Rel. Eth., hrsg. von J. Hastings, Band 9, S. 421; A. Werner, a. a. O., S. 133; H. S. Stannus, a. a. O., S. 308 f.
[67] H. H. Johnston, British Central Africa 3, S. 408, Anmerkung 1; H. S. Stannus, The Wayao of Nyasaland, Harvard African Studies, S. 279; Duff MacDonald, Africana, S. 118, 173.

Enthaltsamkeit auf. Hinweise auf vorehelich geborene Kinder kann ich nicht finden.

Neben den Ausführungen von Johnston, auf die ich bereits hingewiesen habe, gibt es wenige Quellen über die Sitten der Anyanja. Uns wird berichtet, dass ein Mann, der eine Jungfrau verführte, zwei Pfund zahlen oder sie unverzüglich heiraten musste. Uns wird aber nicht gesagt, warum er verurteilt wurde. Für den Geschlechtsverkehr kann er nicht bestraft worden sein, da ja nach Stannus „promiskuitiver Verkehr vor der Pubertät weit verbreitet war". Die Bestrafung kann genauso wenig dafür auferlegt worden sein, dass dem Mädchen die Jungfräulichkeit geraubt wurde. (Es ist sogar wahrscheinlicher, dass die Anyanja dies begrüßt hätten, zumal die Entjungferung etwas war, das ein Ehemann immer einem Freund überließ.) Auch die Gefahr einer Schwangerschaft kann nicht der Kern seines Vergehens sein, da „die Geburt eines Kindes vor der Ehe kein Grund für einen Tadel darstellte".[68] Offenbar waren also gewisse Vorstellungen unter den Anyanja wirksam, von denen wir keine Kenntnis haben. Eine andere Erklärung habe ich nicht.

Die Wayao waren manistisch. Die Kräfte, die sich im Universum manifestierten, hießen bei ihnen *Mulungu* und *Lisoka* (Plural *Masoka*). Alle Schwierigkeiten, die bezüglich der Bedeutung des Begriffs *Mulungu* entstanden sind, können direkt auf den Versuch zurückverfolgt werden, die Sprache der Wayao ins Englische zu übersetzen oder mit englischen Vorstellungen auszudrücken. Hetherwick äußert sich ziemlich eindeutig über die ursprüngliche Bedeutung des Begriffs: „*Mulungu* wird als Verursacher von allem Geheimnisvollem angesehen." Und nochmal: „*Es ist Mulungu!* ist ein Wayao-Ausruf über eine beliebige Erscheinung, die jenseits des Verständnisses liegt." Stannus erklärt: „Als Antwort auf viele Fragen, auf die er keine Antwort hat, verwendet ein Eingeborener mit *Mulungu hat das gemacht!* eigentlich unsere fast gleichbedeutende Phrase *Weiß Gott!*" Ich weiß nicht, inwieweit diese Schlussfolgerung den Tatsachen entspricht, da die ursprünglichen Begriffe für „Verursacher" (Hetherwick) und „hat das gemacht" (Stannus) nicht angegeben werden. Glücklicherweise erhellt Hetherwick dieses Rätsel aber in einer anderen Passage: „Die Missionare", schreibt er da, „verwendeten es [das Wort *Mulungu*] als Begriff für *Gott*. Aber die ungebildeten Wayao lehnten es ab, es mit irgendeiner Vorstellung von einem Wesen oder einer Personalität in Verbindung zu bringen. Für sie ist *Mulungu* eine Eigenschaft oder Fähigkeit."

---

[68] siehe H. S. Stannus, Notes on some tribes of British Central Africa, S. 290, 309, 312.

Tatsächlich war die Bedeutung von *Mulungu* so weit von einem Wesen entfernt, dass der „ungebildete Wayao", als er aufgefordert wurde, seinen eigenen Worten einen neuen Sinn zu verleihen, anfing von *Che Mulungu* (Herr Gott) zu sprechen.[69]

In der oben zitierten Passage beobachtet Stannus: „Die Ungenauigkeit bezüglich *Mulungu* ließ in mir einige Zweifel aufkommen, inwieweit er in ihrer ursprünglichen Religion eine Gottheit mit eigenem Wesen war." Die Antwort findet sich in der zitierten Passage: *Mulungu* ist nur in unseren Übersetzungen ein Wesen. Die Missionare stellten fest, dass sie selbst für viele Deutungen von *Mulungu* verantwortlich waren, aber die Ordensoberen hielten ihre Mitarbeiter davon ab, über die ursprüngliche Kultur zu schreiben. Folglich enthalten ihre Publikationen keine Erörterung des ursprünglichen Sprachgebrauchs. MacDonald spricht es offen aus: „In all unseren Übersetzungen der Heiligen Schrift, in denen das Wort *Gott* vorkam, verwendeten wir *Mulungu*. Jedoch wird das Wort von den Einheimischen vor allem als allgemeine Bezeichnung für *Geist* verwendet."[70]

Das Wort *Mulungu* wurde auch in anderen Zusammenhängen gebraucht. Nach Hetherwick bezeichnete es „die Gesamtheit der Geister aller Toten". Er betont diese Wortbedeutung, indem er die Wendung kursiv setzt. MacDonald stimmt diesem Bericht zu, wenn er sagt, dass *Mulungu* ein Geist war, „der sich durch die Zusammenfügung der Geister aller Verschiedenen formte". An anderer Stelle hält er fest: „Der Geist eines verstorbenen Menschen wird sein *Mulungu* genannt, und alle Gebete und Opfergaben wurden solchen Geistern der Toten dargebracht."[71] Demnach wurde der Begriff *Mulungu* für alles Ungewöhnliche und jenseits des Verständnisses Liegende verwendet, für „die Toten" und den individuellen Geist eines toten Menschen. Der spätere Wortsinn könnte – aber das ist nicht sicher – von der Tatsache abgeleitet worden sein, dass *Mulungu* auf „die Toten" angewendet wurde. Nach Hetherwick hieß die Lebenskraft in einem Menschen (jedoch in keinem Tier) *Lisoka* (Seele oder Schatten). Es war *Lisoka*, die Abenteuer erlebte oder in Träumen erschien. Beim Tod eines Menschen verließ ihn seine *Lisoka* „und ging zu *Mulungu*". „Das Beten zu so einem Geist", schreibt Hetherwick, „wird als *kulomba Mulungu* (*Mulungu* verehren) beschrieben, und niemals als *Lisoka* verehren."[72]

---

[69] A. Hetherwick, Some Animistic Beliefs among the Yaos, S. 94; H. S. Stannus, The Wayao of Nyasaland, Harvard African Studies, S. 312.
[70] Duff MacDonald, Africana, S. 59, 66.
[71] A. Hetherwick, Some Animistic Beliefs among the Yaos, S. 94; Duff MacDonald, Africana, S. 59 f.
[72] A. Hetherwick, a. a. O.; S. 59-92; A. Werner, The Natives of British Central

Dieselbe Beobachtung wurde von Duff MacDonald gemacht, der an einer Stelle hinzufügt: „Neben *Lisoka* und *Mulungu* gibt es noch ein Wort für Geist: *Msimu*."[73] Hetherwick erwähnt das Wort in seinen Schriften über die Wayao nicht. Stannus verwendet *Msimu*, um das Organ eines Menschen zu bezeichnen, das aus ihm ausfährt, sobald er schläft oder bewusstlos ist, und das im Tod zur Geisterwelt fährt. Er behauptet, dass das Wort *Lisoka* gewöhnlich eher eine düstere Bedeutung habe, auch wenn es manchmal synonym mit *Msimu* verwendet werde. C. H. Stigand hält fest, dass *Mzimu* die „Menschen, die uns in Träumen besuchen" waren.[74] Stannus merkt an: „Ihre Religion ist nicht animistisch. Es gibt gewisse böse Geister, Dämonen, Feen und übernatürliche Wesen und Tiere, die jedoch in ihren Überzeugungen keine Rolle spielen."[75] Stannus zitiert jedoch nicht den ursprünglichen Begriff für „Wesen" und ich weiß nicht, was er meint, wenn er bezüglich der Überzeugungen der Wayao von „keine Rolle spielen" spricht.

Immer wenn kleine Buben am Dorfheiligtum vorüber gingen, flüsterten sie „*Masoka*" in einer warnenden Tonlage. Das Dorfheiligtum war das Grabmal des Dorfältesten oder Häuptlings, über dem eine Hütte errichtet wurde. „Die Hütte selbst", schreibt Hetherwick, „wird aus den gewöhnlichen Materialien der Eingeborenen gebaut und durch einen starken Graszaun eingefasst. Das Dach besteht aus Gras, das auf Gitterstäben aus Bambus liegt. Gewöhnlich ist es mit langen Streifen aus weißem oder farbigem Kattun[76] bedeckt. Auf dem First oder der Spitze sind einige Wimpel oder ein oder zwei Schirme befestigt. Eine Seite der Mauer ist gewöhnlich offen gelassen, sodass das Innere leicht eingesehen werden kann. Innen hängen von den Bambus-Dachsparren Tücher, Kleider, Perlenketten usw. herab – Opfergaben an die *Mulungu* des toten Häuptlings. Eine erhöhte Plattform oder ein Erdhügel markiert in der Mitte den Ort des Grabes." Der ursprüngliche Begriff für die Hütte wird uns nicht mitgeteilt. Offensichtlich wurde nur angesehenen Menschen eine derartige Ehre erwiesen: „Nur die Gräber von Anführern und Häuptlingen werden wie verehrungswürdige Heiligtümer behandelt. Die Grabstätten von Sklaven liegen abseits im dichten Gebüsch, wo nur die Ranken einer Pflanze oder ein besonders dicker alter Baum die Lage markiert. Dort finden nie Opferungen statt."[77]

Africa, S. 62.

[73] Duff MacDonald, Africana, S. 59-60.

[74] H. S. Stannus, a. a. O., S. 311-316; C. H. Stigand, Notes on the Natives of Nyasaland, S. 130.

[75] H. S. Stannus, a. a. O., S. 320.

[76] Gewebe aus Baumwolle (Anm. d. Ü.)

[77] A. Hetherwick, Some Animistic Beliefs among the Yaos, S. 92 f. Die Hütten werden auch von Stannus, a. a. O., S. 245f. erwähnt. Offenbar variierten aber

Was MacDonald hierzu schreibt[78], müssen wir sorgfältig lesen. Folgende Aspekte sind es wert, angemerkt zu werden:

1. Die Opferungen, die am Grabmal dargebracht wurden, waren kein Akt der Fürsorge, da sie nach dem Tod erfolgten.

2. Uns wird berichtet, dass die Hütte errichtet wurde, „um die Geister fernzuhalten, die den Tod verursachen und jetzt das Fleisch ihres Opfers essen wollen". Diese Aussage scheint eine Ableitung zu sein und ist nicht sonderlich glaubwürdig.

3. MacDonald unterscheidet nicht zwischen dem Begräbnis eines Häuptlings und eines gewöhnlichen Menschen. Er erwähnt nur, dass „ein Mensch wahrscheinlich in seiner eigenen Hütte begraben wird". Da sich die Hütte, auf die er sich bezieht, zu einer Opferstätte entwickelt hat und nicht wie üblich niedergerissen wurde, müssen wir meines Erachtens zum Ergebnis kommen, dass nur ein Anführer auf diese Weise bestattet wurde.

So wie das Wort *„Mulungu"* zur Bezeichnung der Toten im Allgemeinen gebraucht wurde, so wurden auch die Opfergaben nicht einem besonderen Toten dargebracht, sondern „den Toten". „Derjenige, der ein Opfer brachte", schreibt MacDonald, „stellte sich vor, einem kleinen Dorf von Verstorbenen, dem ihr toter Anführer vorsteht, ein Geschenk zu machen." Manchmal jedoch könnte einem Menschen auch als Individuum gedacht worden sein: „Sehr häufig legte einer am oberen Ende seines Bettes auf der Höhe seines Kopfes eine Opfergabe aus." Auf diese Weise könnte einer seinem eigenen Vater Achtung und Ehre erwiesen haben, ob er nun ein Häuptling war oder nicht.[79]

Einiger Toter erinnerte man sich namentlich und verband sie mit bestimmten Bergen. In der Regel aber wurde nur der kürzlich Verstorbenen gedacht.

Nach MacDonald manifestierte sich Kangomba auf Mount Sochi. Mtanga und Chitowe wurden von den Wayao mit ihrer ursprünglichen Heimat verbunden, ersterer mit Mount Mangochi und letzterer mit Mount Famine. [80] Werner hingegen scheint überzeugt zu sein, dass Kangomba ein Anführer der Anyanja war.[81] Das scheint auch die Meinung von Hetherwick zu sein, der behauptet, dass Kapeno, ein Anführer der Wayao, Kangomba hinsichtlich seiner Bedeu-

---

die Gewohnheiten. Der Bericht von C. H. Stigand, Notes on the Natives of Nyasaland, stimmt im Grundsätzlichen mit den oben zitierten Quellen überein, führt im Detail aber auch Abweichungen an.

[78] vgl. Duff MacDonald, Africana, S. 106-110.

[79] Duff MacDonald, a. a. O., S. 60, 69; H. S. Stannus, a. a. O., S. 313.

[80] vgl. Duff MacDonald, Africana, S. 70-72.

[81] A. Werner, The Natives of British Central Africa, S. 255.

tung für die Kultur der Wayao verdrängte.[82] Des Weiteren hielt man Bäume für Orte der Geister (*Mulungu*), besonders Feigenbäume.[83]

„Der Anführer eines Dorfes kümmert sich nicht um seinen Ururgroßvater; seine Opfergaben bringt er seinem unmittelbaren Vorgänger." Und ganz ähnlich: „Die Menschen eines Dorfes verehren ihren verstorbenen Anführer, aber wenn ihr derzeitiger Anführer stirbt, wird er zu ihrer Dorf-Gottheit."[84]

Ich habe die Vorstellungen der Wayao deshalb im Detail beschrieben, weil die Berichte über sie bei einer ersten Lektüre extrem verwirrend sind. Jedoch sind sie es dann nicht mehr, wenn wir aufhören, die Vorstellungen der Wayao zu rationalisieren, und beginnen, die Begriffe der Einheimischen zu verwenden. Dann werden die Auffassungen klar und verständlich. Die Wayao erkannten in der Welt die Verwirklichung einer Kraft, die sie *Mulungu* nannten und die sie mit allem Außergewöhnlichen in Verbindung brachten und allem, was sie nicht verstanden. Sie verwendeten das Wort auch für „die Toten", wobei sie hier den *einen* Toten mit den *vielen* vermischten. Tatsächlich erinnerten sie sich mit nur wenigen Ausnahmen nicht länger als eine Generation an einen Toten. Allgemein gesagt wurden die Opfer „einem kleinen Dorf von Geistern" dargebracht, also *Mulungu*.

Die Umstände, unter denen die Opferungen stattfanden, lassen sich unter der Überschrift „Abwehr von Übeln" subsummieren. Stannus schreibt, dass die Einstellung gegenüber den Toten geprägt war von „Tu uns nichts an, lass deinen Zorn nicht an uns aus". „Aus dem Ausbruch einer Seuche folgern die Leute, dass sie entstanden ist, um sie daran zu erinnern, wieder an ihren verstorbenen Anführer zu denken. Die Grabstätte wird neu hergerichtet, eine Schüssel wird auf den Boden gelegt, Bier wird in sie gegossen und ein Haufen Mehl um die Schüssel herum gestreut." Ganz ähnlich hält MacDonald fest, dass „alle Opfergaben auf bestimmte Bedürfnisse der Geister ausgerichtet waren". Die Anlässe für solche Opferungen waren Krankheit, Trockenheit und jede andere Bedrängnis. Opfer wurden auch dargebracht, wenn ein Toter im Traum erschien und bevor eine Reise unternommen wurde.[85] Über die Beschaffenheit des Opfers wird berichtet, dass die *Mchisango* sie festlegte, eine Frau, die von den *Masoka* (Seelen)

---

[82] A. Hetherwick, a. a. O., S. 93.

[83] vgl. Stannus, a. a. O., S. 312; A. Werner, a. a. O., S. 62 f.; MacDonald, a. a. O., S. 60.

[84] Duff MacDonald, a. a. O., S. 68, 70.

[85] H. S. Stannus, a. a. O., S. 313 f.; Duff MacDonald, a. a. O., S. 76-97.

besessen war und deren Willen offenbarte.[86] Sie ist zu unterscheiden von der *Jua Singanga*, der Medizinfrau, die mit Kräutern und Beschwörungen zu tun hatte und den Aktivitäten des *Msawi* (Magiers) entgegenwirken konnte.[87]

Auf Seite 207 seines Werks behauptet MacDonald jedoch, dass eine Geisterseherin *Mavumbula* genannt wurde. Hetherwick scheint diese für eine Person zu halten, die von den *Masoka* besessen war.[88] In dem Fall sind die *Mchisango* und die *Mavumbula* die gleiche Person. Hetherwick gibt nicht den ursprünglichen Begriff an. Er behauptet, dass eine Epilepsie den *Masoka* zugeschrieben wurde. Ganz allgemein galten 1. *Mulungu*, 2. die Verletzung eines Tabus, und 3. *Msawi* (Hexerei) als Verursacher von Krankheiten.[89] Einige der Autoren verwenden den Anyanja-Begriff *Mfiti* statt *Msawi*. Die Vermischung beider Wörter bestärkt mich in der Annahme, dass *Msimu* ein Wort der Anyanja und nicht der Wayao war.

Heilmittel konnten durch verschiedene Pflanzen, Hyänen, neugeborene Kinder und auf andere Wiese hergestellt werden. Es ist möglich, dass die allen Mitteln gemeinsame Eigenschaft keine andere als *Mulungu* war.[90] Wie bereits gesagt brachte der Häuptling gewöhnlich in Trockenzeiten seinem Vorgänger Opfergaben dar. Aber MacDonald hält auch fest: „Im Süden von Afrika beanspruchen die Regenmacher die ganze Macht über den Regen; aber auch die Magier haben hier eine große Macht." Andere Quellen kann ich nicht finden.[91]

Wenn wir die Qualität der afrikanischen Ethnographie im Ganzen bedenken, müssen wir meiner Ansicht nach zugeben, dass unser Wissen über die Wayao beträchtlich ist; sobald wir aber auf die Anyanja blicken, stoßen wir auf große Schwierigkeiten. Die Details der Anyanja-Kultur sind möglicherweise für immer verloren. Wir können nur deren allgemeines Grundmuster umreißen. Zugleich müssen wir anmerken, dass es unser Studium sehr erleichtert hätte, wenn unsere Gewährsleute die ursprünglichen Begriffe, die sie mit „Geist" übersetzt

---

[86] So jedenfalls Duff MacDonald, a. a. O., S. 87.

[87] So Duff MacDonald, a. a. O, S. 99; aber nach H. B. Barnes, Nyanja-English Vocabulary, war die korrekte Form *Nganga*. *Singanga* wurde für einen europäischen Arzt oder seinen Apotheker verwendet.

[88] vgl. A. Hetherwick, a. a. O., S. 90 f.

[89] siehe H. S. Stannus, a. a. O., S. 283, 293; Duff MacDonald, a. a. O., S. 87, 207; H. H. Johnston, British Central Africa, S. 439 ff.

[90] vgl. H. S. Stannus, a. a. O., S. 295.

[91] Duff MacDonald, Africana, S. 89. Über die ganze Gegend merkt H. H. Johnston, British Central Africa 2 , S. 451, an: „Es gibt einen weit verbreiteten Glauben daran, dass gewisse Personen Macht über die Atmosphäre haben, sodass sie Regen hervorbringen oder einen Wind aufkommen oder legen lassen können."

haben, angegeben hätten, und genauso darauf geachtet hätten, den Ort, dem ihre Informationen entstammte, anzugeben, und die Ethnie, auf die sie sich bezieht, zu benennen. Die meisten Details über die Anyanja scheinen in der Nähe der Südküste des Malawisees gesammelt worden zu sein – auch wenn die Aufzeichnungen beanspruchen, auf alle Anyanja zuzutreffen. Genau dort aber scheint der Einfluss der Wayao am größten gewesen zu sein.[92]

Die Macht *Mulungu* zeigte sich auch den Anyanja, so wie offensichtlich auch all ihren verwandten Stämmen. Unsere Gewährsleute gehen jedoch nicht darauf ein, in welchen Zusammenhängen das Wort gebraucht wurde. Die genaueste Erläuterung (oder Interpretation), die ich finden kann, ist Folgende: „Alles, was die Geisterwelt betrifft". Es ist unmöglich herauszufinden, wie die Anyanja den Begriff *Mulungu* gebrauchten. Die übliche Übersetzung ist „Gott".

Wenn jeder, der sich mit dem britischen Zentralafrika beschäftigt, die bedeutende Passage in MacDonald, Africana, S. 6-14, gelesen hätte, wären einige naive Erwägungen über *Mulungu* vermieden worden. Der Autor warnt dort seine Nachfolger vor der Gefahr allzu direkter Fragen, vor der Möglichkeit legendenhafter Informationen und vor dem verheerenden Effekt, den eine Höflichkeit hat, mittels der man alles für wahr hält, was die Eingeborenen sagen.[93]

Der Grad subjektiver Eingriffe, der in den Berichten über die *Mulungu* der Anyanja zu Tage tritt, ist enorm. Kein Beobachter hat den ursprünglichen Gebrauch überliefert. Hetherwick lehnt es ab, *Mulungu* mit dem christlichen Gott gleichzusetzen.[94]

Möglicherweise wurde das Wort „*Mulungu*" zur Bezeichnung „der Toten" (Plural) verwendet, zumal uns berichtet wird, dass *Mulungu* entweder am Stamm großer Bäume die Ehre erwiesen wurde oder an einem *Kachisi*, einer Hütte über dem Grabmal eines führenden Bürgers. Die Opfergaben an einen verstorbenen Häuptling wurden ebenfalls an

---

[92] Die Beschreibung der Kultur der Anyanja durch A. Werner, The Natives of British Central Africa, S. 46-98, basiert größtenteils auf den Schriften von MacDonald und Hetherwick. L. T. Moggridge, The Nyasaland Tribes, their customs and their poison ordeal, S. 467-472, geht in seinem Überblick auch auf die Wayao ein. Stannus, a. a. O., S. 285, hat den Versuch unternommen, zwischen beiden Ethnien zu unterscheiden. Im Artikel „Nyanjas" in Enc. Rel. Eth., hrsg. von J. Hastings, Band 9, S. 419-422, lässt Hetherwick die sorgfältige Methodik vermissen, die er in seiner Schrift über die Wayao mit Gewinn eingesetzt hat.
[93] Siehe beispielsweise L. T. Moggridge, The Nyasaland Tribes, their customs and their poison ordeal, S. 469.
[94] A. Hetherwick, Artikel „Nyanjas" in Enc. Rel. Eth., hrsg. von J. Hastings, Band 9, S. 420.

diesem Ort hinterlegt. Folglich ist es vernünftig anzunehmen, dass es eine gewisse Unsicherheit gab, ob die Gabe *Mulungu* oder *Mizimu*, den Geistern der Toten galt. Anders gesagt: Es scheint das gleiche Durcheinander zwischen „den Toten" und der Macht im Universum gegeben zu haben, das auch unter den Wayao und einigen Stämmen in Kenia und im Südsudan herrschte. Opferungen wurden in angespannten Zeiten vorgenommen oder wenn einem Tote im Traum erschienen.[95] Nach Stannus bestand deren Ziel auch darin, „ihn ruhig zu halten"[96]. Geister werden nie als Ursache einer Notlage angeführt. Krankheiten wurden *Mfitt* (Hexerei) oder *Mulungu* zugeschrieben.

Hetherwick behauptet, dass ein Ungemach auf *Chiwanda*, eine geisterhafte Seele, zurückging. Hier widerspricht er seiner eigenen Auffassung. In seinem Wörterbuch der Sprache der Anyanja wird *Chiwanda* als eine Form von Depression beschrieben, von der angenommen wurde, dass sie Mörder befällt.[97] Eine weitere Meinung vertritt Barnes, der festhält, dass *Chiwanda* einen langen, flachen Körper bezeichnet. Er bezieht sich aber eigentlich auf *Viwanda*, das in seiner Pluralform *Chiviwanda* (von Missionaren oder Einheimischen?) für „hölzerne Bilder" verwendet wurde. Eine solche Verwechslung ist charakteristisch für unsere Berichte über die Anyanja.

Aus den Berichten über Magier lassen sich keine sinnvollen Schlüsse ziehen. Offensichtlich konnten sie die Elemente beeinflussen, aber in Trockenzeiten wurden den verstorbenen Anführer an seinem *Kachisi* Opfergaben dargebracht.[98] Moggridge schreibt: „Auf dem Mount Cholo gibt es einen heiligen Stein. Manchmal suchen ihn Gruppen von Eingeborenen bei einer strengen Trockenheit auf und hinterlegen alte Werkzeuge, im Glauben, dass es dadurch bald regnet."[99]

Die Verbindung von „Außergewöhnlichem" mit „Heilmitteln" oder „magischen Kräften" wurde von Stannus in einer interessanten Passage erwähnt. Im Zusammenhang mit den verschiedenen Emotionen, die die Einheimischen zeigten, schreibt er: „Das, was einen weißen Mann überrascht, hat auf den Eingeborenen nicht den gleichen Effekt. Es ist neu für ihn und vielleicht ungewöhnlich, aber er führt es auf ein

---

[95] Für genauere Ausführungen über Hütte und Opferungen siehe: H. S. Stannus, a. a. O., S. 314 f.

[96] H. S. Stannus, a. a. O., S. 300.

[97] H. B. Barnes, Nyanja-English Vocabulary.

[98] siehe R. S. Rattray, Some Folklore Stories and Songs in Chinyanja, S. 118 f., 204 f.; J. G. Frazer, The Magic Art, S. 250 (für die Zeremonie am *Kachisi*). A. Werner, a. a. O., S. 77-80; H. H. Johnston, British Central Africa, S. 451 (für die Regenmacher).

[99] L. T. Moggridge, The Nyasaland Tribes, their customs and their poison ordeal, S. 469.

bestimmtes Heilmittel zurück, das eingesetzt wurde."[100] Leider gibt Stannus nicht den Begriff an, den die Einheimischen für „Heilmittel" verwendeten. Ich vermute, dass er „*Mulungu*" war.

Sowohl die Wayao (oder Ajawa, wie sie richtiger, aber weniger gebräuchlich bezeichnet werden) als auch die Ayanja waren in einem manistischen kulturellen Zustand. Während sie vorehelichen Geschlechtsverkehr erlaubten, hatten sie Vorschriften angenommen, die eine unregelmäßige und gelegentliche Enthaltsamkeit auferlegten. Die Regelungen der Wayao waren ziemlich eindeutig und ähnelten denen der Ibibio, der Maori und der Einwohner von Neubritannien. Über die Kultur der Anyanja sind die Berichte weniger exakt.

---

[100] H. S. Stannus, a. a. O., S. 287.

Tafel Afrika

Ethnie	Kultureller Zustand (Z= zoistisch; M = manistisch; D = deistisch)	Umgang mit Not			Methode Wetterkontrolle		Umgang mit Geistern			Tempel und Priester	Voreheliche Keuschheit
		Magie	Opfer / Exorzismen	Priester	Magier	Priester	Magische Kontrolle	Fürsorge	Kult		
14. Schilluk	M	+	+	-	+	+	-	+	+	-	- °
15. Dinka	M	+	-	-	+	-	-	+	-	-	- °
16. Langi	M	+	-	-	+	-	+	+	-	-	- °
17. Nyoro	D	+	+	+ -	+	+ -	+	+	+	+	+
18. Baganda	D	+	+	+	-	+	+	+	+	+	+
19. Ankole	M	+	+	-	+	-	+	+	-	-	- °
20. Kikuyu	M	+	-	-	-	-	-	+	-	-	- °
21. Akamba	M	+	-	-	-	-	-	+	-	-	- °
22. Nandi	M	+	-	-	+	-	-	+	-	-	- °
23. Massai	Z	+	-	-	-	-	-	-	-	-	-
24. Wayao	M	+	-	-	+	-	-	+	-	-	- °
25. Anyanja	M	+	-	-	+	-	-	+	-	-	- °
26. Bemba	M	+	-	-	-	-	+	+	-	-	- °
27. Baila	M	+	-	-	+	-	-	+	-	-	- °
28. Baronga	M	+	?	-	+	-	-	+ -	-	-	- °
29. Zulu	M	+	-	-	+	-	+	+	-	-	- °
30. Basuto	M	+	-	-	+	-	-	+	-	-	- °
31. Ibibio	M	+	+ -	-	+	-	+	+ -	-	-	- °
32. Yoruba	D	+	-	+	o	o	-	-	- ?	+	+
33. Dahomey	D	+	-	+	-	+	-	+	+	+	+
34. Aschanti	D	+	-	+	o	o	+	+	+	+	+

2.4 Die Azteken

Auch unter den Ureinwohnern Mittelamerikas ging eine Begrenzung der sexuellen Möglichkeiten mit einer höheren Kultur einher. An dieser Stelle möchte ich lediglich die Fakten über das aztekische Alltagsleben festhalten. Wir stellen erneut fest, dass die Forderung nach einem Beweis der Jungfräulichkeit mit einem deistischen kulturellen Zustand zusammenfällt.

Wenn ein aztekisches Kind etwa fünf Jahre alt war, wurde es zum Zweck der Erziehung und Bildung zu den Priestern geschickt. Von dieser Zeit an lebten die Jungen und Mädchen in einem der Seminare, die an die Tempel angrenzten. Den adligen Söhnen war es nicht gestattet, den Tempel zu verlassen, außer wenn sie dem väterlichen Willen entsprechend heirateten oder in den Krieg zogen. Der Ort, an dem die Mädchen erzogen wurden, wurde Tag und Nacht von alten Männern bewacht, „um jeden Verkehr zwischen den Geschlechtern zu verhindern". „Die adligen Töchter, die in jungen Jahren in die Seminare eingetreten waren, blieben dort, bis sie von den Eltern zur Verheiratung geholt wurden."[101]

Es scheint, dass die Jungen bei ihren Eltern aßen, aber im Seminar schliefen. Die Mädchen schliefen in langen Hallen unter der Aufsicht der Hausmütter. Clavigero betont die Strenge der Regeln, die die beiden Geschlechter voneinander trennten, und Bancroft erwähnt häufig, wie umfassend die elterliche Macht und der Grad an Überwachung war. Ich bezweifle jedoch, dass in dieser Angelegenheit die Gewohnheiten aller Gesellschaftsschichten gleich waren.

Joseph de Acosta stellt einige Überlegungen über das Sexualleben der Azteken an, erörtert jedoch eher das Sexualverhalten als die sexuellen Vorschriften. Er ist offenbar der Meinung, dass ein Ehemann Wert darauf legte, dass seine Braut jungfräulich war, und dass, falls sie es nicht war, ihre Familie beschimpft wurde, „nicht gut auf sie aufgepasst zu haben".[102] Ich zitiere ihn nur unter Vorbehalt. Seine Ausführungen sind oft so weitschweifig, dass sie fast keinen präzisen Sinn mehr haben.

Mancherorts war am Morgen nach Vollzug der Ehe eine Überprüfung der Jungfräulichkeit der Braut vorgesehen. Wenn ihr Unterkleid mit Blut befleckt war, wurde es an einem Stab befestigt und für die Vorbeigehenden gut sichtbar ausgehängt. Es bildete sich eine Prozession und

---

[101] H. H. Bancroft, The Native Races of the Pacific States of North America, S. 242 f., 245; F. S. Clavigero, The History of Mexico, übersetzt von C. Cullen, S. 329, 336 f.
[102] Joseph de Acosta, The Natural and Moral History of the Indies, übersetzt von E. Grimston, hrsg. von C. R. Markham, S. 370.

die Verwandten tanzten und jubelten vor Freude. War das Unterkleid jedoch nicht befleckt, kam es zu Tränen und Klagegeschrei. Die Braut wurde mit Schmähungen und Beschimpfungen überhäuft, und ihrem Ehemann stand es frei, sie zu verstoßen.[103]

Über die Ureinwohner der Maya[104] merkt Bancroft an, dass sie die höhere Bildung den Priestern überließen, die jedoch nicht so streng mit ihren Kindern umgingen wie die Nahua.[105] Über sie wird berichtet, dass sie mit Ehebrüchen nachsichtiger umgingen; einem Verführer jedoch scheint die Todesstrafe gedroht zu haben. Beide Geschlechter unterwarfen sich ihren Eltern bei der Wahl eines Ehepartners.

Es ist natürlich nicht zulässig, jede beliebige Aussage über „Nachsichtigkeit" als definitiven Beweis zu akzeptieren, solange nicht die vor- wie auch nachehelichen sexuellen Vorschriften angeführt werden. Andernfalls bezeichnet das Wort lediglich eine Meinung des Autors. Außerdem ist es erforderlich, sich zu vergewissern, dass (1.) das Urteil auf Basis einer allgemeinen Überprüfung des Verhaltens der ganzen Gesellschaft getroffen wurde, und dass (2.) die Nachsichtigkeit eindeutig aus unbeeinflussten Sitten der Ureinwohner hervorging und nicht aus anderweitigen Umständen. In einer komplexen Gesellschaft wie der der Maya müssen wir besonders darauf achten, dass die erste Forderung erfüllt ist.

Über die gesellschaftlichen Gewohnheiten der Maya wissen wir sehr wenig. Eine Stelle von Bancroft ist es allerdings noch wert, zitiert zu werden: „Bei den zivilisierten Völkern von Nicaragua wurden der Vater, die Mutter oder wer auch immer die Braut übergab, in Gegenwart der versammelten Gäste gefragt, ob sie eine Jungfrau ist oder nicht. Lautete die Antwort „Ja" und der Ehemann fand dann heraus, dass sie bereits verführt worden war, besaß er das Recht, sie ihren Eltern zurückzugeben. Die Braut wurde daraufhin als eine schlechte Frau betrachtet. Antworteten die Eltern jedoch mit „Nein" und der Mann willigte ein, sie zu nehmen, war die Ehe gültig." Diese Passage könnte den Rückschluss erlauben, dass zu einer früheren Zeit von einer Braut Jungfräulichkeit erwartet worden war, und die Gesellschaft später ihre Anforderungen lockerte.

Die Organisation der aztekischen Religion war sehr ausgeklügelt. Jede Gottheit hatte seine eigenen Priester und der Hohepriester von Quetzalcoatl[106] war der „vielleicht ehrwürdigste Geistliche". „Das Leben, das in den höheren Schulen und Klöstern beider Geschlechter geführt wurde, war außerordentlich streng und rigide."[107] Es wimmel-

---

[103] H. H. Bancroft, a. a. O., S. 260 f.

[104] angrenzende Ethnie im Süden der Azteken (Anm. d. Ü.)

[105] H. H. Bancroft, a. a. O., S. 661 f., 666, 673, 675. – Die Azteken sind eine der indigenen Ethnien Mexikos, die zu den Nahua zählen. (Anm. d. Ü.)

[106] Gottheit der Azteken, Tolteken und Maya (Anm. d. Ü.)

[107] L. Spence, The Gods of Mexico, S. 136 f. Quetzalcoatl war auch ein Ehrentitel des Hohenpriesters von Uitzilopochtli. Es scheint möglich, dass dieser einst ein

te vor Regengöttern und jede Gottheit im aztekischen Pantheon war „in der ein oder anderen Weise mit dem Regenkult verbunden"[108].

Spence ist der Auffassung, dass die mexikanische Religion in der Ära der spanischen Eroberung „ein überaus ausdifferenzierter Regenkult [war], in seiner Struktur jenem ähnlich, der unter den Pueblo-Völkern von New Mexico und Arizona noch immer anzutreffen ist – jedoch von höherer Komplexität, umfassender in seiner Weltanschauung, ergiebiger in seiner Theologie und ausgereifter in seinem ethischen System."[109] Und erneut: „Der Regenkult von Tlaloc ähnelte wohl dem der Pueblo heutzutage."[110] Ein Vergleich mit den Zeremonien der Pueblo ist schnell gezogen, aber die Ähnlichkeiten dürfen nicht die erheblichen Unterschiede verdecken. Den aztekischen Göttern näherte man sich in Tempeln durch die Vermittlung von Priestern. Die Riten der Pueblo wurden auf andere Weise durchgeführt. Beide Kulte könnten einen gemeinsamen Ursprung gehabt haben, aber zu der Zeit, als wir sie kennenlernten, war ihr Kern grundverschieden.

Wenn Spence anmerkt: „Alle späteren Hinzufügungen von Theologen und Priestern kann man vor allem als Auswüchse und Ausschmückungen der einfachen Grundstruktur des Regenkult-Tempels ansehen."[111], dann scheint er nahezulegen, dass ein späterer Glaube mit einem vermeintlichen früheren Ritus verschmolz. Ich halte es für wahrscheinlicher, dass nach dem Bau eines Tempels für eine höhere Macht oder Gottheit ähnliche Gebäude zu Ehren anderer Götter errichtet wurden.

Spence behauptet des Weiteren: „Zur Zeit der Eroberung finden wir in der mexikanischen Religion einen hochgradig komplexen Glauben vor, mit hochgradig ausgefeilten Zeremonien, mit einer Priesterschaft, deren Ämterhierarchie genauestens definiert war, und mit einem Pantheon, das offensichtlich durch Zusammenfügung der Gottheiten aus den Provinzen und abhängigen Stämmen und Völkern entstand, die um den Kern der nationalen und bereichsspezifischen Götter angeordnet wurden."[112] Spence führt allerdings keinen Beleg für seine Überzeugung an.

Tlaloc (manchmal auch Tlalocs genannt) war der höchste Regengott. Aber auch Quetzalcoatl wurde in einer seiner Erscheinungsformen für „die Vergöttlichung des Regenmacher-Priesters" gehalten. Die Tlaloc-Priester nahmen innerhalb der ganzen Priesterschaft den zweiten Rang ein und bildeten eine „große und vielschichtige Einheit"[113].

---

sterblicher Mann gewesen war.
[108] L. Spence, a. a. O., S. 34.
[109] L. Spence, a. a. O., S. 11.
[110] L. Spence, a. a. O., S. 23.
[111] L. Spence, a. a. O., S. 20.
[112] L. Spence, a. a. O., S. 9.
[113] L. Spence, a. a. O., S. 233, 254.

Bancroft bezeichnet Tlaloc auch als „die mexikanische Regen- und Wassergottheit" und beschreibt das ihm gewidmete Ritual.[114] Es ist offensichtlich nicht sicher, ob Tlaloc *eine* Gottheit war oder viele. Einerseits spricht Bancroft von „Tlalocs, den Regen- und Wassergöttern", andererseits davon, dass die Azteken „Kinder zu Ehren von Tlaloc ertränkten"[115].

Die Azteken besaßen ein großes Wissen im Umgang mit Kräutern, in der Anatomie und in der Chirurgie. All diese Felder lagen in den Händen der Priester. Es ist überliefert, dass sich bei den Nahua der Gott der Heilkunst „in Gestalt von Oxomoxoxipactonatl und Tlatecuinxochicaoaca verkörperte, die bei den Tolteken traditionell als Entdecker von Heilmitteln und erste Kräuterkundige galten"[116]. Es wurden allerdings so viele „Wesen" oder „Mächte" zu Göttern der Heilkunst erklärt, dass uns bereits eine kursorische Kenntnis der Literatur dazu zwingt, dieser Zuordnung zu misstrauen. Nur selten können wir feststellen, dass eine der „Gottheiten" mit einem Tempel und einer Priesterschaft ausgestattet war, wie es im antiken Griechenland der Fall war.

Zelia Nuttall erwähnt gewisse Heiler, „die Krankheiten aus dem Körper saugten", und gewisse Magier, deren Aufgaben sie mit denen der „Regenmacher" bei den Pueblo-Völkern vergleicht.[117] Ich würde ihrer Darstellung leichter zustimmen, wenn ich davon überzeugt wäre, dass sie sich nicht nur auf jene Aspekte des aztekischen Lebens beschränkt, die Parallelen aufweisen zu den Pueblo, und jene Praktiken nicht vernachlässigt, die sich von den Gewohnheiten der Pueblo unterscheiden. So wie eine rationalistische Gesellschaft aus einer Vielzahl sozialer Schichten besteht, die jeweils unterschiedliche Positionen auf der kulturellen Skala einnehmen, so glauben in einer deistischen Gesellschaft wie der aztekischen nicht alle Mitglieder an die gleiche Vermittlungsinstanz. Oftmals ist ein Magier der Nachbar eines Gottgläubigen. Zelia Nuttall erwähnt ja einen „Priester, der in völliger Abgeschiedenheit im Tempel lebte und fastete", und sie hält fest, dass er allein die Menschen „von den bösen Magiern" bewahren konnte. Trotz der Betonung, die sie auf die Existenz aztekischer Magier legte, hat sie nicht übersehen, dass es auch aztekische Priester und Tempel gab. Die Tatsache deren Existenz jedoch beeinträchtigt ihren Vergleich zwischen den Magiern der Azteken und der Pueblo. Nach der Lektüre ihres Artikels geht man davon aus, dass die Azteken ausschließlich den „Regenmachern" vertrauten, wenn sie Regen brauchten. Diese Annahme ist wohl falsch.

---

[114] H. H. Bancroft, a. a. O., S. 120, 134, 305, 324-348.

[115] vgl. H. H. Bancroft, a. a. O. Den Singular verwendet Bancroft auf S. 305, 584 und 118 („der mexikanische Gott Tlaloc"); den Plural auf S. 308, 334, 337 und 345.

[116] H. H. Bancroft, a. a. O., S. 597. Die Hinweise auf den Umgang mit Krankheiten sind spärlich.

[117] Zelia Nuttall, Sorcery, Medicine and Surgery in Ancient Mexico, The Johns Hopkins Hospital Bulletin, Nr. 133, April 1902 (Nachdruck).

Tafel Amerika

Ethnie	Kultureller Zustand (Z= zoistisch; M = manistisch; D = deistisch)	Umgang mit Not			Methode Wetterkontrolle		Umgang mit Geistern			Tempel und Priester	Voreheliche Keuschheit
		Magie	Opfer / Exorzismen	Priester	Magier	Priester	Magische Kontrolle	Fürsorge	Kult		
35. Tlingit	Z	+	-	-	o	o	-	-	-	-	-
36. Haida	Z	+	-	-	+	-	-	-	-	-	-
37. Thompson	Z	+	-	-	+	-	-	-	-	-	o
38. Shuswap	Z	+	-	-	o	o	-	-	-	-	o
39. Lillooet	Z	+	-	-	o	o	-	-	-	-	o
40. Küsten-Salish	Z	+	-	-	o	o	-	-	-	-	o
41. Klallam	Z	+	-	-	+	-	-	-	-	-	-
42. Nez Percé	Z	+	-	-	+	-	+	-	-	-	-
43. Dene	Z	+	-	-	+	-	-	-	-	-	-
44. Ojibwa	Z	+	-	-	+	-	-	-	-	-	-
45. Blackfoot	Z	+	-	-	+	-	-	-	-	-	-
46. Arapaho	Z	+	-	-	o	o	-	-	-	-	-
47. Irokesen	Z	+	-	-	o	o	-	-	-	-	-
48. Dakota (Sioux)	Z	+	-	-	o	o	-	-	-	-	-
49. Omaha (Sioux)	Z	+	-	-	o	o	-	-	-	-	-
50. Hidatsa (Sioux)	Z	+	-	-	+	-	-	-	-	-	-
51. Mandan (Sioux)	Z	+	-	-	+	-	-	-	-	-	-
52. Crow	Z	+	-	-	+	-	-	-	-	-	-
53. Winnebago (Sioux)	Z	+	-	-	o	o	-	-	-	-	-
54. Hopi	Z	+	-	-	+	-	-	-	-	-	-
55. Zuñi	Z	+	-	-	+	-	-	-	-	-	-
56. Sia	Z	+	-	-	+	-	-	-	-	-	-
57. Navajo	Z	+	-	-	+	-	-	-	-	-	-
58. Apachen	Z	+	-	-	+	-	-	-	-	-	-

Tafel Amerika (Fortsetzung)

Ethnie	Kultureller Zustand (Z= zoistisch; M = manistisch; D = deistisch)	Umgang mit Not			Methode Wetterkontrolle		Umgang mit Geistern			Tempel und Priester	Voreheliche Keuschheit
		Magie	Opfer / Exorzismen	Priester	Magier	Priester	Magische Kontrolle	Fürsorge	Kult		
59. Chickasaw	Z	+	-	-	+	-	-	-	-	-	-
60. Creek	Z	+	-	-	+	-	-	-	-	-	-
61. Natchez	Z	+	-	-	+	-	-	-	-	-	-
62. Pima	Z	+	-	-	+	-	-	-	-	-	-
63. Azteken	D	+	-	+ ?	-	+	o	o	o	+	+

Tafel Ozeanien

Ethnie	Kultureller Zustand (Z= zoistisch; M = manistisch; D = deistisch)	Umgang mit Not			Methode Wetterkontrolle		Umgang mit Geistern			Tempel und Priester	Voreheliche Keuschheit
		Magie	Opfer / Exorzismen	Priester	Magier	Priester	Magische Kontrolle	Fürsorge	Kult		
64. Maori	M	+	+ -	-	+	-	+	+ -	-	-	- °
65. Tonga	D	- ?	-	+	-	+	-	-	?	+	+
66. Samoa	D	+	+	+	+	+ -	-	-	?	+	+
67. Tahiti	M	+	-	-	o	o	-	+	-	-	- °
68. Gilbert-Inseln	D	+	-	-	o	o	-	+	-	+	+

2.5 Paläosibirische Ethnien:
Tschuktschen, Koryaken, Jukagiren

James Frazer behauptet: „Die Beziehungen zwischen den Geschlechtern sind unter den Koryaken viel strenger und gemessen an unseren
Maßstäben viel moralischer als bei den Tschuktschen und ihren Nach-
barstämmen. Von den Mädchen wird erwartet, vor der Ehe keusch zu
sein und dieser Brauch wird auch im Ganzen überwacht. Es wird als
Schande erachtet, wenn ein Mädchen vor der Ehe schwanger wird.
Junge Männer werden sich so einem Weib nicht anbieten. Sie wird
fortgejagt in die Wildnis, wo sie in Schmerz und Sorgen die Frucht
ihrer Sünde zur Welt bringen soll."[118] Außerdem wird uns berichtet,
dass sich die Koryaken von den anderen Stämmen dadurch unterschieden, dass sie eine „Tendenz zum Monotheismus"[119] erkennen
ließen.

Wir scheinen also wieder auf ein mustergültiges Beispiel zu stoßen,
wie die Einschränkung sexueller Freizügigkeit mit dem einhergeht,
was viele Forscher als höheren Kulturzustand bezeichnen würden. Es
wäre einfach, die oben genannten Auffassungen zu zitieren und es im
Vertrauen auf die große Autorität des Autors dabei zu belassen. Der
Leser jedoch, der so kühn ist, die originalen Schriften zu konsultieren,
auf die sich der Autor bezogen hat, gewinnt einen anderen Eindruck
der paläosibirischen Kultur, als die zitierten Auszüge gewähren. Eine
Analyse der Quellen zeigt, dass die Fakten hinsichtlich der sexuellen
Vorschriften die besagte Schlussfolgerung nicht unterstützen. Hinsichtlich des kulturellen Zustands hat die Klassifizierung nach dem „Glauben" den Kern der religiösen Praktiken verdunkelt. Jochselsen verwendete den Begriff „Monotheismus" für einen Glauben, der genau
genommen nicht so bezeichnet werden dürfte, wenn das Wort seine
genaue Bedeutung behalten soll.

Die Koryaken scheinen einem Jungen keinen sexuellen Kontakt zu
dem Mädchen erlaubt zu haben, das er versorgte. Es gibt jedoch keinen
Bericht von einer Bestrafung für ein Paar, das seinen Begierden gefolgt
ist. In alten Zeiten, wird gesagt, habe der außereheliche Beischlaf zu
einer Familienfehde geführt, doch davon bin ich nicht überzeugt. Es
scheint wahrscheinlicher, dass der Vater des Mädchens wütend war,
weil der Junge sich nicht an jene vorgeschriebene Vorgehensweise
gehalten hat, mittels derer ein Koryake um die Hand einer Frau anhielt.

---

[118] J. G. Frazer, Totemism and Exogamy, S. 353.
[119] Waldemar Jochelson, The Koryak, S. 24; vgl. auch M. A. Czaplicka, Aboriginal Siberia, S. 261.

Eine voreheliche Schwangerschaft wurde, wie James anmerkt, verdammt. Das Mädchen wurde allerdings nicht bestraft oder stigmatisiert, und gegenüber dem Vater des Kindes scheint nichts unternommen worden zu sein. Es scheinen keine Nachforschungen angestellt worden zu sein über seine Identität, und es gibt keinen Grund zur Annahme, dass ein Mädchen aufgrund der gesellschaftlichen Ächtung vorehelicher Kinder auf den Geschlechtsverkehr verzichtete. Wenn es geschah, dass sie vor der Ehe schwanger wurde, verließ sie für die ungebührliche Geburt einfach den Ort. Es wurde nichts weiter gesagt oder unternommen. Nachweise für die Jungfräulichkeit wurden nicht gefordert.

Wenn wir den Begriff „Keuschheit" für diese Sitten verwenden, würden wir ein weiteres Wort seiner präzisen Bedeutung berauben. Es wird berichtet, dass die Koryakinnen im Vergleich zu den Tschuktschinnen bei ihrer Bekleidung etwas prüde gewesen seien. Uns wird gesagt, dass sie sich nicht bis zur Taille ausziehen wie es die Tschuktschinnen tun, damit ihre Arme bei der Arbeit von den unbequemen Kleidern befreit sind. Jedoch verhielten sich die Koryakinnen nur „in Gegenwart von Fremden" so. Wir sind genau darüber informiert, dass die Männer der Koryaken einen vehementen Kampf „gegen den zersetzenden Einfluss der Russen" führten. Es ist also offensichtlich, dass die relative Prüderie der Koryakinnen vor allem ein Protest war und eine Verteidigung gegen die eindringenden Europäer. Sie kann kaum als Hinweis auf eine „Keuschheit" verstanden werden, die größer als die der Tschuktschinnen gewesen wäre.[120]

Jochelsen betont die Tatsache, dass während der Durchführung des Zensus kein uneheliches Kind gefunden wurde[121], doch ich bezweifle, dass wir dies als Beleg für die Nichtexistenz außerehelicher Kinder akzeptieren können. Ich bin bereit zu glauben, dass ein Koryake oder eine Koryakin bei der Beantwortung von Jochelsens Frage abstreitet, dass ein Kind außerehelich geboren wurde; aber die spezifische Einstellung gegenüber Geschlechtsverkehr, die Teil der überlieferten Tradition des modernen Europäers ist, ermutigt die Sibirier nicht darin, über diese Angelegenheit völlig freimütig zu sprechen. Takt und Höflichkeit sind hervorstehende Charakteristika unzivilisierter Ethnien, und kein „Wilder" verletzt wissentlich die Empfindlichkeiten eines Europäers.

Jochelsen fügt hinzu, dass die „Keuschheit" der koryakischen Mädchen nicht nur durch die Sagen und Bekundungen der Koryaken selbst und seine eigenen Eindrücke, die er in ihren Wohnungen gewonnen hat, bestätigt wurde, sondern auch durch das Zeugnis von solchen „Experten in Liebesangelegen-

---

[120] W. Jochelson, The Koryak, S. 591, 734 f., 739 f.; M. A. Czaplicka, Aboriginal Siberia, S. 80 f.
[121] W. Jochelson, The Koryak, S. 736.

heiten" wie den Kosacken. Auch auf diese Aussage treffen die oben gemachten Anmerkungen zu. Viele unzivilisierte Männer verbieten ihren Frauen Sex mit Europäern. Zudem können wir Sagen, Bekundungen und Eindrücke nicht als Belege zulassen. Das sexuelle Verhalten ist eine Sache, sexuelle Vorschriften eine andere. Keine Meinungsäußerung über die erstgenannte hat irgendeinen anthropologischen (d. h. wissenschaftlichen) Wert.

Unter den Tschuktschen waren außerehelich geborene Kinder den in einer Ehe geborenen sozial völlig gleichgestellt. Für Bogoras war es sogar sehr schwierig herauszufinden, ob ein Kind, wie er es nannte, „legitim" war oder nicht. Ich kann mir gut vorstellen, dass die Tschuktschen verdutzt waren über den Sinn seiner Nachforschungen, zumal sie ein Volk waren, das es einer Frau gestattete, zur gleichen Zeit ihr Baby und ihren minderjährigen Ehemann großzuziehen. Das Konzept, das wir „Keuschheit" nennen, war ihnen ziemlich unbekannt. Tatsächlich gab es in ihrer Sprache nicht einmal ein eigenständiges Wort für „Mädchen". *Yep ayaakelen*, „noch ungebraucht", war die Umschreibung, die für eine junge Frau vor ihrer ersten Menstruation verwendet wurde.[122]

Unter den Jukagiren genossen die jungen Männer und Frauen Geschlechtsverkehr, sobald der Trieb in ihnen erwachte. Mit den ersten Anzeichen der Pubertät wurde einem Mädchen ein abgetrenntes Schlafzelt zugeteilt, und sie vergnügte sich mit so vielen Liebhabern, wie sie wollte.[123]

Jochelsen erwägt, dass die „Koexistenz von Keuschheit und Erlaubnis" in der „zweifachen Natur des Mannes" ihren Ursprung hat. In dieser Auffassung befindet sich ein großes romantisches Interesse und sie illustriert Jochelsens ungenaue Begrifflichkeit. „Keuschheit" definiert er nicht. Aber er erwägt, dass „die Vorstellung von Keuschheit das Konzept von Jungfräulichkeit nicht einschließt". Was sie einschließt, sagt er nicht. Vielleicht nur nacheheliche Treue.

Die Auskunft, dass die Koryaken eine „Tendenz zum Monotheismus" zeigten, ist noch irreführender als die Aussage über die „Keuschheit" ihrer Mädchen. Diese basierte auf einer eindeutigen Quelle; jene jedoch ruht auf einer weniger gewissen Grundlage. Tatsächlich scheint sie nicht mehr als eine persönliche Deutung eines Mannes zu sein, der Auskünfte auf seine direkten Fragen sammelte.

---

[122] W. Bogoras, The Chukchee, S. 571-572; M. A. Czaplicka, Aboriginal Siberia, S. 70. Ich beziehe mich ausschließlich auf die erstgenannte Monographie. Der Wert der Darstellung von Czaplicka wird durch eine fehlende Beurteilung der Aussagen, die sie gelesen hat, gemindert.
[123] vgl. W. Jochelson, The Yukaghir and the Yukaghirised Tungus, S. 62-68.

Der Begriff „Monotheismus" wurde für einen mutmaßlichen „Glauben an einen alten Mann, der mit seiner Frau und seinen Kindern im Himmel lebt" verwendet. In Jochelsons Monographie wird diesem alten Mann die (von ihm allerdings nicht ausgeübte) Macht zugeschrieben, Hungersnot und Überfluss zu verursachen. Sein wichtigstes Vermächtnis jedoch scheint der Überlieferung nach darin gelegen zu haben, dass er den Koryaken die angemessenen Beschwörungen gegen „böse Geister" lehrte. Nach Czaplickas Meinung ist die Vorstellung eines „höchsten Wesens" das Resultat des Kontakts mit Mitgliedern der Russisch-orthodoxen Kirche. „Dass die koryakische Vorstellung eines höchsten Wesens", schreibt sie, „nicht indigen oder zumindest nicht sehr alt ist, kann aus den sehr vagen Schilderungen über sein Wesen und seine Eigenschaften, die Jochelson einholen konnte, erschlossen werden."[124]

Jochelson erwägt, dass „einige Namen dieser Gottheit, wenn man sie in eine zivilisierte Sprache übersetzt, abstrakte Vorstellungen nahelegen"[125], aber ich muss unwiderlegbare Nachweise einfordern, bevor ich überzeugt sein kann, dass diese Vorstellungen auch unabhängig von der Übersetzung existieren. Wenn Jochelson von „unsichtbaren strukturellen und destruktiven Kräften" spricht, vermute ich, dass er sich auf eine Weise äußert, die die Koryaken nicht verstanden hätten.

Czaplicka arbeitet mit Klassifizierungen von „Glaubensaussagen" auf folgende dezente Bemerkung hin: „Im Unterschied zu den Tschuktschen haben wir ganze Klassen von höchsten Wesen, *Vairgit*. Es gibt, wie Jochelson denkt, eine Tendenz zum Monotheismus." In der Wendung „ganze Klassen von höchsten Wesen" liegt eine vortreffliche Ironie vor, aber die Bemerkung ist, fürchte ich, zu vornehm, um die Fachsprache zu überbrücken, von der die Klassifizierungen der „Glaubensaussagen" umgeben sind.

Czaplickas Meinung ist wert festgehalten zu werden, aber sie hat, wie ich denke, das schwächste Argument verwendet. Sie hat erkannt, dass Jochelsons Bericht über die koryakischen Ausprägungen des Glaubens ungenau war, aber sie war weiterhin davon überzeugt, dass es möglich ist, unzivilisierte Gesellschaften nach ihren Glaubensaussagen zu klassifizieren. Da die Quellen, auf die sich der Bericht stützt, nicht verlässlich sind, stellt sich die Frage eines koryakischen „Monotheismus" nicht.

Die Koryaken waren zoistisch. Sie bauten keine Tempel und schenkten ihren Verstorbenen keine posthume Aufmerksamkeit. Jede

---

124 W. Jochelson, The Koryak, S. 23-26, 59 f.; M. A. Czaplicka, Aboriginal Siberia, S. 261.

125 M. A. Czaplicka, Aboriginal Siberia, S. 261.

Familie verwendete als Schutz gegen Gebrechen und *Kola* (böse Geister) ihre eigenen *Kamak* (hölzerne Amulette). Es wird gesagt, dass jede Familie deswegen ihren eigenen Schamanen hatte. Es ist nicht möglich, die ursprüngliche Bedeutung der Begriffe für die Macht (oder Mächte) im Universum herauszufinden.

Die Tatsache, dass sich Menschen vor dem Körper eines Verstorbenen fürchten, ist kein Beleg für eine „Ahnenverehrung". Dies scheint jedoch die Auffassung von Jochelson und ihm folgend von Czaplicka zu sein zu sein.[126] Die Festmähler, die unsere Fachmänner „jährliche Opferungen" nennen, waren keine Ahnenfürsorge und kein Kult. Das Platzieren von Geweihen an einem Ort, an dem ein Körper begraben wurde, scheint eine Affekthandlung gewesen zu sein, die aus einer Empfindung der Zuneigung für den Verstorbenen hervorgegangen ist.

Jochelson hält fest, dass nach einer erfolgreichen Jagd manchmal ein Hund getötet und vor einem *Kamak* platziert wurde. Das war ein Zeichen von Dankbarkeit, nicht von Besänftigung, da die Koryaken durch die Beschwörungen, die über den Amuletten angestimmt wurden, die Tiere anlockten, die ihre Nahrungsgrundlage darstellten. Auf die gleiche Weise erwehrten sie sich der *Kalau* (Singular *Kala*), der sogenannten bösen Geister. Diese sind auch deshalb interessant, weil manchmal die Pluralform des Wortes verwendet wurde. Ich würde die Beschreibungen der koryakischen Riten leichter übernehmen, wenn die ganze Thematik nicht mit dem „alten Mann im Himmel" vermischt worden wäre.

Das koryakische Wort *Kala* entspricht eindeutig dem Begriff *Kele* der Tschuktschen. Letzteren vermischten die Tschuktschen mit dem Wort *Vairgin*. Wurde vielleicht auch *Kala* mit einer koryakischen Wendung vermischt, die für den „alten Mann" verwendet wurde?

Das Ansehen der Magier scheint sich an den Resultaten bemessen zu haben, die sie erzielten. Offenbar gab es jedoch nur wenige Schamanen: Jochelson kannte nur zwei. Möglicherweise war der Mann oder die Frau, der oder die als „Familienschamane" bezeichnet wurde, nur ein Familienmitglied, das für das *Kamak* (Amulett) der Familie verantwortlich war. Die äußeren Anzeichen seiner oder ihrer Macht waren gewöhnlich Paroxysmen[127]. Von der Macht selbst wird gesagt, dass sie von den „Geistern" komme.[128] Der ursprüngliche Begriff ist nicht überliefert, möglicherweise lautete er „*Enen*".

---

126 W. Jochelson, The Koryak, S. 103, 112, 114; M. A. Czaplicka, Aboriginal Siberia, S. 151.

127 sich intensivierende Anfälle (Anm. d. Ü.)

128 siehe W. Jochelson, a. a. O., S. 49-54; M. A. Czaplicka, a. a. O., S. 172, 179, 192, 208, 228. Letztere Passagen sollten, um falsche Vorstellungen zu vermeiden, fortlaufend gelesen werden. Die Schamanen der Koryaken scheinen „Magier" sowohl im geläufigen wie auch im anthropologischen Wortsinn gewesen zu sein.

Die Tschuktschen waren ebenfalls zoistisch. In ihrer Umwelt erkannten sie die Manifestationen einer Macht, die sie *Vairgin* nannten. Nach Bogoras bezeichnete das Wort „wirkende Kraft", jedoch übersetzt er es andernorts mit „Wesen".[129] Von jeder bedeutsamen Naturerscheinung und jeder Tierart wird gesagt, dass sie *Etin* besessen habe, was mit „Meister" oder „Besitzer" übersetzt wird. Jede Manifestation von *Etin* scheint auch *Kele* besessen zu haben. Bogoras erwägt, dass *Kele* „böser Geist" bedeutet, und das wäre nachvollziehbar, wenn *Kele* nicht zugleich *Vairgin* wäre. Der Begriff für „magische Kraft" lautete *Enen*, für einen Schamanen *Enenilit*, „jemand, der *Enen* besitzt". Die Kraft musste man sich persönlich erwerben und konnte nicht einfach übertragen werden. Der *Enenilit* scheint als Magier, Medizinmann und Wahrsager gewirkt zu haben. Der einzige Schutz gegen die Übel des menschlichen Lebens bestand in Beschwörungen. Uns wird gesagt, dass die Beschwörungen umso mächtiger wurden, je intensiver sie über einem Amulett ausgesprochen wurden.[130]

Alle oben genannten Begriffe (*Vairgin, Etin, Kele* und *Enen*) werden mit „Geist" übersetzt, und manchmal ist es unmöglich anzugeben, welchen ursprünglichen Begriff Bogoras übersetzt, wenn er das Wort „Geist" verwendet. Die ursprünglichen Termini werden oft nicht zitiert. Das Studium seines Werks wird außerdem durch die Tatsache erschwert, dass er bei den Tschuktschen eine einfache Theorie über die anfängliche Entwicklung religiöser Vorstellungen unter primitiven oder prähistorischen Menschen entwickelt hat.[131] Die Tschuktschen praktizierten keine Riten für die Verstorbenen.

Die Aussagen von Bogoras[132] widersprechen sich. In früheren Zeiten wurde ein Leichnam zerlegt und die überlebenden Verwandten aßen Stücke davon. Später genügte es den Verwandten, Bekleidungsstücke zu nehmen und sie über die Stricke ihrer Amulette zu hängen. Offensichtlich wurden die sporadischen Begräbnisriten als eine Form von Schutz gegen Missgunst durchgeführt. Die Toten waren, wie es scheint, *Kele*, und seit *Kele* mit *Vairgin* gleichgesetzt wurde, waren sie auch *Vairgin*.

---

[129] vgl. W. Bogoras, The Chukchee, S. 303 mit W. Bogoras, The Folk-Lore of N.E. Asia, as compared with that of N.W. America, S. 290.

[130] W. Bogoras, The Chukchee, S. 300, 414, 470 ff. Das Wort, das mit „Geister" übersetzt wird, wurde von den Einheimischen für den christlichen Gott, das Kruzifix, die Bilder der Heiligen und andere Devotionalien verwendet. Eine Beschreibung, wie die Tschuktschen die Lehren der russischen Priester aufnahmen, findet sich in: W. Jochelson, The Yukaghir and the Yukaghirised Tungus, S. 240.

[131] siehe W. Bogoras, The Chukchee, S. 277.

[132] W. Bogoras, The Chukchee, S. 516 ff.

Die Jukagiren errichteten weder Tempel noch schenkten sie ihren Verstorbenen Aufmerksamkeit. Sie waren also ebenfalls zoistisch. Seit mehr als 200 Jahren stehen sie unter christlichem Einfluss und ihre Vorstellungen sind, wie Jochelson sagt, „nicht mehr als ein schwacher Schatten oder ein verblasstes Bild ihrer alten Religion."[133] Der „Meister" oder „Besitzer" einer übernatürlichen Eigenschaft hieß *Pogil*, was mit dem Begriff *Etin* der Tschuktschen entsprochen zu haben scheint. Das Äquivalent des tschuktschischen *Vairgin* war möglicherweise *Pon*; aber die Überlieferung ist hier nicht eindeutig.[134] Ein Magier übte die Kraft *Eiti* (= tschuktschisch *Enen*) aus. Er oder sie verhexte, heilte und sah die Zukunft voraus. Ein Magier konnte auch „böse Geister", *Kurul* und *Yuoye*, beherrschen. *Kurul* korrespondiert mit den Begriffen *Kala* der Koryaken und *Kele* der Tschuktschen.[135]

Die klimatischen Bedingungen im nordöstlichen Sibirien sind so beschaffen, dass die Kontrolle des Wetters keine Angelegenheit war, die die Bewohner beschäftigte.

---

[133] für den christlichen Einfluss siehe W. Jochelson, The Yukaghir and the Yukaghirised Tungus, S. 79

[134] W. Jochelson, The Yukaghir and the Yukaghirised Tungus, S. 140-151 (für *Pogil*), 140, 235 f. (für *Pon*). „*Pon*" scheint „etwas" bedeutet zu haben und so verwendet worden zu sein, wie wir das Wort „es" verwenden. Wenn es Abend wurde, sagten die Jukagiren „Pon tulec" („es wird dunkel") oder „Pon emidec" („es wird schwarz"). „Pon tiboi" hieß „Es regnet" usw. Jochelson hingegen übersetzt „Pon" mit „Höchste Gottheit" und „schöpferisches Prinzip, neuerdings personifiziert". Die Personifizierungen sind nicht annehmbar, da sie nur in unseren Übersetzungen vorliegen.

[135] W. Jochelson, The Yukaghir and the Yukaghirised Tungus, S. 155, 162, 192, 221 (für die Schamanen), 152 (für *Kukul* und *Yuoye*).

Tafel Assam (nordöstliches Indien)

Ethnie	Kultureller Zustand (Z= zoistisch; M = manistisch; D = deistisch)	Umgang mit Not			Methode Wetterkontrolle		Umgang mit Geistern			Tempel und Priester	Voreheliche Keuschheit
		Magie	Opfer / Exorzismen	Priester	Magier	Priester	Magische Kontrolle	Fürsorge	Kult		
69. Ao Naga	Z	+	-	-	+	-	-	- ?	-	-	-
70. Angami Naga	Z	+	+ -	-	+	-	-	-	-	-	-
71. Lhota Naga	Z	+	-	-	+	-	-	-	-	-	-
72. Sumi Naga	M ?	+	+ -	-	+	-	-	?	-	-	- °
73. Karbi	Z	+	-	-	o	o	-	-	-	-	-
74. Garo	Z	+	?	-	+	-	-	-	-	-	-
75. Khasi	M	+	-	-	o	o	-	+	?	-	?

Tafel Sonstige Ethnien

Ethnie	Kultureller Zustand (Z= zoistisch; M = manistisch; D = deistisch)	Umgang mit Not			Methode Wetterkontrolle		Umgang mit Geistern			Tempel und Priester	Voreheliche Keuschheit
		Magie	Opfer / Exorzismen	Priester	Magier	Priester	Magische Kontrolle	Fürsorge	Kult		
76. Andamanen (Indien)	Z	+	-	-	+	-	-	-	-	-	-
77. Dayak (Borneo)	M ?	+	+	-	o	o	+	+-?	-	-	- °
78. Tschuktschen (Russl.)	Z	+	-	-	o	o	-	-	-	-	-
79. Koryaken (Russland)	Z	+	-	-	o	o	-	-	-	-	-
80. Jukagiren (Russland)	Z	+	-	-	o	o	-	-	-	-	-

3. Rückentwicklungen bei unzivilisierten Ethnien

Es fehlt nicht an Hinweisen, dass einige unserer deistischen Gesellschaften schwächer wurden und die Strenge ihrer sexuellen Vorschriften lockerten, als sie zum ersten Mal mit Europäern in Kontakt kamen. Die beste Methode, um die Quellen bewerten zu können, besteht darin, sie im Licht heutiger Geschehnisse zu reflektieren.

In den meisten Teilen der westlichen Gesellschaft kam es zuletzt zu einer Ausweitung sowohl der vorehelichen als auch der nachehelichen sexuellen Freizügigkeit. Zuvor war die absolute Monogamie die Regel, und als sie zum ersten Mal modifiziert wurde, gab man die alten Sitten anfänglich nur privat auf, während sie öffentlich weiter aufrechterhalten wurden. Während zu einer bestimmten Zeit eine Frau, die vor der Ehe mit einem Mann schlief, von einem strengen Vater aus seinem Haus geworfen wurde, wurden später im Privaten Entschuldigungen gesucht und in der Öffentlichkeit ihre Übertretung abgestritten. Noch später erregte der Fall kaum kritische Kommentare, selbst wenn das Verhalten der Frau öffentlich bekannt wurde.

Das gleiche Phänomen kann unter einigen unzivilisierten Ethnien beobachtet werden. In Samoa war es üblich, die Jungfräulichkeit einer Braut öffentlich oder privat zu überprüfen. Wenn ein Mädchen bei einem öffentlichen Test die Bedingungen nicht erfüllte, fielen ihr Vater und ihre Brüder über sie her und töteten sie sogar. „Jede Erinnerung an ihr Leben wurde zerstört und verabscheut, ihr genauer Name wurde vergessen." Am Ende des 18. Jahrhunderts wandelte sich die Kultur der Keuschheit: Sie war mehr ein Lippenbekenntnis als eine Realität, und ich zweifle nicht, dass die Prüfung der Jungfräulichkeit manchmal eine reine Farce war. Eine ähnliche Situation scheint es unter den Tongaern gegeben zu haben. Zu einer Zeit war die Jungfräulichkeit von herausragender Bedeutung, während später ein Freund „mit einem kleinen frommen Schwindel" für die Ehre eines Mädchens einstand, wenn bekannt war, dass sie den Test nicht bestehen würde.

Dies sind Beispiele deistischer Gesellschaften, in denen die Vorschriften gelockert wurden. In zwei weiteren Fällen aus der gleichen Weltgegend, bei den Maori und Tahitianern, gibt es Grund zur Annahme, dass die Vorschriften schon vor der Ankunft der weißen Männer gelockert wurden, und dass die jüngeren Generationen eine weniger strenge Tradition vererbten. Zu der Zeit, auf die sich unsere Informationen beziehen, erlaubten die Maori allen Mädchen außer den Verlobten (*Taumou*) vorehelichen Verkehr. Jedoch gibt es eine Sitte bei ihnen, die nahelegt, dass voreheliche Keuschheit einmal die Regel gewesen sein könnte. Unter den Samoanern wurde ein Mädchen aus gutem Haus zu einer *Taupou* erwählt. Eine *Taupou* scheint bei einigen Dorfzeremonien eine Ehrendame gewesen zu sein. Aber unsere Informationen über ihre Pflichten sind ungenau und nicht zufriedenstellend. Eines ist aber sicher: Von ihr wurde sexuelle Enthaltsamkeit verlangt. Wenn sie dagegen verstieß, wurde sie hart bestraft und möglicherweise getötet. Von anderen Mädchen wird ebenfalls angenommen, dass sie vorehelich keusch gelebt haben, aber aus einem Grund, den wir nicht kennen, wurde die Jungfräulichkeit der *Taupou* als ein gesellschaftlicher Faktor von essenzieller Bedeutung angesehen.

Ein ähnlicher Brauch existierte bei den Maori. Ein Mädchen aus gutem Haus (*Puhi*) wurde für diese wichtige gesellschaftliche Position ausgewählt. Bestimmte niedrige Arbeiten durfte sie nicht verrichten und man erwartete von ihr, sexuell enthaltsam zu leben. Aber während die samoanische *Taupou* streng bestraft wurde, wenn sie ihre Jungfräulichkeit verlor, wurde eine *Puhi* bei den Maori nur abgesetzt. Sonst scheint ihr nichts geschehen zu sein. Überdies war es nicht ungewöhnlich, dass bei einer *Puhi* sexuelle Aktivitäten bemerkt wurden. Die *Puhi* der Maori scheint also das Äquivalent der samoanischen *Taupou* zu sein, wobei sie im ersten Fall in degenerierter Form beobachtet werden kann. Es scheint durchaus möglich, dass die Maori in früheren Tagen die Jungfräulichkeit hochgeschätzt hatten und im Lauf der Zeit die alten Sitten außer Mode kamen. Was übrig blieb, war eine leere Hülle einer nicht mehr mit Leben erfüllten archaischen Institution.

Der Charakter der sexuellen Vorschriften der Tahitianer wurde durch das große Interesse verdunkelt, das Historiker und Weltreisende nicht nur an den Beziehungen zwischen weißen Seemännern und eingeborenen Frauen hatten, sondern auch an den Aktivitäten des Arioi-Ordens[136], wie er von einem christlichen Missionar beschrieben wurde. Durch die oberflächliche Beschäftigung mit diesen beiden Quellen ist der Eindruck entstanden, dass die Vorschriften der Tahitianer extrem lax waren. Eine sorgfältige Durchsicht aller Quellen bringt jedoch die Tatsache ans Licht, dass den Tahitianern eine gelegentliche Keuschheit auferlegt war, als die ersten weißen Menschen auf sie trafen, und dass sie in vorangegangenen Zeiten sogar noch strenger gewesen sein könnten. Außerdem scheinen die Gründer des Arioi-Ordens verleumdet worden zu sein. Es wird angenommen, dass die Mitglieder dieses Ordens ursprünglich zölibatär gelebt hatten. Doch

---

[136] Geheimgesellschaft der Tahitianer, die bestimmte Kulte praktizierte (Anm. d. Ü.)

nach einer gewissen Zeit schien ihnen dieses Gelübde zuwider zu sein, sodass ihnen daraufhin sexuelle Erfahrungen erlaubt wurden, unter der Bedingung, dass kein Mitglied des Ordens ein Kind zeugt. Der Orden scheint eine Truppe umherziehender Schauspieler gewesen zu sein, die theatralische Aufführungen inszenierte, ähnlich einem heutigen Maskenspiel.

Ende des 18. Jahrhunderts verbandelten sich ihre Mitglieder wie sie wollten. Offensichtlich gab es zwischen einigen Pärchen ein starkes Gefühl gegenseitiger Verbundenheit, da uns überliefert wird, dass es erheblichen Ärger gab, wenn sich ein Mitglied ungebührlich gegenüber der Geliebten eines Ordensgenossen verhielt. Das Verbot von Kindern scheint eine gewisse Anzahl an Kindsmorden verursacht zu haben, wie der Missionar William Ellis besonders betonte. Seit wir jedoch wissen, dass jeder Kindsmörder, der gefasst wurde, haftbar war und getötet werden konnte, scheint es möglich, dass Ellis die Tatsachen übertrieb oder von dieser Praxis so stark abgestoßen war, dass er keine umfassenden Nachforschungen anstellte. Des Weiteren wird uns berichtet, dass es jeder Frau im Orden erlaubt war, ihr Kind großzuziehen, vorausgesetzt sie fand ein männliches Mitglied, das es „beschützte". In dem Fall wurde die Mutter *Whannownore* (Kinderhaberin) genannt. Dieser Begriff war ein Vorwurf.

Wie schon beim Sexualverhalten der tahitianischen Gesellschaft im Ganzen, belegen die Quellen, dass die Frauen aus gutem Haus den Annäherungsversuchen der weißen Männer widerstanden, und dass die Frauen, die die weißen Seemänner erfreuten, aus den niedrigeren Ständen kamen. Außerdem wurde sehr sorgfältig auf die *Vahinepahio*, die verlobten Mädchen, geachtet. Ihre Jungfräulichkeit wurde dadurch erhalten, dass sie vom Rest der Hausgemeinschaft ferngehalten wurden und ihnen verboten wurde, mit Fremden zu tun zu haben. Das Wort „*Pahio*" scheint das Äquivalent zum Begriff „*Puhi*" der Maori gewesen zu sein, und der Gehalt der Berichte legt nahe, dass der Sinn des Wortes in früheren Zeiten wörtlich verstanden wurde: Ein verlobtes Mädchen wurde zu vorehelicher Keuschheit gezwungen.

Nach einem vertrauenswürdigen Bericht errichteten die ersten Maori, die nach Neuseeland einwanderten, einen Tempel bei Taporapora, in dem sie die heiligen Kultgegenstände postierten, die sie mitgebracht hatten. „Über Jahrhunderte hinweg", schreibt Tregear, „war der Tempel und Vorplatz von Taporapora im Hafen von Kaipura, genannt *Marae*, ein außerordentlich heiliger Ort. Der Platz, auf dem der Tempel stand, existiert heute nicht mehr, da er vom Meer überflutet und zu einer Sandbank wurde. Aber es gibt ihn noch in einer Legende der Maori. Der Tempel und alle heiligen Gegenstände in ihm, die die

Einwanderer im *Mahuhu*-Kanu nach Neuseeland mitgebracht hatten, wurden von den Wellen verschlungen."[137] In dieser Passage bezieht sich *Marae* auf den Vorplatz und nicht auf das Gebäude. Das ist auch seine gewöhnliche Bedeutung bei den Maori.

Eine andere Auffassung vertritt Best: „Von den Maori wurde kein tempelartiges oder heiliges Gebäude im Zusammenhang mit ihren Göttern errichtet."[138] Zu einer bestimmten Zeit gab es eine sehr enge Verbindung zwischen den Maori und den Tahitianern, und es wurde oft vermutet, dass die Maori aus Tahiti eingewandert sind. Wenn wir den Bericht akzeptieren, dass die Tahitianer „Tempel" bauten, dann scheint es nahezuliegen, dass die Vorfahren der Menschen, die wir die Maori nennen, das gleiche getan haben könnten. Der sogenannte „Tempel" der Tahitianer, *Marae*, war jedoch kein Tempel in dem Sinn, wie er normalerweise in dieser Studie verwendet wird: Er war kein überdachtes, von einer Grabstätte unterschiedenes Gebäude, in dem sich die Mächte des Universums manifestieren, und das in erster Linie errichtet wurde, um eine angemessene Beziehung zu diesen Mächten zu pflegen. Das tahitianische Gebäude, das einige Autoren mit dem Begriff *Marae* verbinden, war ein pyramidaler Steinbau, der die blanken Knochen eines toten Anführers in sich barg.

Offensichtlich erachteten die Maori den Bau eines ähnlichen Tempels als Angelegenheit von höchster Bedeutung, zumal sie nicht warteten, bis sie in das Innere des Landes vorgedrungen waren. Sie bauten ihn, sobald sie an Land gekommen waren. Sie scheinen es so eilig gehabt zu haben, dass sie den Tempel zu nah am Strand errichteten. Später kamen die Wellen und spülten ihn fort. Es scheinen keine weiteren Tempel mehr errichtet worden zu sein. Die Energie der Maori ließ nach. Als die ersten Kolonisatoren auf sie trafen, legten die Einheimischen nur ein paar Steine um ihre heiligen Plätze. Sie entfalteten eine so geringe Energie, dass manche Forscher erklärten, dass sich die Maori allen kultivierteren Praktiken „widersetzten"[139].

In den Berichten über die Fidschi stoßen wir auf ein analoges Phänomen. Die Priester der Fidschi besaßen im Vergleich zu den Medizinmännern eine geringe Macht. Williams beobachtete, dass es viele gab, die „über einen Priester lachten, aber vor einem Magier zitterten"[140]. Die Tempel wurden vernachlässigt und nur dann geschmückt, wenn die Menschen ein bestimmtes Anliegen Gott (*Kalou-*

---

[137] E. Tregear, The Maori Race, S. 203.
[138] E. Best, Maori Religion and Mythology, N. Z. Dom. Mus. Bull. 10, S. 88 f.; ähnlich: E. Best, The Maori, S. 288.
[139] vgl. T. W. Downes, Tuahu on the Wanganui River, S. 165-168.
[140] T. Williams, Fiji and the Fijians, S. 209.

vu) gegenüber hatten. Man könnte denken, dass ein größerer Einfluss der Medizinmänner und die Vernachlässigung der Tempel Anzeichen einer kulturellen Entwicklung sind und die Fidschi begannen, deistisch zu werden, als zum ersten Mal Europäer auf sie trafen. Die Vernachlässigung eines Tempels ist jedoch ein Anzeichen einer Degeneration. Wenn eine Gesellschaft deistisch wird, ist sie sehr darauf bedacht, die Macht im Universum mit Respekt zu behandeln. Wenn sie im kulturellen Rang aufsteigt, ist der Glaube der Menschen an diese Mächte so rückhaltlos, dass sie keine Nachlässigkeiten im Verhalten ihnen gegenüber zulassen. Folglich zeigt das fehlende Interesse der Fidschi hinsichtlich der Pflege ihrer Tempel, dass sie ihre Energie verlieren. Die relative Bedeutsamkeit der Medizinmänner gegenüber den Priestern ist auf eine Rückentwicklung von einem deistischen in einen manistischen Zustand zurückzuführen. Wir verfügen über keine genauen verlässlichen Informationen über die sexuellen Vorschriften der Fidschi, aber in der ganzen Literatur über die Fidschi wird uns gesagt, dass die Beziehungen zwischen den Geschlechtern lockerer sind, als sie es in früheren Zeiten gewesen waren.

Es besteht Grund zur Annahme, dass sich die sexuellen Vorschriften einiger afrikanischer Gesellschaften in den Jahren, die unmittelbar auf die Ankunft der weißen Männer folgten, auf ähnliche Weise lockerten. Bei den Hirtenvölkern der Bakitara nahm sich ein Mann nur dann eine zweite Ehefrau, wenn er feststellte, dass seine erste unfruchtbar war. Später folgten wohlhabende Stammesangehörige „dem Beispiel des Königs" und erhöhten die Anzahl ihrer Ehefrauen, bis sie einen veritablen Harem besaßen.[141]

Bei den Baganda gibt es noch detailliertere Belege. Diese Ethnie war so überempfindlich in sexuellen Angelegenheiten, „dass sie es vorzogen, jedes direkte Nomen, das mit Geschlecht oder Geschlechtsverkehr zu tun hat, durch die höflichsten und vagsten Umschreibungen zu ersetzen."[142] Ihre Prüderie ging nicht auf den Kontakt mit christlichen Männern zurück, sondern auf den strengen Charakter ihrer früheren gesellschaftlichen Vorschriften. Das zeigt sich auch an der Art ihrer Kleidung. Anders als bei sexuell freien Gesellschaften bedeckte die Kleidung der Baganda ihre ganzen Körper. Ehefrauen, die jungfräulich verheiratet wurden, durften ihre Räume, die von zuverlässigen Dienern bewacht wurden, nicht verlassen. Bereits der Verdacht eines freizügigen Verhaltens wurde mit dem Tod bestraft.

---

[141] J. Roscoe, The Bakitara, S. 265.
[142] H. H. Johnston, The Uganda Protectorate, S. 685. Siehe auch J. Roscoe, The Baganda, S. 442 f.

Eine Frau wurde von ihrem Ehemann gefoltert, wenn er ein Vergehen auch nur vermutete.[143] Keiner scheint mehr als eine oder zwei Ehefrauen gehabt zu haben. Sogar der *Kabaka* (König) besaß nur drei, von denen zwei mit der Aufführung gewisser ritueller Zeremonien beauftragt waren.[144]

Nach der Herrschaft von Mutesa, unter der das Volk um 1850 aufblühte, scheinen diese Vorschriften gelockert worden zu sein. Von Mutesa selbst wird gesagt, dass er 7.000 Ehefrauen gehabt habe (vermutlich bezeichnet das allgemein nur eine große Anzahl). Wie bei den Bakitara folgten wohlhabende Männer dem Beispiel des Königs. Sobald sich die Haushalte vergrößert hatten, rebellierten die streng behüteten Ehefrauen gegen die lästigen Einschränkungen, die ihnen auferlegt waren. Daran gehindert, ihre Wünsche zu befriedigen, verlegten sie sich sowohl auf obszöne Praktiken als auch auf Heimlichkeit; möglicherweise wurden sie zu armen Gespielinnen. Trotz der schrecklichen Strafen, die aufbegehrende Frauen trafen, wurden Ehebrüche gang und gäbe. Die Frauen trafen verschiedene Vorkehrungen, um ihre Liebhaber in ihre Häuser zu lassen.[145] Später erwarteten die Baganda weiterhin Jungfräulichkeit von ihren Bräuten; doch wenn sie sich nicht zeigte, wurden ihnen keine körperlichen Strafen zugefügt. Das Mädchen und ihre Beschützer wurden lediglich bloßgestellt. Tatsächlich wurde ein Mädchen, das vor der Heirat schwanger wurde, kaum verurteilt. Sie wurde nur in das Vaterhaus ihres Geliebten gebracht.

Es finden sich also Anzeichen, dass nach Mutesas Tod die Jungfräulichkeit nicht so hochgepriesen wurde wie in früheren Zeiten. Die Leute tendierten dazu, die auferlegten Vorschriften durch eine bloß gelegentliche Keuschheit zu ersetzen. Es ist also gut denkbar, dass die Vorstellungen der deistischen Schicht unter dem Einfluss der vorangegangenen Begrenzung der Polygamie immer ausgefeilter formuliert wurden, während die geringer werdende Intensität der vorehelichen Keuschheit im einfachen Volk einen Abstieg zu manistischen Praktiken verursacht hat. Das Quellenmaterial zeigt nun, dass sich am Königshof eine große kognitive Energie entfaltete. Mutesa hieß die ersten weißen Besucher herzlich willkommen, da er mit ihnen theologische und philosophische Erörterungen führen konnte, die er sehr schätzte. Offensichtlich hatte er seinen Glauben an die ugandischen Schöp-

---

[143] J. Roscoe, The Baganda, S. 10, 261-263.
[144] siehe J. Roscoe, The Baganda, S. 83 (für die rituellen Pflichten), 86 f. (für die frühere Begrenzung auf drei Ehefrauen und die spätere Erhöhung der Zahl).
[145] siehe J. Roscoe, The Baganda, S. 10; H. H. Johnston, The Uganda Protectorate, S. 642; C. T. Wilson and R. W. Felkin, Uganda and the Egyptian Soudan, S. 186.

fungsmythen und die Bedeutsamkeit der einheimischen Priester verloren. Also „veränderte er den Stellenwert der Götter und verringerte die Macht der Priester, indem er ihnen ihre einzigartige Position nahm." Zweifellos stellte er sich vor, dass er auf diese Weise sein Volk von den Fesseln eines fehlerhaften Glaubens befreite, und dass sein Königreich in Zukunft nicht mehr von den abergläubischen Forderungen einer starken Priesterschaft belastet wird. Die tatsächlichen Resultate wichen jedoch erheblich davon ab. Als Canon Roscoe in das Land kam, waren die Priester vergleichsweise machtlos, aber nicht, weil Mutesa ihnen keinen Glauben geschenkt hatte. Die Medizinmänner (*Basawo*) hatten sich der priesterlichen Funktionen bemächtigt, und obwohl die deistische Schicht der Gesellschaft noch immer Tempel errichtete, wurden die Geister (*Mizimu*) mehr verehrt als die Götter (*Balubare*). Die Leute führten Riten aus, die nur für manistische Personen charakteristisch sind. Geschah jedoch ein bestimmtes verheerendes Ereignis, dann erinnerten sie sich an den alten Glauben: In Zeiten von Seuchen und bei Notlagen suchten sie einen Tempel auf.

Bisher habe ich Rückentwicklungen von einem deistischen zu einem manistischen Kulturzustand erörtert. Es gibt aber auch Hinweise, dass einige zoistische Gesellschaften früher einmal manistisch gewesen waren. Angenommen, diese Hypothese trifft zu: In welchen kulturellen Details zeigt sich eine solche Rückentwicklung? Wenn eine Gesellschaft nicht länger darauf besteht, dass sich ein verlobtes Mädchen auf ihren Verlobten beschränkt: Auf welche Weise zeigt sich dann die Tatsache, dass früher einmal darauf bestanden wurde? Meine Vermutung ist, dass dieses Insistieren in der Auffassung überlebt, dass eine solche Keuschheit richtig und angemessen ist. Der Zwang, Geschlechtsverkehr mit anderen Männern zu unterlassen, wäre aufgehoben; übrig bleiben würde nur eine Aufforderung in diese Richtung. Eine Bestrafung würde jedoch im Falle einer Missachtung nicht erteilt werden.

Und ferner: Wenn eine Gesellschaft damit aufhört, seinen bedeutenden Toten posthume Achtung zu erweisen: Wie können wir feststellen, ob sie dies in der Vergangenheit getan haben oder nicht? Wir haben gesehen, dass eine der Folgen eines manistischen Kulturzustands die Verwendung eines eigenen Begriffs für die Toten war. Ich vermute deshalb, dass wir bei Gesellschaften, die von einem manistischen in einen zoistischen Zustand herabsinken, nicht nur eine fromme Auffassung über verlobte Paare vorfinden, sondern auch ein eigenes Wort für „Geist", das sich von dem unterscheidet, welches für die Macht im Universum verwendet wird.

Die Gesellschaften der Banks-Inseln, der Kiwai Papua und der Purari verwenden für die Toten und die Macht im Universum unterschiedliche Begriffe. Bezüglich ihrer sexuellen Vorschriften sind die Belege uneinheitlich. Im Fall der Banks-Insulaner ist uns nur überliefert, dass eine beträchtliche Laxheit vorfindlich war und dass es keine verpflichtende Keuschheit gab. Unter den Kiwai Papuas galt es als wünschenswert, dass sich ein verlobtes Mädchen auf ihren Verlobten beschränkte. Von den Purari wird gesagt, dass sie liederliches Verhalten „heftig missbilligten". Jedoch ist der entsprechende Bericht wertlos, da es möglich ist, dass die Eingeborenen die Meinung des fragenden Weißen übernahmen, um ihn zufriedenzustellen. Der Gehalt einiger Passagen im Buch unserer hauptsächlichen Autorität[146] legt jedoch nahe, dass verlobte Mädchen gewöhnlich auf Geschlechtsverkehr mit anderen Männern als ihren Verlobten verzichteten. Die Belege sind dünn; aber ich sehe nicht, wie sich die Vorstellung von einer Beschränkung auf den Verlobten durchsetzen konnte, wenn die Frauen nicht irgendwann gezwungen waren, sich in dieser Weise zu verhalten. In zoistischen Gesellschaften paaren sich Liebende, wie es ihnen gefällt. Gegenseitige Übereinkunft ist das einzige Kriterium. Eine allgemeine Meinung über „richtiges und angemessenes" Verhalten für verlobte Paare gibt es nicht. Ich vermute, dass unter den drei oben genannten Gesellschaften ein einstmals gegebener Zwang für verlobte Paare gelockert wurde. Die Vorstellung davon, was „richtig und angemessen" ist, hat sich aber erhalten.

Könnte die Zeremonie mit den Totenschädeln, die bei den Purari eingeführt wurde, nicht eine Form des sich zurückentwickelnden Totengedenkens darstellen? Eine Gesellschaft, die ihre Energie verliert, ist geneigt, in allem den einfachen Weg zu gehen. Könnte die Anziehungskraft dieser Zeremonie nicht in der Tatsache begründet liegen, dass es einfacher war, alle Toten auf einmal zu beschwichtigen als jeden Geist an seinem Grabmal?

---

[146] F. E. Williams, The Natives of the Purari Delta.

4. Psychologische Befunde

4.1 Die soziale Natur des Unbewussten

Burrow behauptet: „Was wir ein Individuum nennen, ist keineswegs der blanke und urwüchsige Ausdruck reiner und schlichter Individualität, wie wir es gewohnt sind anzunehmen. Vielmehr liegt eine Selbstwerdung vor, die aus den repressiven Kräften resultiert, die aus der gesamten sozialen Umwelt, von der das Individuum selbst ein wesentliches Element ist, auf es einwirken. Jedes Individuum, das inmitten der Einflüsse des sozialen Systems aufwächst, ist nichts anderes als eine besondere Ausprägung seines sozialen Systems. Was auch immer die Kennzeichen der allgemeinen Meinung sind, das Individuum ist notwendigerweise ein Abdruck von ihr."

Der Vorfall, der Burrow diese Einsicht schenkte, war merkwürdig. Er veranschaulicht, wie stark jeder von seinem Unterbewusstsein beeinflusst wird. Es zeigt zudem, dass es aus wissenschaftlicher Sicht unmöglich ist, eine Person als „normal" oder „abnormal" zu bezeichnen.

Burrow war damit beschäftigt, einen seiner Studenten zu analysieren, als dieser die Redlichkeit seines Lehrers in Frage stellte. Er behauptete beharrlich, dass Burrow von anderen Motiven geleitet war als dem, eine unbefangene Psychoanalyse durchzuführen. Er wäre nur von Burrows Aufrichtigkeit überzeugt, sagte er, wenn Burrow einwilligte von ihm analysiert zu werden. Burrow gefiel es nachzugeben – es schien ihm eine eigenwillige Regung eines unerfahrenen jungen Mannes zu sein. So tauschten sie die Plätze; Burrow wurde zum Patienten und der Schüler nahm auf dem Stuhl seines Lehrers Platz. Nach einer Weile wurde die etwas leichtsinnig akzeptierte Situation ungemein ernst. Schon zu Beginn waren Burrows Widerstände bemerkbar gewesen, dann wurden sie unüberwindbar. Je länger die Analyse dauerte, desto stärker ergriffen die Widerstände Besitz von ihm. Tief beschämt sah Burrow der unbezweifelbaren Tatsache ins Auge und reflektierte seine Lage.

Später wurde ihm klar, dass der Student seinem Lehrer gegenüber eine nicht weniger aufdringliche Grundhaltung an den Tag legte als er selbst ihm gegenüber an den Tag gelegt hatte – die Annahme dieser Haltung war der Grund für ihre ursprüngliche Auseinandersetzung gewesen. Das war bemerkenswert, und beide mussten zugeben, dass diese Grundhaltung, die Burrow „autoritär" nennt, davon abhängt, wer auf dem Stuhl des Lehrers sitzt. Als sie die Plätze tauschten, übernahm der, der als Patient begonnen hatte, die Autoritätsposition. Sobald er geschützt war durch die passende Konstellation, drückte sich die autoritäre Grundhaltung aus. Die Ausübung der autoritären Position war außerdem durch das Unterbewusstsein ihres Halters bestimmt. Die Schlussfolgerung lautet: Jeder praktizierende Psychiater wird während der Psychoanalyse genauso stark von seinem Unterbewusstsein beeinflusst wie der analysierte Patient.

Es verging einige Zeit, bevor Burrow durch ein ruhiges Hinterfragen seiner eigenen Widerstände zu dieser Schlussfolgerung kam; aber zuletzt war er von ihr überzeugt. Er beschreibt den Sachverhalt so: „Es wurde bisher noch nicht bedacht, dass wir Psychoanalytiker selbst Gedanken in uns tragen, dass wir genauso weitgehend durch ein gemeinsames Unbewusstes irregeführt werden, dass wir (...) ebenfalls neurotisch sind. Unsere Unausgeglichenheit ist Teil dieser weit verbreiteten Neurose, die im vorherrschenden gesellschaftlichen Konsens (...) vorliegt. Wie andere, die sich seit den formbaren Jahren der frühesten Kindheit an den Lehrplan der täglichen Anpassung gewöhnt haben, so geht es auch uns selbst. Es ist nahezu unmöglich, ausgehend von unserem heutigen, durch Anpassung entstandenen Vorurteil den jungfräulichen Boden unseres Bewusstseins zu erforschen, ohne unsere Schlussfolgerungen mit den Verzerrungen unserer eigenen Anpassung zu beeinträchtigen."[147] Kurz, jeder praktizierende Psychoanalytiker wird durch sein Unbewusstsein beeinflusst, das wiederum durch die Art seines sozialen und kulturellen Erbes bedingt ist.

Ich befasse mich nicht mit der Anwendung dieser Schlussfolgerung auf die Praxis der Psychoanalyse. Ich habe Burrows Erfahrungen angeführt, um zu zeigen, dass erstens ein normaler Mensch in großem Umfang von seinem Unterbewusstsein beeinflusst wird, und dass zweitens der Einfluss, den das Unterbewusstsein ausübt, selbst unbewusst ist. Die Ausprägung dieses Unterbewusstseins beruht auf der kulturellen Umwelt, in die ein Mensch hineingeboren ist.

Burrows Behauptung, dass jeder „normale" Mensch unter einer „Neurose" leidet, die das Ergebnis des „vorherrschenden gesellschaftlichen Konsenses" ist, legt noch einen anderen wichtigen Aspekt frei. Der springende Punkt liegt in der stillschweigenden Annahme, dass ein normaler Mensch existiert; doch das stimmt offensichtlich nicht: Der Mensch, den wir als „normal" bezeichnen, ist lediglich einer, der sich erfolgreich an die vorherrschende Tradition angepasst hat, während der, den wir „abnormal" nennen, entweder einer ist, dessen Anpassung missglückt ist, oder einer, der durch eine strenge Selbstre-

147 Trigant Burrow, The Social Basis of Consciousness, S. 3, 17, 52, 70.

flexion zur Selbsterkenntnis gekommen ist und bewusste Kontrolle über sich gewonnen hat. Die einen Unangepassten gelten als abartig, während aus der spärlichen Anzahl der anderen Propheten hervorgehen, von denen gesagt wird, dass sie eine psychologische Wahrheit aussprechen und dass sie „aus der Zeit gefallen" sind.

Manche von uns neigen in einem unbedachten Augenblick zu der Annahme, dass es natürlich ist, normal zu sein, und unnatürlich abnormal zu sein. Aber schon ein wenig Nachdenken befähigt uns den einfältigen und unvernünftigen Charakter dieser Annahme zu erkennen. Ein natürlicher Mensch oder ein Mensch in seiner ursprünglichen Schlichtheit ist eine unbelegte und nicht verifizierbare Grundannahme. Jeder Mensch, den wir kennen, wurde von irgendeiner Art überlieferter Tradition beeinflusst. Vom Tag seiner Geburt an ist der Verstand jedes Menschen kulturellen Einflüssen verschiedenster Art ausgesetzt, und die Ausprägung dieser Einflüsse ist abhängig von der Kultur, in die er hineingeboren wurde. Folglich gibt es keine Methode, mithilfe der wir Natürliches von Überliefertem oder Erfahrenem trennen können. Für mich selbst bezweifle ich, ob wir überhaupt von der Existenz eines von der Gesellschaft unabhängigen Individuums sprechen können. Noch mehr bezweifle ich die Existenz einer festen Individualität über einen längeren Zeitraum hinweg, zumal der Anpassungsprozess kontinuierlich vonstattengeht. Jedenfalls, in wissenschaftlicher Hinsicht kann ein Individuum nicht unabhängig von seiner Gesellschaft betrachtet werden, da es von einem wirkmächtigen Unterbewusstsein beeinflusst wird, das sozial ist.

Die Ergebnisse der Gesellschaftswissenschaften können auf viele Individuen angewendet werden; deren Verhalten kann aufgrund von Vorannahmen vorhergesagt werden. Jedoch ist das Zusammenspiel der kulturellen Einflüsse, besonders in einer Gesellschaft mit vielen kulturellen Schichten, so vielfältig und fließend, dass kein allgemeines Gesetz über das Verhalten jedes individuellen Mitglieds formuliert werden kann. Jede Person verfügt über einen freien Willen, selbst wenn er nur insofern existiert, dass jemand, wenn er will, die Einflüsse seines Unterbewusstseins auf sein Bewusstsein kontrollieren oder gar verbannen kann. Ich bin nicht ganz davon überzeugt, dass der Besitz dieses freien Willens mehr als eine Illusion ist, zumal es scheint, dass der Wunsch, das Unterbewusstsein zu kontrollieren, selbst vorbestimmt ist. Aber selbst wenn einer (wie ich) die Existenz eines freien Willens annimmt, muss man sich vergegenwärtigen, dass dessen Besitz eine Person nicht davon befreit, dass Kräfte auf sie einwirken, die das Verhalten der Gesellschaft bestimmen. Letztlich wird sein eigenes Verhalten auch von ihnen mitbestimmt.

Tatsächlich kann die Beziehung zwischen Individuum und Gesellschaft mit der Beziehung eines einzelnen Elektrons und einer großen Anzahl von Elektronen verglichen werden. In Bezug auf das Verhalten eines einzelnen Elektrons wird behauptet, dass es eine Unschärferelation gibt, die es dem Physiker unmöglich macht, dessen nächste Bewegung vorherzusagen; das Verhalten von vielen Elektronen kann hingegen mit Sicherheit vorhergesagt werden. Einige beflissene Philosophen haben in der Unschärferelation einen Hinweis gesehen, dass sich die Vorgänge der Natur nicht in wissenschaftliche Gesetze fassen lassen; und auf gleiche Weise wurde behauptet, dass sich der Mensch durch den Besitz eines freien Willens außerhalb des wissenschaftlichen Geltungsbereichs befindet. Aber, wie Professor Darwin[148] richtig sagte: Die offensichtliche Laune des Elektrons gewährt kein Schlupfloch, durch das die Lehre des Indeterminismus[149] eintreten kann. Das Gleiche trifft auf das Verhalten des einzelnen Menschen zu. „Wir können nicht genau sagen, was mit einem einzelnen Elektron geschieht", erklärt Professor Darwin, „aber wir können die Wahrscheinlichkeiten zuverlässig einschätzen. Wenn ein Experiment mit Tausend Elektronen durchgeführt wird, wird das, was für das eine Elektron eine Wahrscheinlichkeit war, nahezu eine Gewissheit. Die physikalische Theorie sagt zuverlässig voraus, dass sich die Millionen und Abermillionen von Elektronen (...) noch weit gesetzmäßiger verhalten. Um einen erwähnenswerten Fall von Abweichung vom Durchschnittswert zu finden, müssen wir länger warten als das geschätzte Alter des Universums."[150]

Ganz ähnlich können wir das Verhalten jedes einzelnen Menschen nicht vorhersagen, aber wir können Wahrscheinlichkeiten einschätzen. Wenn wir an eine menschliche Gesellschaft im Ganzen denken, können wir sehr zuverlässig ihr künftiges Verhalten vorhersagen, falls wir mit den erforderlichen Daten ausgestattet sind. Da jede Person das Produkt einer Gesellschaft ist und von einem Unterbewusstsein gesteuert wird, das sozialer Natur ist, ist das menschliche Verhalten letztlich stark vorbestimmt.

Zu dieser grundsätzlichen Aussage muss eine Anmerkung gemacht werden. Burrow spricht von einem „vorherrschenden gesellschaftlichen Konsens", als ob dieser in der ganzen Gesellschaft gleich

---

[148] Gemeint ist der Physiker Charles Galton Darwin (1887-1962), ein Enkel des Naturforschers Charles Darwin. (Anm. d. Ü.)

[149] Hier handelt es sich um die Auffassung, dass es bestimmte Ereignisse gibt, die nicht eindeutig durch Ursachen bestimmt sind. (Anm. d. Ü.)

[150] C. G. Darwin, The New Conceptions of Matter, S. 101 f.

wäre. Abgesehen von einer zoistischen Gesellschaft ist dies jedoch selten der Fall. Wie bereits gesagt besteht eine entwickelte Gesellschaft aus mehreren kulturellen Schichten, wobei die Anzahl der Schichten abhängig ist von der jeweiligen kulturellen Geschichte. In einer rationalistischen Gesellschaft kann es also auch eine deistische und zoistische Schicht geben. Eine Person, die in diese Gesellschaft geboren wird, verbringt möglicherweise seine frühen Jahre in einer dieser kulturellen Umgebungen. Manchmal, besonders wenn demokratische Herrschaftsprinzipien (oder solche, die man gemeinhin „demokratisch" nennt) auf jeden Aspekt des Lebens und Denkens anwendet werden, sind wir geneigt anzunehmen, dass die jeweilige Reaktion einer Person auf einen Vorfall oder eine Vorstellung gleich ist. Ihre individuelle Einstellung beruht aber weitgehend auf der kulturellen Schicht, in die sie in den frühen Jahren, in denen sich das Unterbewusstsein formt, eingeführt wurde. Daraus lässt sich folgern, dass Personen auf gleiche Erfahrungen und Ereignisse unterschiedlich reagieren werden.

Nun werden wir die Meinungen kompetenter Psychologen bedenken, die sich mit dem Effekt beschäftigt haben, der entsteht, wenn Menschen durch ihre ererbte kulturelle Tradition an der direkten Befriedigung ihrer angeborenen Triebe gehindert werden.

4.2 Der Effekt sexueller Einschränkungen

Rivers definiert den Instinkt zusammenfassend als „Set von Dispositionen, um sich mittels angeborener Anlagen auf bestimmte Weise zu verhalten". „Mittlerweile wird weitgehend anerkannt", merkt er an, „dass fast jedes (wenn nicht jedes) menschliche Verhalten in Teilen durch angeborene Faktoren festgelegt ist, unbeschadet von Neigungen, die die Person bei ihrer Geburt in die Welt bringt. Zugleich ist es, wie ich denke, weitgehend anerkannt, dass menschliches Verhalten nur äußerst selten rein instinktiv auftritt und ohne jegliche Modifikation durch Erfahrung." Mit „Erfahrung" meint Rivers das, was Burrow „Anpassung" nennt. Das wird aus seiner Definition des Unbewussten deutlich: „Das Unbewusste ist ein Speicher von Erfahrungen, verbunden mit instinktiven Reaktionen."[151]

In Rivers' Terminologie wird ein angeborener Trieb oder eine instinktive Ausrichtung durch die Erfahrungen modifiziert, die ein Mensch durch die kulturelle Tradition einer Gesellschaft erfährt. Diese Veränderung bewirkt ein unbewusstes Element im Verstand des Menschen.

---

[151] W. H. R. Rivers, Instinct and the Unconscious.

Das sexuelle Begehren ist einer der mächtigsten Triebe. Wenn daher die sexuellen Vorschriften einen direkten Geschlechtsverkehr verbieten, prägt sich der Sexualtrieb auf andere Weise aus. Wie bereits erwähnt, war in manchen Fällen die Unterdrückung von sexuellem Begehren für geistige Störungen und krankhafte Symptome verantwortlich. Dazu zählt Rivers Phobien, Angststörungen, Alkoholismus, Paranoia und Schizophrenien. Jede dieser Krankheiten kann seiner Meinung nach aus einem Konflikt zwischen instinktiven Regungen und den Kräften, durch die sie kontrolliert werden, entstehen. Jedoch ist jedes Mitglied der westlichen Gesellschaft den gleichen Zwängen unterworfen wie diejenigen, die unter den besagten Symptomen leiden. Was geschieht also in den „normalen" Fällen? Es ist möglich, dass bei diesen Menschen eine Regression vorliegt und infantiles Verhalten weder hervorbricht. Aber das scheint selten vorzukommen.

Für gewöhnlich findet die Energie eine völlig andere Ausdrucksform. Wenn ein Begehren durch einen Zwang unbefriedigt bleibt, entsteht eine starke mentale Anspannung. Die emotionale Energie verdichtet sich. Nach Rivers wird die „aus dem Konflikt entstehende Energie in einen anderen Kanal umgeleitet, der sich von der Gesellschaft wegbewegt und auf ein Ziel hin ausrichtet, das mit höheren sozialen Idealen verbunden ist. ... Viele Nachweisstränge stimmen darin überein, dass alle großen Leistungen menschlicher Erfindungskraft auf Prozessen beruhen, die den Bereich der Alltagsmeinung, dem wir uns sehr bewusst sind, überschreiten." Für diese Umleitung hat Sigmund Freud das Wort „Sublimierung" herangezogen.[152] Es ist kein ganz zufriedenstellender Begriff, und aus der Fachliteratur ist er fast

---

[152] Die Theorie der Sublimierung verdient es, empirisch näher untersucht zu werden. Drei sozialpsychologische Untersuchungen aus dem Jahr 2013 kamen durch Befragungen und Laborexperimente zum Ergebnis, dass Menschen, die aus religiösen Gründen Tabus als Abwehrmechanismen gegen verbotene Verhaltensweisen entwickeln, tatsächlich größere kreative Leistungen erbringen als vergleichbare Personen ohne solche Vorschriften. „Es ist die verbotene und unterdrückte Natur einer Emotion", schreiben Kim, Zeppenfeld und Cohen im Abstract ihres Fachartikels, „die der Emotion ihre kreative Kraft verleiht." (vgl. Kim, Emily; Zeppenfeld, Veronika; Cohen, Dov; Sublimation, culture and creativity, in: Journal of Personality and Social Psychology, Ausgabe Oktober 2013, S. 639-666.) Insgesamt scheint das Phänomen heute wenig untersucht zu werden. Da Vorschriften, Verbote und Tabus womöglich ambivalente Wirkungen auslösen (von gesellschaftlicher Ordnung und persönlicher Kultivierung auf der einen Seite bis hin zu Zwangsstörungen und Ängsten auf der anderen), ist bei derartigen Studien eine genaue Differenzierung erforderlich, welche einschränkenden Vorschriften positive soziale Effekte hervorbringen und welche im Gegenteil hemmend oder destruktiv wirken. (Anm. d. Ü.)

gänzlich verschwunden. Aber ich möchte ihn beibehalten, zumal er in den einfachen Textausgaben vorkommt, aus denen ich zitiere.

Rivers definiert folgendermaßen: „Unter Sublimierung versteht man einen Prozess, in dem die Energie eines angeborenen Triebs, der sich normalerweise in irgendeiner unerwünschten Handlung äußern würde, mehr oder weniger durch Erfahrungen begünstigt, in einen Kanal umgeleitet wird, in dem er einen positiven sozialen Wert entfaltet."[153] Und Freud meint: „Wir glauben, dass die Zivilisation auf dem Verzicht der Befriedigung primitiver Triebe aufgebaut wurde und dass sie ständig wieder neu geschaffen wird, wenn ein Individuum die Befriedigung seiner angeborenen Begierden für das Gemeinwohl opfert. Die sexuellen Bedürfnisse sind eine der wichtigsten angeborenen und somit angewandten Kräfte: Sie werden in der Hinsicht sublimiert, dass ihre Energie von ihrem sexuellen Ziel sozusagen weggelenkt und umgelenkt wird zu anderen Zielen, die nicht mehr sexuell, sondern sozial wertvoller sind."[154]

Es ist schwer zu verstehen, warum die beiden, die in der Tradition des 19. Jahrhunderts erzogen wurden, eine solche Lehre als unschön, moralisch verwerflich und in sich gefährlich brandmarkten. Vielleicht war die Ursache für ihre Verwerfung in einem Gefühl begründet, das demjenigen verwandt ist, das unter unzivilisierten Völkern die Reaktion auf etwas Unliebsames oder die Vorstellungskraft Überschreitendes hervorruft.

Die Sprache, in der sowohl Rivers als auch Freud über den Zusammenhang zwischen sexueller Repression und dem Ergebnis dieser angespannten Gefühlslage sprechen, bedarf einer gewissen Nachbesserung. Ihre Terminologie entbehrt einer präzisen Bedeutung. Rivers spricht von „unerwünschter Handlung" und „höheren sozialen Idealen", Freud verwendet den Ausdruck „sozial wertvoller". Ihre jeweilige Bedeutung ist klar, aber unter den Menschen gibt es keine übereinstimmende Meinung bezüglich des Inhalts der „unerwünschten Handlung". Die einen denken so, die anderen anders. Wir werden aber nie unser Wissen über das zwischenmenschliche Verhalten voranbringen, wenn wir uns auf Äußerungen verlassen, die nur Meinungen sind, die wiederum, wie wir gesehen haben, von früherem Lernen beziehungsweise Erfahrungen abhängig sind, wenn nicht sogar in ihnen begründet liegen. Genauso wenig können wir von „höheren sozialen

---

[153] W. H. R. Rivers, Instinct and the Unconscious, S. 38, 156 f.
[154] S. Freud, Introductory Lectures on Psycho-Analysis, übersetzt von J. Riviere, S. 17.

Idealen" sprechen, da es keine Übereinkunft darüber gibt, welche Art von Verhalten „höher" einzustufen ist.

Ein Beispiel für diese Unterschiedlichkeit kann in den Meinungen gefunden werden, die heute hinsichtlich nachehelicher Verhaltensregeln vorhanden sind. Manche behaupten, dass eine Scheidung verboten werden sollte. Andere sind der Auffassung, dass eine Verbindung getrennt werden sollte, wenn ein Mann und eine Frau nicht harmonisch miteinander leben können, und es jedem freistehen sollte, eine neue Partnerschaft einzugehen. Die Vertreter jeder Partei behaupten, dass ihre Ideale höher als die ihrer Gegner sind; alle verteidigen beherzt ihre Auffassung auf Basis der Grundannahme, dass die gegnerischen Vorstellungen unmoralisch und gemein sind. Der eigentliche Unterschied zwischen beiden Parteien liegt in der Bedeutung, die sie den Wörtern „höher", „Ideal" und „moralisch" beimessen.

Ich bin mir bewusst, dass in diesem Fall die eine Partei noch weiter gehen und behaupten kann, dass die Unauflöslichkeit des ehelichen Bandes ein Gesetz des Schöpfergottes ist, das unter besonderen und einzigartigen Umständen offenbart wurde. Dennoch bleibt es immer noch eine Meinung, zumal einer, bevor er der Existenz eines göttlichen Gesetzes zustimmen kann, erst einmal überzeugt sein muss, dass die besagte Offenbarung stattgefunden hat. Dies wird jedoch nicht von allen Menschen geteilt, und da es eine Meinungssache ist, ob eine Offenbarung stattgefunden hat oder nicht, folgt daraus, dass auch die Gesetze, die auf ihr basieren, gleichfalls Meinungen sind. Zudem gibt es weitere vermeintliche Offenbarungen, die in wichtigen Details der erstgenannten widersprechen. Die Anhänger Mohammeds beispielsweise behaupten, dass ein Mann gemäß göttlichem Recht vier Frauen haben kann, was im Gegensatz zur gängigen Interpretationen der christlichen Offenbarung steht, auf die ich mich oben bezogen habe.

Es gibt jedoch einen bedeutenden Unterschied zwischen den Meinungen derjenigen, die an eine göttliche Offenbarung glauben, und den Meinungen anderer. Erstere entspringen einer äußeren Quelle; letztere sind nur das Ergebnis eines inneren Wechselspiels. Erstere stehen außerhalb der Zeit, letztere in der Zeit. Diese Unterscheidung erhebt jedoch nicht die erstgenannten Meinungen in den Rang einer rationalen Schlussfolgerung, die unabhängig von ethnischen und kulturellen Unterschieden allen Menschen zugänglich ist, soweit sie allein auf die Vernunft vertrauen und sich frei machen von Einwirkungen ihrer kulturellen Umgebung.

Rivers spricht des Weiteren von „großen Leistungen menschlicher Erfindungskraft" und Freud bezieht sich auf das gleiche Phänomen, wenn er darlegt, dass die „Zivilisation" durch Verzicht auf die

Befriedigung angeborener Triebe entstanden sei. Diese Wendungen sind ebenfalls nicht exakt genug für unser Anliegen. Außerdem beziehen sie sich nur auf die Errungenschaften solcher Gesellschaften, die eine große soziale Energie entfaltet haben. So wie die Psychologen ihre Studie nur mit Frauen und Männern durchgeführt haben, die in der Tradition der westlichen Gesellschaft aufgewachsen sind, so haben sie auch ihre theoretischen Schlussfolgerungen in einer Weise formuliert, dass sie besonders auf extrem energiereiche Gesellschaften zutreffen, wie die westliche Gesellschaft eine ist.

Soziale Energie wird jedoch, wenngleich in geringerem Umfang, auch von anderen Gesellschaften entfaltet; und obwohl die Leistungen dieser Gesellschaften aus unserer Sicht vergleichsweise gering sein mögen, sind sie doch groß im Vergleich mit den Leistungen noch energieärmerer Gesellschaften. Ferner gibt es zwei Arten von sozialer Energie, die man expansiv und produktiv nennen kann und die sich in ihrem Wesen und ihrem Inhalt unterscheiden. Wenn wir nur von „großen Leistungen" oder „Zivilisation" sprechen, bringen wir beide leicht durcheinander. Es ist also notwendig, den psychologischen Befund so neu zu formulieren, dass er präziser und umfassender angewendet werden kann.

Zu den Leistungen extrem energiereicher Gesellschaften zählen territoriale Expansion, Eroberung, Kolonisation und Etablierung eines weitgespannten Handels. All diese und weitere derartige Vorgänge sind in meiner Terminologie Manifestationen von *expansiver* sozialer Energie. Eine Gesellschaft, die *produktive* soziale Energie entfaltet, entwickelt die Ressourcen ihrer Mitglieder weiter, und durch die Erweiterung ihres Wissens über das materielle Universum gestaltet sie die Natur nach ihrem Willen um. All diesen Errungenschaften liegt zwingend eine vorherige kognitive Kraftanstrengung zugrunde. Die Griechen zeigten eine produktive Energie, als sie die Akropolis verzierten und die Theaterkunst voranbrachten. Produktive Energie wurde durch die Mauren entfaltet, als sie Algebra und den Kompass erfanden, und durch die Westeuropäer, die zunächst die Dampfmaschine, dann die Elektrizität und schließlich die kabellose Kommunikation entwickelten. Auf gleiche Weise sind alle Anwendungen dieser Entdeckungen, mittels derer man beispielsweise unter Wasser und über den Wolken reisen kann und dergleichen, Ergebnisse produktiver sozialer Energie. In diesem Sinn verwende ich den Terminus „soziale Energie". Ich beziehe mich nicht auf die nutzlose Energie, die in Bestsellern im gegenwärtigen Streben nach Hast und Geschwindigkeit ausgemacht wird.

In den Aufzeichnungen menschlicher Kultur gibt es keine Spur einer Entfaltung von produktiver Energie, der keine vorherige Entfaltung von expansiver Energie vorangegangen wäre. Auch wenn beide Energieformen sorgfältig voneinander unterschieden werden müssen, waren sie in der Vergangenheit in dem Sinn miteinander verbunden, dass sich die eine aus der anderen Form heraus entwickelt hat. Eine Gesellschaft, die produktive Energie entfaltet, verfügt über eine rationalistische Kultur, während expansive Energie typischer ist für deistische Gesellschaften, oder eine deistische Schicht einer rationalistischen Gesellschaft.

4.3 Die Ursache sozialer Energie

Sowohl Rivers als auch Freud scheinen die sexuelle Energie für identisch mit der sozialen Energie zu halten, da sie von einer „Aufspaltung" der sexuellen Energie in verschiedene Kanäle sprechen. Es ist jedoch nicht klar, ob es die sexuelle oder die aus dem emotionalen Konflikt entstehende Energie ist, die sich ihrer Meinung nach aufspaltet. Rivers drückt sich so aus: „Es ist eine interessante Frage, woher die Energie kommt, die sich in Kunst, Literatur und Wissenschaft ausdrückt. Es gibt zwei Hauptmöglichkeiten: Die erste besagt, dass sie sich von angeborenen Neigungen ableitet, denen es durch die Einwirkung maßgebender Kräfte nicht gelungen ist, ihren natürlichen Ausdruck zu finden. Die andere besagt, dass die entstehende Energie durch den Konflikt zwischen den beherrschten und den beherrschenden Kräften ansteigt." Rivers selbst ist der zweiten Auffassung zugeneigt. „Viele pathologischen Tatsachen", behauptet er, „und besonders die allgemeine Verminderung physischer Energie, die mit vielen neurotischen Formen einhergehen, weisen auf die Wahrheit der zweiten Möglichkeit hin."[155] Es sei jedoch darauf hingewiesen, dass sich diese zwei Möglichkeiten nicht gegenseitig ausschließen, sondern komplementär ergänzen. In beiden Fällen leitet sich die Energie von einer angeborenen Neigung ab und ihre Intensität erhöht sich durch einen emotionalen Konflikt.

Die Versuchung ist groß, diese Hinweise zu akzeptieren und sie als allgemeine kulturelle Gegebenheit zu übernehmen. Das wäre jedoch ein Vorgehen, das auf sehr unangemessene Weise eklektizistisch wäre. Nicht alle Psychologen nämlich wären damit einverstanden. Tatsächlich gibt es eine Denkschule, die durch die Psychologie C. G. Jungs

---

und die Philosophie H. Bergsons vertreten wird und die darauf besteht, dass sowohl das Begehren als auch die Fähigkeit soziale Energie zu entfalten der menschlichen Seele inhärent ist. Die Seele erachten sie für eine Synthese gegensätzlicher Kräfte. Trotzdem erwägen sie, dass soziale Energie nur unter den Bedingungen sexueller Keuschheit entfaltet werden kann. Sie behaupten, dass die Ausübung sozialer Energie von den Umständen der kulturellen Umwelt abhängig ist, die Energie jedoch nicht durch einen emotionalen Konflikt hervorgebracht wird. Sie ist eher eine Manifestation eines mächtigen Lebensimpulses (*elan vital*), der unablässig nach neuen Möglichkeiten der Verwirklichung und kreativen Hervorbringung strebt.

„In der Natur", schreibt Jung, „sehen wir nur einen Lebenswillen, der durch die Erhaltung des Individuums die Neuerschaffung der ganzen Art erreicht." Diese zwingende Kraft, erwägt er, manifestiert sich auch in den Produkten der menschlichen sozialen Energie. Sie folgt ihrem eigenen Entwicklungsprinzip und bedient sich der äußeren Umstände nur insofern, als sie mit diesem Prinzip in Einklang gebracht werden kann. In der menschlichen Gesellschaft funktioniert dies am besten, wenn die Sexualität von ihrer ursprünglichen Bestimmung abgelenkt wird und sich „aus dem sexuellen Gebiet in naheliegende Bereiche" umgeleitet wird. „Wenn diese Operation ohne Schaden bei der Anwendung auf das Individuums gelingt", behauptet Jung, „nennt man das Sublimierung."[156]

Offenkundig wird die Ursache sozialer Energie von diesen Vitalisten anders beleuchtet als von den Anhängern Freuds und Rivers'. Wir müssen uns jedoch daran erinnern, dass die Psychologen, indem sie ihre Erwägungen anstellten, ihre psychologischen Schlüsse einfach auf kulturelle Gegebenheiten anwendeten. Sie legten keine ethnologischen oder kulturellen Tatsachen als Belege vor, und aus unserer Sicht ist dieses Versäumnis aussagekräftig, zeigt es doch, dass sie ausschließlich auf der Basis psychologischer Einsichten reflektiert haben, dass es eine Verbindung zwischen der Verminderung sexueller Freizügigkeit und der Entfaltung sozialer Energie gibt. Wenn wissenschaftliche Erkenntnisse jedoch als Begründung einer allgemeinen Theorie verwendet werden, gelangt man als Forscher an einen Punkt, an dem man sein eigenes Fachgebiet verlassen muss, und sobald man es tut, zeigt sich der Einfluss des eigenen Temperaments.

---

[156] siehe C. G. Jung, Psychology of the Unconscious, S. 145, 150; J. H. van der Hoop, Character and the Unconscious, S. 102 f. und öfter; C. Lloyd Morgan, Instinct and Experience, S. 50 f.

5. Zwischenbilanz

Durch das Überdenken psychologischer Vermutungen und Schlussfolgerungen hat sich die Reichweite unserer Studie erweitert. Anstatt
unsere Aufmerksamkeit nur auf unzivilisierte Völker zu begrenzen,
wurden wir gezwungen bestimmte Annahmen zu machen, die auf
alle menschlichen Gesellschaften angewendet werden können, oder
jedenfalls auf die Gesellschaften, die soziale Energie entwickeln können. Zwar riskiert man, abgelenkt zu werden, statt sich auf das eigentliche Ziel zuzubewegen. Der beste Weg, sich wieder auf die angestrebte
Richtung auszurichten, besteht darin, die Erkenntnisse, die sich erge-
ben haben, zusammenzufassen, auch unter dem Risiko etwas zu
überspitzen.

Zu Beginn nahm ich an, dass das erste Ziel darin bestehen sollte,
die Fakten zu sammeln, zu klassifizieren und zu präsentieren. Menschliche Gesellschaften teilte ich in zivilisierte und unzivilisierte ein.
Gemäß der Qualität und Quantität des zugänglichen Quellenmaterials
über deren Kultur, machte ich 80 unzivilisierte Gesellschaften zum
Gegenstand einer eingehenden Untersuchung und klassifizierte sie
dahingehend, auf welche Weise sie eine Verbindung mit der sich im
Universum manifestierenden Macht (oder den Mächten) aufrechterhalten. Jede dieser Gesellschaften wurde in den gleichen Bezugsrahmen
eingefügt, und die passenden Fakten wurden mithilfe von Zeichen in
einer Nachweistafel präsentiert, die anschließend analysiert und
ausgewertet wurde. Aufgrund einer Untersuchung der Einträge
erkannten wir, dass es bei unzivilisierten Völkern höchstwahrschein-
lich einige Verbindungen zwischen sexuellen Möglichkeiten und dem
kulturellen Zustand gab:

(a) Voreheliche sexuelle Freizügigkeit ging mit einem zoistischen
kulturellen Zustand einher; und umgekehrt erlaubten alle zoistischen
Gesellschaften voreheliche sexuelle Freizügigkeit.

(b) Eine unregelmäßig verpflichtende oder gelegentliche Keuschheit ging mit einem manistischen kulturellen Zustand einher; und
umgekehrt bestanden alle manistischen Gesellschaften auf einer unre-
gelmäßigen oder gelegentlichen Keuschheit.

(c) Voreheliche Keuschheit ging mit einem deistischen kulturellen
Zustand einher; und umgekehrt bestanden alle deistischen Gesellschaften auf vorehelicher Keuschheit.

Die Fachbegriffe, auf denen die Klassifikation basiert (zoistisch, manistisch, deistisch, Freizügigkeit, gelegentliche und generelle voreheliche

Keuschheit), wurden auf die erforderlich stringente Weise definiert. Anschließend habe ich in Auseinandersetzung mit der entsprechenden Literatur die Fakten festgehalten, die in der Nachweistafel verdichtet präsentiert werden. Zugleich war ich bestrebt, einige der Fehldeutungen zu korrigieren, die (a) durch die Klassifikation der Gesellschaft gemäß ihrer Glaubensüberzeugung, und (b) durch die Übersetzung der ursprünglichen Ausdrücke in Sprachen zivilisierter Gesellschaften entstanden. Ebenso versuchte ich zu zeigen, dass einige Theorien evolutionstheoretischer oder anderer Art unhaltbar sind, weil sie aus den Fehldeutungen (a) und (b) entstanden sind.

Das zweite eingangs festgelegte Ziel war, das Quellenmaterial so genau wie möglich zu sichten, damit einige nachvollziehbare Annahmen getroffen werden können bezüglich der Art, wie die zusammenhängenden Phänomene miteinander verbunden sind. Folglich konzentrierte ich mich im Folgenden auf das kulturelle Material. Aus einer Analyse und Begutachtung dieser Quellen resultierten die folgenden Fakten:

(a) Die Kultur unserer 80 Gesellschaften (47 zoistische, 21 manistische, zehn deistische und zwei unsichere) wurde auf der gleichen Basis gegründet, der Vorstellung einer wundersamen Qualität oder Macht, die sich in etwas Außergewöhnlichem oder Transzendentem manifestiert. In einer zoistischen Gesellschaft war diese Qualität die Macht im Universum. Einem außergewöhnlich begabten Mann wurde zugeschrieben, über diese zu verfügen. Der Ort, an dem die Menschen ihre Opfer darbrachten, war der Ort, in dem sich diese Qualität manifestierte. Ein solcher Ort wurde als ein „außergewöhnlicher" betrachtet, entweder (1) weil er eine auffallende Charakteristik aufwies, oder (2) etwas Außergewöhnliches dort geschah, oder (3) weil dort ein Magier begraben wurde. Viele Gesellschaften verwendeten das Wort, das die Macht im Universum bezeichnete, entweder für die Leichen oder die Geister eines bedeutenden toten Mannes. Eine solche Gesellschaft habe ich als eine beschrieben, die eine egalitäre Konzeption aufweist.

(b) Unter den manistischen Gesellschaften trat eine gewisse Unterschiedlichkeit auf. Diese zeigte sich an den Empfängern von Opfergaben, im Zweck der Opfer und in der Ausgestaltung der Orte, in denen die Opferungen durchgeführt wurden. Die Macht im Universum war immer noch jene geheimnisvolle Macht, die sich in irgendetwas Außergewöhnlichem oder Transzendentem manifestierte. Die Basis der magischen Kraft war immer noch die Verfügung über außergewöhnliche Eigenschaften. Aber die Opferungen, die für ein herausgehobenes Stammesmitglied während seiner Lebenszeit gemacht wurden, sei es als Dank für eine gewährte Hilfe oder als Mittel zur Abwendung einer Gefahr, wurden nach dessen Tod fortgeführt. Die Durchführung dieser Opferung scheint mit einer Ausweitung des kulturellen Gedächtnisses und einer kognitiven Kraftanstrengung einhergegangen zu sein. Die Ausgestaltung der heiligen Orte legt die Inanspruchnahme einer Energie nahe, die zoistischen Gesellschaften fehlte. Daher scheint der Wechsel von einem zoistischen in einen manistischen Zustand infolge eines Faktors vonstatten gegangen zu sein, der ein intensiviertes Denken und Reflexionsvermögen sowie ein erhöhtes Energielevel hervorgebracht hat. Dieser Faktor ist in manistischen Gesellschaften präsent, während er in zoistischen Gesellschaften nicht vorhanden ist. Das Ergebnis war, dass die voreheliche sexuelle Freizügigkeit manistischer Gesellschaften geringer war als die der zoistischen Gesellschaften. In zwei Fällen, bei den Schilluk und den Bewohnern der südöstlichen Solomonen, wurde besonders berühmten Toten länger gedacht als in allen anderen manistischen Gesellschaften. Die postmortalen Riten dieser beiden Gesellschaften partizipierten an der Tendenz der Kulte, sich auszuweiten. Die Orte, an denen die Opferungen durchgeführt wurden, schmückten sie intensiver aus. Daher scheint es, dass in diesen beiden Gesellschaften der für den kulturellen Wandel verantwortliche Faktor stärker ausgeprägt war als in anderen manistischen Gesellschaften. Dies lag daran, dass der Verpflichtungscharakter vorehelicher Keuschheit stärker war als der ihrer manistischen Nachbarn.

(c) Bei den zehn deistischen Gesellschaften wurde der besonders berühmten Toten über eine noch längere Periode gedacht als unter den beiden erwähnten manistischen Gesellschaften. Der Ort, an dem eine richtige Verbindung zu ihnen gepflegt wurde, wurde noch weiter ausgestaltet. Die Kultstätten dieser deistischen Völker waren Ausbauten von Grab- oder Gedenkstätten, die von manistischen Gesellschaften errichtet worden waren. Folglich scheint der Wechsel von einem manistischen zu einem deistischen Zustand dem des Wechsels vom zoistischen zu einem manistischen Grundmuster zu entsprechen. Der Faktor, der Denken und Reflexionsvermögen sowie das Energielevel hervorbringt, war unter ihnen noch stärker ausgeprägt als unter allen manistischen Gesellschaften. Das Ergebnis war, dass unter allen diesen deistischen Gesellschaften die Frauen zu vorehelicher Keuschheit gezwungen wurden, d. h. dass die voreheliche sexuelle Freizügigkeit deistischer Gesellschaften geringer war als die jeder manistischen Gesellschaft. Zweifellos war die Kultur dieser zehn deistischen Gesellschaften eine Weiterentwicklung des manistischen Zustands, aber, wie wir erkannt haben, war so ein Entwicklungsverlauf nicht unausweichlich. Für eine zoistische Gesellschaft ist es möglich, deistisch zu werden ohne dazwischen manistisch zu sein, vorausgesetzt, der Faktor, der den deistischen Zustand hervorruft, kommt zum Tragen. Darüber hinaus ist es für eine deistische Gesellschaft genauso möglich zoistisch zu werden, wie dies umgekehrt geschehen kann. Der Abstieg von einem deistischen Zustand wird durch die Abwesenheit des Faktors verursacht, der ihn zuvor hervorgerufen hat. Der kulturelle Prozess ist keine Einbahnstraße. Die Belege bezüglich einer Degeneration unter unseren 80 unzivilisierten Gesellschaften sollten jedenfalls nicht vergessen werden.

Nachdem die Analyse und Begutachtung des kulturellen Quellenmaterials abgeschlossen war, schritten wir weiter zu unserem dritten Ziel. Wir konsultierten die entsprechenden psychologischen Autoritäten, um herauszufinden, ob es nach den Ergebnissen ihrer Untersuchungen irgendeine Verbindung zwischen der Reduktion sexueller Möglichkeiten und der Hervorbringung und Intensivierung von Denk- und Reflexionsvermögen sowie von sozialer Energie gibt. Dies war erforderlich, weil wir keine Experimente durchführen konnten, um die Stichhaltigkeit der Schlussfolgerungen aus unseren Einträgen in der Nachweistafel zu überprüfen. Wir fanden heraus, dass es einen eindeutigen und sicheren Beleg für diesen Effekt gibt. Daher nahm ich an, dass die Reduktion sexueller Möglichkeiten der Grund war für einen kulturellen Wandel.

In diesem Zusammenhang muss das Wort „Grund" im Sinn von „unmittelbarer Grund" verstanden werden. Damit ist jedoch eine Voraussetzung verbunden, die, wenn auch gestützt durch Quellenmaterial, nicht leicht zugestanden werden kann, nämlich dass jede menschliche Gesellschaft dazu fähig ist, soziale Energie zu entfalten. Es ist zwar unwahrscheinlich, aber doch möglich, dass manche Vertreter der Spezies Homo sapiens nicht über eine solche ihnen inhärente Kraft verfügen oder nicht über sie verfügt haben. Sollte dies angenommen werden, kann die verpflichtende Keuschheit nicht als unmittelbarer Grund eines kulturellen Wandels betrachtet werden; vielmehr wäre sie dann ein wesentlicher mitwirkender Faktor. Zudem, wenn diese Schlussfolgerungen auf eine spezifische Gesellschaft angewendet werden, die aufgrund von anderen Belegen zweifelsfrei fähig ist soziale Energie zu entfalten, dann muss die verpflichtende Keuschheit als unmittelbare Ursache eines gesellschaftlichen Fortschritts angesehen werden. Jede Ausweitung sexueller Möglichkeiten muss dann immer die unmittelbare Ursache eines kulturellen Niedergangs sein.

Die verpflichtende Keuschheit kann in keiner Weise als letzte oder endgültige Ursache für einen Fortschritt oder Verfall angesehen werden.

Aus einem Studium kompetenter psychologischer Autoritäten erfuhren wir außerdem, dass in einer entwickelten Gesellschaft das Bewusstsein einer Person von einem unbewussten Element beherrscht wird. Letzteres nimmt in der frühen Kindheit Gestalt an. Dies führte zu drei Schlussfolgerungen:

(a) Unter den zufälligen Umständen, die bisher hinsichtlich des menschlichen Miteinanders vorherrschten, kann ein kultureller Wandel nicht schneller als in einem Jahrhundert abgeschlossen werden. Oder anders gewendet: Die Ausweitung oder Begrenzung sexueller Möglichkeiten, sei es in der ganzen Gesellschaft oder nur einer Gesellschaftsschicht, entfaltet ihren vollen kulturellen Effekt erst nach hundert Jahren.

(b) Bezüglich des kulturellen Zustands sind die sexuellen Möglichkeiten von Frauen ein bedeutsamerer Faktor als die der Männer.

(c) In wissenschaftlicher Hinsicht kann ein Einzelner nicht unabhängig von der Gesellschaft, von der er ein Mitglied ist, betrachtet werden. Das herrschende kollektive Unterbewusstsein weist einen sozialen Charakter auf.

Des Weiteren haben wir erkannt, dass der Besitz eines freien Willens, ob er nun eine Illusion ist oder nicht, die Gesetzmäßigkeit der Schlussfolgerung über den kulturellen Prozess nicht beeinträchtigt.

Nun können wir den Sachverhalt in einer allgemeingültigen Begrifflichkeit und so, dass die Schlüsse auf jede menschliche Gesellschaft jeder Zeit angewendet werden können, festhalten. An diesem Punkt nehme ich die 16 zivilisierten Gesellschaften in das Blickfeld meiner Überlegungen. Wenn ich diese diskutiere, dann sollte ich die Bedeutung des Terminus „kultureller Zustand" so erweitern, dass er ihre Methoden der politischen Organisation einschließt. Ich erinnere daran, dass dies auch meine ursprüngliche Absicht war, und dass die Definition eingeengt werden musste aufgrund der unbefriedigenden Qualität des Quellenmaterials hinsichtlich der politischen Institutionen unzivilisierter Gesellschaften.

6. Gesetzmäßigkeiten des zwischenmenschlichen Verhaltens

6.1 Die Eigentümlichkeit des zwischenmenschlichen Verhaltens

Wir gehen sehr fahrlässig mit dem Begriff „Entwicklung" um. Wörtlich bedeutet er eine Entfaltung oder ein Erscheinen in ordnungsgemäßer Abfolge. Doch nachdem er auf das sukzessive Entstehen unterschiedlicher biologischer Arten auf der Erde angewendet wurde, wurde er zu einem Fachterminus – was er ursprünglich nicht war. Er wird noch immer in seiner wörtlichen Bedeutung auf jede Abfolge von schrittweise erfolgenden Erscheinungen angewendet, beispielsweise im kulturellen Prozess; aber wir haben uns so sehr an seine Bedeutung als Fachterminus gewöhnt, dass wir durch einen eigenartigen gedanklichen Impuls alle schrittweisen Erscheinungen dem Wirken jener Kräfte zuschreiben, von denen wir annehmen, dass sie für das schrittweise Erscheinen biologischer Arten verantwortlich sind. Auf diese Weise wurde die innere Entwicklung des Menschen den gleichen Kräften zugeschrieben wie die, die seine körperliche Beschaffenheit hervorgebracht haben. Eine Vorstellung muss jedoch im Licht der Fakten betrachtet werden und nicht losgelöst davon. Hätten wir nicht den gleichen Begriff „Entwicklung" auf beide Prozesse angewendet, wären sie nie durcheinandergebracht worden.

Die Verwendung des Begriffs „Entwicklung" auf den kulturellen Prozess ist des Weiteren verantwortlich für ein anderes verheerendes Vorurteil. Die menschliche Spezies ist die am höchsten entwickelte, die bisher auf der Erde erschienen ist; und soweit wir sagen können, geschah die Entstehung des Menschen später als die anderer Lebewesen. Aus dem Grund wurde der biologische Prozess als ein fortschreitender Vorgang in eine Richtung verstanden, in der sukzessive immer höhere Formen von Lebewesen entstehen. Das Ergebnis ist, dass auch der kulturelle Prozess auf die gleiche Weise betrachtet wird. Wenn wir jedoch unsere Schlüsse allein auf Basis des kulturellen Datenmaterials ziehen, erkennen wir, dass der kulturelle Prozess in der Vergangenheit aus einer langen Serie von Veränderungen bestand, aus Aufstiegen wie Niedergängen. Auf keinen Fall kann er als fortwährend ansteigende Linie dargestellt werden. Es gab keinen langen, langsamen und allmählichen Prozess in Richtung höherer Gegenstände. Verschiedene menschliche Gesellschaften haben zu verschiedenen Zeiten verschiedene Positionen auf der kulturellen Skala eingenommen, nicht mehr und nicht weniger.

Das Gefühl eines sich unablässig steigenden kulturellen Prozesses wurde durch unsere eigene Einstellung gegenüber unserer spezifischen Kultur bestärkt. Es besteht Grund zur Annahme, dass unsere eigene Kultur in gewisser Weise reichhaltiger ist als die jeder bekannten früheren Kultur. Das ist eine wohlbekannte, aber oft überschätzte Tatsache. In Verbindung mit einer verständlichen Egozentrik hat sie eine irrationale Einstellung bezüglich der Veränderungen unserer eigenen Kultur hervorgebracht. In der Überzeugung, dass der kulturelle Prozess eine progressive Entwicklung nimmt und unsere eigene Kultur die am meisten entwickelte aller Kulturen ist, gehen wir davon aus, dass jede Veränderung unseres kulturellen Zustands ein Zeugnis einer kulturellen Verbesserung ist. Alles Nachfolgende wird als aufgeklärter und fortschrittlicher betrachtet. In kultureller Hinsicht hält sich der Mensch des 20. Jahrhunderts für „entwickelter" als der Mensch des 19. Jahrhunderts; und man nimmt an, dass der Mensch des 21. Jahrhunderts entwickelter sein wird als der des 20. Jahrhunderts usw.

Das ist eine reizende und angenehme Doktrin. Solange sie aber nicht zurückgewiesen wird, können wir weder unsere eigene Kultur noch die jeder anderen Gesellschaft verstehen. Sie beeinträchtigt viele unserer historischen Urteile und verursacht Chaos in unserem Bemühen, die Kultur vergangener Gesellschaften zu verstehen.

Wenn wir eine Gesellschaft untersuchen, die als organisiertes Gemeinwesen nicht mehr existiert, und wir etwas entdecken, was wir selbst eingeführt haben, sprechen wir von einer zivilisierten Gesellschaft. Manchmal applaudieren wir auch der Einführung bestimmter Sitten in unserer eigenen Gesellschaft und halten die neuen Bräuche für aufgeklärter, während wir sie in der Kultur einer anderen Gesellschaft als dekadent abqualifiziert hätten. Aber das bringt uns nicht in Verlegenheit. Wir schreiben einfach die Geschichte dieser Gesellschaft um. Wir beurteilen die Entwicklung einer anderen Gesellschaft immer im Vergleich zu unserer eigenen. Manchmal entdecken wir, dass eine antike Gesellschaft eine Veränderung erfahren hat, die wir vor kurzem selbst erfahren haben. Wir schenken dieser merkwürdigen Parallele Aufmerksamkeit und stellen von oben herab fest, wie zivilisiert diese antiken Menschen waren. (Zugegebenermaßen ist der vage Gebrauch des Begriffs „zivilisiert" für einen guten Teil des schwammigen Gedankens verantwortlich: Im Kern ist das Wort bedeutungslos, es tarnt sich nur als Fachbegriff.)

Wir vergessen ganz, dass es noch eine andere Sichtweise gibt. Im Studium des zwischenmenschlichen Verhaltens müssen wir die egozentrische Perspektive im Studium des zwischenmenschlichen Verhaltens verlassen. Wir sind alle Mitglieder einer Gesellschaft, in die wir hineingeboren wurden. Wir haben uns an gewisse Ideen und Institutionen gewöhnt. Wie die Mitglieder aller Gesellschaften erachten wir diese Ideen und Institutionen für normal und natürlich, und wir halten es für befremdlich, dass Menschen anders denken oder sich anders verhalten. Dieses Befremden über das Verhalten anderer existiert aber nur in unseren Köpfen. Wir erlauben unseren Gedanken, von der Zufälligkeit unserer ererbten Tradition beherrscht zu werden. Für Menschen anderer Kulturen sind wir genauso befremdlich wie sie uns.

Aufgrund des Zufalls, in eine bestimmte Gesellschaft hineingeboren zu sein, haben wir eine bestimmte Methode angenommen, die menschliche Kultur zu bewerten; aber es gibt keinen Grund für die Annahme, dass es die richtige Methode ist. So wie die Länge unseres Metermaßes und das Volumen unserer Bierkrüge von unseren Gepflogenheiten abhängig sind, so sind es auch die Maßstäbe unserer kulturellen Urteile, besonders die Maßstäbe moralischer Urteile. Zudem sind diese auch von der Zeit abhängig, in die wir geboren wurden. Ein Mitglied einer anderen Gesellschaft oder ein Mitglied unserer Gesellschaft in einer anderen Epoche unserer Geschichte würde die Begriffe „zivilisiert" und „aufgeklärt" für Ideen und Institutionen verwenden, die wir heute gering schätzen; Neuerungen, die uns als Gipfel der Menschlichkeit erscheinen, würde er als verkommen verdammen. Mit unserer gegenwärtigen Methode werden künftige Generationen uns entweder für dekadent oder aufgeklärt halten, je nach ihren eigenen Vorstellungen.

Wenn wir ein vernünftiges Verständnis des kulturellen Prozesses erreichen wollen, müssen wir einen Rahmen annehmen, der zu den Kulturen aller Gesellschaften zu allen Zeiten passt. In ihm müssen wir unsere eigene Kultur neben den anderen verorten und die beobachteten Veränderungen in unserem kulturellen Zustand gemäß den bereitgestellten Definitionen festhalten. Aus diesem Grund habe ich mein erstes Kapitel mit „Der Bezugsrahmen" überschrieben. Darin habe ich die Maßstäbe definiert, mit denen die zur Diskussion stehenden Kulturen bewertet werden sollen. Entscheidend ist, unsere eigene kulturelle Entwicklung mit den gleichen Maßstäben zu vermessen wie jede andere Kultur auf Erden.

Um die Einflüsse unserer Erziehung und Umwelt auf unsere Urteile zu beseitigen, schlage ich vor, den kulturellen Prozess aus der Perspektive eines Beobachters außerhalb der Galaxis zu untersuchen. Von unserer freischwebenden Position aus, unbeeinflusst von der herrschenden Atmosphäre, die die Gedanken der Menschen unten kontrolliert, können wir die Erde auf ihrer kosmischen Reise um die Sonne verfolgen. Während die Erde sich dreht, entdecken wir auf ihrer Oberfläche eine Vielzahl menschlicher Gesellschaften. Unwillkürlich sind wir fasziniert von den Unterschieden zwischen ihnen. Die Mitglieder der einen Gesellschaft scheinen lethargisch zu sein: Sie lachen, wenn sie wohlgenährt sind, knurren missmutig, wenn sie hungrig sind, und befriedigen ihre tierischen Triebe, wenn ihnen danach ist. Andere sind mit allerlei Aktivitäten beschäftigt; sie errichten Tempel, stellen Heere auf, bauen Schiffe und Städte, erfinden Maschinen zu ihrem eigenen Nutzen, schreiben Bücher und Briefe und durchstreifen die ganze Gegend auf der Suche nach neuen Entdeckungen.

Während die Erde sich immer weiter dreht, verändern sich diese Zustände. Generell gesagt leben die Trägen ihr blasses Leben unbehelligt weiter, aber gelegentlich sprengt eine bis dahin unbedeutende Gruppe ihre Grenzen und besiedelt neue Länder. Gleichzeitig werden viele schwerfälligen Gesellschaften von ihren energiereicheren Nachbarn erobert. Gesellschaften, die einst geschäftig waren, scheinen unter einem Nachlassen von Mut und Kraft zu leiden. In manchen Fällen erschlaffen sie und ihre Energie verschwindet so geheimnisvoll wie sie entstanden war. In anderen Fällen steigt die Energie ihrer Nachbarn an; sie erheben sich und überrollen das Land derer, deren Werke wir einst bewundert haben.

Obwohl die Aktivitäten dieser kraftvollen Gesellschaften von einem allgemeinen Standpunkt aus immer in einem gewissen festumrissenen Grundmuster übereinstimmen, liegt innerhalb dieses Musters eine beträchtliche Vielfalt vor.

6.2 Die Wissenschaft zwischenmenschlicher Beziehungen

Die Annahme eines Determinismus wird bei zwischenmenschlichen Beziehungen manchmal lächerlich gemacht, da ihm unterstellt wird im Widerspruch zu den edelsten Bestrebungen des menschlichen Verstandes zu stehen; doch ich kann nicht nachvollziehen, warum dem so sein sollte. Wenn wir uns die Bedenken, die dieser Konzeption manchmal entgegengebracht werden, näher anschauen, müssen wir meines Erachtens zum Ergebnis kommen, dass es lediglich der Name ist, der Misstrauen und Abneigung hervorruft. Wenn man nämlich die Konzeption selbst unvoreingenommen bedenkt, scheint sie anders zu sein als das, was gemeinhin mit ihrem Namen verbunden wird.

In der Vergangenheit entfaltete sich die menschliche Energie zufällig, da die nötigen Bedingungen nur zufällig erfüllt wurden. Doch wie alle Naturkräfte können auch die für die Entfaltung menschlicher Energie relevanten durch den Menschen beherrscht werden. In Zukunft kann also eine Hochkultur oder jede andere Form von Kultur bewusst erschaffen werden. So wie Benzin seine potenzielle Energie in kinetischer Energie realisiert, wenn es in einem Zylinder verdichtet und entzündet wird, so kann auch die potenzielle Energie einer menschlichen Gesellschaft zu ihrer Entfaltung gebracht werden, in kleinerem oder größeren Ausmaß, für eine kurze oder lange Zeit oder sogar für immer. Die kulturelle Entwicklung einer jeden Gesellschaft kann gesteuert werden. Der Mensch kann die Regie über sein eigenes kulturelles Schicksal übernehmen.

Solange wir meinen, wir könnten unser Schicksal nicht selbst bestimmen, müssen wir stillhalten, während stärkere Mächte ihre Wirkung entfalten. Die Menschen sind dann lediglich Werkzeuge von Kräften, die ihnen mehr oder weniger gewogen sind.

Die zwischenmenschlichen Beziehungen wurden in der Vergangenheit nur historisch untersucht. Induktive Wissenschaftler sind nicht an der Vergangenheit von Phänomenen interessiert. Sie konzentrieren ihre Aufmerksamkeit auf die natürlichen Abläufe von Sachverhalten und streben danach, diese Abläufe in Form wissenschaftlicher Gesetze zu beschreiben. Bei den Gesetzen handelt es sich um Aussagen in allgemeiner Terminologie über die Zwangsläufigkeit (*ananke*), die die Abläufe bestimmt. Der Ablauf selbst ist wiederum abhängig von der dem Gegenstand inhärenten Natur. Als Ergebnis derartiger Forschungen kann sich der Mensch seiner Umwelt bemächtigen: Wir können selbstfahrende Fahrzeuge entwickeln, Schiffe bauen, die unter Wasser fahren, ein Mikrophon herstellen, das unsere Stimmen bis in die letzten Winkel der Erde verbreitet, und unzählige andere Maschinen konstruieren, die Annehmlichkeiten und Komfort ermöglichen. Wir verbinden einfach Teile der materiellen Welt in einer Weise, sodass die gewünschten Resultate entstehen. Die Abläufe treten dann zwingend ein: Sie liegen in der dem Gegenstand innewohnenden Natur, und die Maschine wurde nach dessen Gesetzmäßigkeiten gebaut.

In der induktiven Wissenschaft gibt es drei getrennte Gegenstände: Erstens die inhärente Natur der Dinge, zweitens das Verhalten, das aus dieser Natur hervorgeht, und drittens, das Gesetz, das diese Notwendigkeit in Worten wiedergibt. Der erste Gegenstand muss in Demut angenommen werden, der zweite ist Gegenstand des Wissenschaftlers, und der dritte ist eine Methode des Menschen, wie er die Kraft, die das Verhalten des Gegenstands bestimmt, in Worte übersetzt und ausformuliert, um uns zu ermöglichen, das künftige Verhalten des Gegenstands vorherzusagen. Nur zu diesem Zweck beschäftige ich mich mit der Vergangenheit.

Wenn nicht gewisse Bedingungen vorliegen, kann sich weder mentale noch soziale Energie entwickeln. Die Verstandeskraft und die potenzielle Energie sind getrennte Gegenstände der natürlichen Verfasstheit des Organismus. Dennoch sind sie im Einsatz untrennbar. Bevor soziale Energie aufgewendet werden kann, muss der Verstand zum Einsatz kommen. Bevor der Verstand Früchte hervorbringen kann, muss Energie auf ein ausgewähltes Objekt angewendet werden. Der Wandel der äußeren Erscheinung eines Objektes ist der einzige objektive Nachweis für das Vorhandensein von Verstand. Sowohl der Verstand als auch die soziale Energie werden durch das Wirken eines einzigen Faktors stimuliert und intensiviert, den kulturellen Zustand (in meinem Verständnis des Begriffs „Kultur") einer Gesellschaft zu einer bestimmten Zeit.

Er ist von der Menge der sozialen Energie abhängig, die sie hervorbringt. Die Verstandeskraft und die potenzielle Energie des Menschen können sich nur zeigen, wenn die sexuellen Triebe durch wirksame soziale Regeln kontrolliert werden. Die Menge an Energie und die Tiefgründigkeit des Verstands sind vom Ausmaß der Begrenzungen abhängig, die diese Regeln auferlegen. Wenn die verpflichtende Keuschheit stark ist, wird die Gesellschaft viel Energie entfalten, wenn sie schwach ist, wenig. Wenn sie überhaupt nicht vorhanden ist, kann keine Energie entstehen, sie bleibt Potenzial.

Doch damit ist noch nicht die ganze Wahrheit gesagt. Sobald die endogenen Neigungen eines Menschen durch Erfahrungen modifiziert werden, entsteht in ihm ein einflussreiches Unterbewusstsein. Generell gesagt wirken in ihm drei Faktoren: Erstens die Erfahrungen der frühen Kindheit mit den damit verbundenen Gefühlen; zweitens die Unterdrückung psychologischer Reaktionen auf ein Ereignis oder eine Person; und drittens die Unterdrückung angeborener Triebe. In menschlichen Gesellschaften wirken die Faktoren 2 und 3 in unterschiedlichem Ausmaß. Denn nicht in jeder menschlichen Gesellschaft wird verlangt, eine psychologische Reaktion zu unterdrücken, und verschiedene Gesellschaften fordern unterschiedliche Grade an sexueller Keuschheit ein.

Da das Unbewusste das Ergebnis früher Übungen und Erfahrungen ist und es einen prägenden Einfluss auf das bewusste Verhalten ausübt, ist der kulturelle Zustand jeder Gesellschaft zu jeder Zeit in einem gewissen Umfang von der Tradition abhängig, in der ihre Mitglieder erzogen wurden. Diese wiederum ist abhängig von der

Tradition, in der die vorangegangene Generation erzogen wurde, und so weiter bis zu den frühesten Anfängen einer Gesellschaft. Das Charakteristische einer überlieferten Tradition ist ihrerseits abhängig von der Menge an Energie, die die vorherige Generation entfaltet hat usw. In jedem Fall ist nun die Menge an Energie von der Intensität der verpflichtenden Keuschheit abhängig, die die sexuellen Vorschriften auferlegen.

Folglich gilt: *Der kulturelle Zustand einer jeden Gesellschaft in jeder beliebigen geographischen Umwelt wird durch ihre vergangenen und gegenwärtigen Methoden bestimmt, mittels derer die Beziehung zwischen den Geschlechtern reguliert wird.* Dies ist das erste Grundgesetz, das in allen menschlichen Gesellschaften wirksam ist.

Zwei Anmerkungen sind angebracht. Erstens bezieht sich das Gesetz nur auf die menschlichen Gesellschaften, die dazu in der Lage sind, Energie zu entfalten. In der menschlichen Natur ist diese Energie, wie bereits gesagt, potenziell vorhanden. Auch wenn die Belege für diese Annahme überwältigend zu sein scheinen, kann es sein, dass einzelne Mitglieder der menschlichen Spezies nicht derartig ausgestattet sind. Jedoch besaßen alle Gesellschaften, von denen wir über ein verlässliches Wissen verfügen, diese potenzielle Energie.

Zweitens habe ich behauptet, dass die Energie durch verpflichtende Keuschheit entsteht. Wenn die mentale und soziale Energie als Ergebnis von miteinander im Konflikt stehenden Emotionen angesehen wird, dann ist die Begrenzung sexueller Freizügigkeit deren unmittelbare Ursache. Wenn aber die beiden Energieformen nicht gleichgesetzt werden, können wir die Begrenzung sexueller Möglichkeiten nur als einen unentbehrlichen beisteuernden Faktor bei deren Freisetzung betrachten. Aus diesem Grund habe ich in meiner Formulierung des Gesetzes die Wörter „wird bestimmt" verwendet und nicht „wird verursacht". Allerdings gehe ich von körperlicher Gesundheit aus und setze beide Energieformen gleich. Das Folgende sollte im Licht dieser Annahme gelesen werden.

7. Historische Befunde

7.1 Die Babylonier und Sumerer

Die 1200 Jahre babylonischer Geschichte vor dem Tod König Hammurabis im 20. Jahrhundert v. Chr. werden gewöhnlich in vier Epochen eingeteilt. Zunächst finden wir Spuren der Sumerer, deren kultureller Aufstieg tief im Dunkel der Zeit liegt. Schritt für Schritt wurden sie durch Semiten aus der arabischen Wüste in den Süden gedrängt. Nach zwei Jahrhunderten sumerischen Wohlstands in Lagasch[157] erweiterten die Semiten ihren Einflussbereich über das ganze Land. Nach zwei Jahrhunderten semitischer Vorherrschaft kam es zu einem neuerlichen Aufstieg der Sumerer, offensichtlich von Lagasch ausgehend. Dieser hielt für etwas drei Jahrhunderte an, während der nach einer Phase der Anarchie das Land unter sumerischer Führung vereinigt wurde.

Danach entwickelte sich Babylon, bis dato eine unbedeutende Siedlung, zu einer großen und mächtigen Stadt. Es entwickelte sich ein reger Handel, Tempel wurden errichtet, wiederhergestellt und ausgeschmückt. Die Babylonier erweiterten ihren Herrschaftsbereich im Osten bis Elam und im Westen bis zur syrischen Küste, vom Persischen Golf im Süden bis nach Anatolien im Norden. Sie waren deistisch, monarchisch und absolut monogam. Drei Jahrhunderte, nachdem sie zum ersten Mal expansive Energie entfaltet hatten, wurden sie schwächer. Lokale Königreiche entstanden, und eventuell wurde das Land von den unkultivierten Kassiten dominiert, deren rohe Herrschaft widerstandslos ertragen wurde.

Der Beleg für den Wandel der nachehelichen Vorschriften kann im Kodex Hammurabi gefunden werden, veröffentlicht ungefähr im 35. Regierungsjahr des Namensgebers. Der Kodex stellt keine Ansammlung neuer Gesetze dar, die durch den Willen eines mächtigen Herrschers der Gesellschaft aufgezwängt wurden. Er ist eine Zusammenstellung von Verordnungen, die von Zeit zu Zeit erlassen wurden, um gesellschaftlichen Erfordernissen Rechnung zu tragen.

Der Kodex besteht aus drei Teilen: erstens den alten Gesetzen, zweitens einer Anzahl neuerer Gesetze, die auf den alten Prinzipien beruhen, und drittens einer Zusammenstellung von Gerichtsurteilen, die getroffen wurden, um speziellen Problemen zu begegnen. Wenn wir die älteren von den neueren Teilen trennen, können wir die Verän-

---

[157] antike Stadt in Südmesopotamien, heute südlicher Irak

derungen im Detail verfolgen, die die Babylonier einführten, um die Beziehungen zwischen den Geschlechtern zu regulieren.[158]

Die frühen Babylonier hielten ihre Gesetze für gottgegeben. Der Herrscher der Stadt galt als Sprachrohr Gottes. Daher konnte kein Gesetz annulliert werden. Es konnte nur durch spätere Erlasse des gleichen göttlichen Ursprungs modifiziert werden. Ähnliche Vorstellungen finden sich in der ganzen Geschichte.

Zunächst wurde eine Ehefrau durch die Zahlung eines *tirhatu* an ihre Eltern erworben. Sie war in jeglicher Hinsicht der Besitz ihres Ehemanns und besaß keine gesetzlichen Rechte. Wenn sie sich ihm verweigerte, wurde sie ertränkt. Ein solches Verhalten wurde als ein Vergehen nicht nur gegen ihren Ehemann, sondern auch gegen die Gesellschaft im Ganzen angesehen. Ein Ehemann konnte seine Frau verstoßen, wenn er wollte, und er konnte sie auch ganz verkaufen oder als Sicherheit für Schulden verpfänden. Ganz ähnlich waren die Kinder Eigentum ihrer Eltern; auch sie konnten verpfändet oder als Sklaven verkauft werden. Die Eltern arrangierten die Ehen all ihrer Kinder. Sie gaben ihre Töchter den Freiern, die ihnen Wertgegenstände übergaben. Jedes Kind konnte zu jeder Zeit und aus jedem Grund aus dem Haus verstoßen werden; ein Sohn, der seine Eltern ablehnte, wurde gebrandmarkt und verkauft.[159]

Das ist absolute Monogamie in ihrer strengsten Form. Schrittweise wurden diese Bedingungen in Richtung einer Erweiterung der sexuellen Freizügigkeit modifiziert. Zunächst wurde das Recht des Mannes, seine Frau oder sein Kind zu verkaufen eingeschränkt. Diese durften höchstens für drei Jahre verpfändet werden, im vierten Jahr waren sie frei. Später konnte dieses Pfandrecht komplett gestrichen werden, wenn eine entsprechende Klausel in den Ehevertrag eingefügt wurde. (Keine Ehe war ohne einen schriftlichen Vertrag gültig.) Die Bezahlung des Brautpreises (*tirhatu*) geriet außer Mode. Eventuell wurde der *tirhatu* eine reine Formalität, eine kleine Marke, die auf einem Teller präsentiert wurde. Väter begannen ihre Töchter mit einer Mitgift (*seriktu*) zu präsentieren.

---

[158] M. Jastrow, The Older and Later Elements in the Code of Hammurabi; L. W. King, History of Babylon, S. 160; H. R. Hall, The Ancient History of the Near East, S. 197; C. H. W. Johns, The Laws of Babylonia and the Laws of the Hebrew Peoples; D. G. Lyon, The Structure of the Hammurabi Code; S. H. Langdon, The Sumerian Law Code compared with the Code of Hammurabi.

[159] siehe M. Jastrow, a. a. O. und The Civilisation of Babylonia and Assyria, 302 f., 309; S. A. Cook, The Law of Moses and the Code of Hammurabi, S. 129; C. H. W. Johns, Babylonian and Assyrian Laws, Contracts and Letters, S. 41 f., 134, 148; L. Delaporte, Mesopotamia, S. 76, 80.

Später zahlte ein Ehemann einen Heiratspreis (*nudunnu*). Der *seriktu* und der *nudunnu* wurden immer als persönliches Eigentum der Ehefrau angesehen, das sie nur dann einbüßte, wenn sie sich fehlverhielt. Wie bereits gesagt wurde in den alten Tagen eine Verweigerung der Frau gegenüber dem Ehemann als ein Angriff auf die Gesellschaft angesehen: „Man soll sie in den Fluss werfen." – Noch später wurde der Ehefrau die Möglichkeit gegeben, ihre Abneigung vor Gericht zu rechtfertigen. Wenn sie für schuldlos befunden wurde, gestatte ihr das Gericht ihre Mitgift zu nehmen und zu ihrer Ursprungsfamilie zurückzukehren. Und es scheint, dass ein Mann, der seine Frau verstoßen wollte, seinen Fall vor Gericht vorlegen musste. Wenn sich die Frau fehlverhalten und ihre ehelichen Pflichten vernachlässigt hatte, konnte er sich entweder scheiden lassen, ohne sie zu entschädigen, oder sie der Sklaverei überantworten.[160]

Diese Vorschriften legten die eheliche Autorität fest. Die elterliche Autorität wurde auf ähnliche Weise begrenzt. Ein Vater musste ein Gericht anrufen, bevor er seinen Sohn enterben konnte. Das Gericht entschied, ob ein ausreichender Grund vorlag oder nicht. Doch was auch immer das Vergehen des Sohnes war: War es sein erstes, musste es geduldet werden. Darüber hinaus wurden die Töchter, die bisher Leibeigene gewesen waren, Rechtssubjekte. Kein Vater war verpflichtet, seiner Tochter eine Mitgift zu geben, und es scheinen Schwierigkeiten entstanden zu sein in Verbindung mit Töchtern, die nicht ausgestattet wurden und nicht heirateten. Um also alle Diskriminierungen zu beseitigen, wurde jeder Tochter ein Anspruch auf einen gewissen Besitz zugesprochen. Eine Tochter, die nachträglich mit einer Mitgift ausgestattet wurde, verlor entsprechend ihren Erbteil.[161]

Unter dem alten Recht konnte ein Mann seine Frau verstoßen, ob sie nun schuldig war oder nicht, ob sie Kinder hatte oder keine. Seine Macht war unumschränkt. Später mussten erst gewisse Formalitäten erfüllt werden. Es mussten finanzielle Ausgleiche geleistet werden. Die Sichtweise der Ehefrau wurde berücksichtigt. Für den Fall, dass sich ein Mann von seiner Frau, die ihm Kinder geboren hatte, scheiden ließ, schrieb der Kodex beispielsweise vor, dass er ihr die Mitgift zurückerstatten und sowohl sie als auch ihre Kinder ausreichend alimentieren musste. Wenn die Kinder aufgewachsen waren, erhielt

---

[160] Kodex Hammurabi, 117, 141-143, 151, übersetzt von C. H. W. Johns, Babylonian and Assyrian Laws, Contracts and Letters, S. 44-68. In neubabylonischer Zeit änderten *seriktu* und *nudunnu* ihre Bedeutung, siehe C. H. W. Johns, a. a. O., S. 131; L. Delaporte, Mesopotamia, S. 75.
[161] Kodex Hammurabi, 168 f.; M. Jastrow, a. a. O.

deren Mutter den gleichen Anteil an Besitz wie ein Sohn, und ihr stand es frei, einen Mann ihrer eigenen Wahl zu heiraten. Wenn sich ein Mann von einer unfruchtbaren Frau scheiden ließ, musste er ebenso die Mitgift zurückerstatten und sie mit einer Geldsumme entschädigen, die dem Brautpreis entsprach, den er ihren Eltern gezahlt hatte. Gab es keinen Brautpreis, musste er eine Zahlung in Höhe seines sozialen Status' leisten. Eine kranke Frau war durch das Gesetz vor der Laune ihres Ehemanns geschützt. Wenn sie wollte, konnte sie ihre Mitgift nehmen und gehen. Wenn sie es vorzog zu bleiben, stand ihr das ebenfalls zu, und ihr Ehemann war verpflichtet sie zu unterstützen – auch wenn sie nicht länger als seine Frau angesehen wurde und er sich wiederverheiraten durfte. Die Rechte einer Witwe wurden ebenfalls anerkannt und festgeschrieben. Sogar wenn ihre Kinder jung waren, konnte eine Witwe, wenn sie wollte, wieder heiraten. Sie brauchte dazu nur die Erlaubnis eines Gerichts, das den Besitz der Kinder dokumentierte und das Dokument der Frau und ihrem zweiten Ehemann zur treuhänderischen Aufbewahrung aushändigte. Falls sie nicht wieder heiratete, durfte sie weiterhin im Haus ihres geschiedenen Ehemannes wohnen. Ihre Söhne durften sie nicht ausquartieren, wenn sie sich untadelig verhielt. Ihre Mitgift und der Heiratspreis blieben immer in ihren Händen. Gab es keinen Heiratspreis, wurde der Witwe der Anteil eines Sohnes gegeben.[162]

Wir können nicht immer sagen, ob jeder Frau eine Wiederheirat erlaubt wurde. In den frühen Tagen könnte die Einwilligung des Ehemannes notwendig gewesen sein, wie im Fall von Schamaschrabi[163]. Spätere Wiederheiraten scheinen für selbstverständlich gehalten worden zu sein.[164]

Unklarheiten gibt es in der Übersetzung des Kodex zwischen „Konkubine" und „Magd", und zwischen „Ehefrau" und „Tempeldienerin". Manche Tempeldienerinnen durften kein Kind gebären.[165] Es ist unmöglich zu sagen, inwiefern die Verordnungen zum Konkubinat nur auf Männer angewandt wurden, die eine Tempeldienerin heirateten. Wer nicht mit den Subtilitäten der Keilschrift vertraut ist, kann keine präzise Meinung zum Konkubinat äußern. Sicher sind nur zwei Sachen: Erstens dass die Babylonier zunächst monogam lebten, und zweitens, dass später eine zweite Ehe die erste ungültig machte.[166] Der Fall

---

[162] Kodex Hammurabi, 138-40, 148 f., 171 f., 177.

[163] The Cambridge Ancient History, S. 525.

[164] Ein Beispiel gibt S. A. Cook, The Law of Moses and the Code of Hammurabi, S. 123.

[165] D. D. Luckenbill, The Temple-Women of the Code of Hammurabi, S. 1-12; D. G. Lyon, The Consecrated Women of the Hammurabi Code, Studies in the History of Religion, S. 341 ff.

[166] siehe auch A. H. Sayce, Babylonian and Assyrian Life and Customs, S. 27 ; E. Westermarck, The History of Human Marriage, S. 41. Beide Autoren betonen

einer Doppelehe (Bigamie), den James Frazer anführt[167], war einmalig. Frazers Interpretation zu ihr ist so nicht zulässig.

Ganz offensichtlich war die Frau in späterer Zeit ein gesetzlich geschütztes Individuum und eine völlig andere Person als die Leibeigene, die in früheren Zeiten geschützt wurde, um die Erben des Mannes versorgen, der sich die Rechte an ihr erworben hatte. Im Verlauf der Zeit erfuhr der Status aller Frauen, verheirateter wie unverheirateter, eine komplette Transformation. Als Hammurabi seinen Kodex veröffentlichte, genossen Frauen die gleiche soziale und rechtliche Stellung wie die Männer. Sie konnten Handel treiben, Verträge schließen, Eigentum besitzen und über ihre Güter so verfügen, wie sie wünschten. Vom Tag ihrer Hochzeit an hafteten Frauen genauso wie ihre Ehemänner für alle in der Ehe entstandenen Schulden. Die Beziehungen zwischen den Geschlechtern hatten sich sogar so sehr verändert, dass König Hammurabi – Ironie der Geschichte – den Ehemann vor seiner Frau schützen musste. Für den Fall, dass eine Frau vor ihrer Hochzeit Schulden eingegangen war, ordnete Hammurabi an, dass ihr Ehemann dafür nicht haftbar gemacht werden durfte und weder Zahlungen leisten noch ein Pfand hinterlegen musste.[168]

Die Gleichheit der Geschlechter und das völlige Verschwinden der alten absoluten Monogamie werden durch diesen Heiratsvertrag gut veranschaulicht: „Enlilidzu, Priester von Enlil, Sohn des Lugalazida, hat Amasukkal, Tochter der Nunurta-Mansi, geheiratet. Amasukkal brachte 19 Schekel Silber zu Enlilidzu. Wenn sich Enlilidzu von Amasukkal scheiden lässt, muss er die 19 Schekel Silber zurückgeben und zusätzlich eine halbe Mine zahlen. Wenn sich Amasukkal von Enlilidzu scheiden lässt, verliert sie die 19 Schekel Silber und sie muss eine halbe Mine zahlen. Im gegenseitigen Einvernehmen haben beide im Namen des Königs geschworen."[169]

Eine solche Heirat ist eine Verbindung zweier Individuen; sie wird geschlossen und gebrochen im beiderseitigen Einvernehmen. Das waren die Gewohnheiten der Babylonier gegen Ende von Hammurabis Regierungszeit. Emanzipation der Frauen, Recht auf Scheidung, Gleichheit der Geschlechter, Freiheit der Wahl und Abwahl des Sexualpartners hatten die ernste Strenge der absoluten Monogamie besiegt. Nach dem Tod Hammurabis wurden die Babylonier schwächer. Samsuiluna, sein Sohn und Nachfolger, verlor die Kontrolle über

den monogamen Charakter der babylonischen Ehe.
[167] J. G. Frazer, Folk-Lore in the Old Testament, Band 2, S. 264.
[168] Kodex Hammurabi, 151 f.
[169] Der Vertrag ist zitiert in: The Cambridge Ancient History, Band 1, S. 524.

die südlichen Provinzen. Die Hethiter überfielen das Land, raubten die reich ausgestatteten Tempel aus und kehrten mit der Beute in ihr eigenes Land zurück. Wenig später beherrschten die Kassiten die einst starke Hauptstadt. Die neuen Bewohner Babylons kamen aus Amurru. Sie reduzierten ihre sexuelle Freizügigkeit auf ein Minimum, entfalteten eine gewaltige Energie und blühten auf. Dann erweiterten sie ihre sexuellen Möglichkeiten und verloren an Bedeutung.

Vergleichbare Veränderungen traten auch in der Gesetzgebung der Sumerer auf. Wir besitzen einige Fragmente eines sumerischen Kodex', der verglichen mit dem alten sumerischen Familienrecht gut veranschaulicht, dass auf die Annahme laxerer sexueller Vorschriften unmittelbar die Unterwerfung durch die Babylonier folgte.

Am Anfang war die absolute Monogamie die Regel. Eine Ehefrau wurde durch eine Zahlung an ihre Eltern erworben. Die Heirat wurde von den Eltern der betroffenen Parteien arrangiert. Der Mann übte die unumschränkte Autorität über Frau und Kinder aus. Schrittweise wurden diese Bedingungen verändert. Wenn sich ein Mann beispielsweise mit einem Mädchen davonmachte, ohne ihre Eltern um Erlaubnis zu fragen, verletzte er die alte Ordnung. Später wurde erlassen, dass die Ausreißer als verheiratet zu betrachten sind, vorausgesetzt der Mann zahlte, was die Eltern verlangten. Der Geist der alten Regel wurde bewahrt, aber die neue Regel war ein Schritt hin zu einem Wandel der Ehe von einem Handelsgeschäft zwischen Eltern hin zu einer Verbindung, die auf gegenseitiger Übereinkunft beruhte. Auch die Autorität der Eltern veränderte sich. In den alten Tagen konnten die Eltern einen Sohn jederzeit ohne Angabe eines Grundes verstoßen. Sie mussten auch nicht die Versorgung des Jungen gewährleisten. Später konnte der junge Mann seinen Anteil des Familienbesitzes verlangen. Noch später durfte der Sohn sein Elternhaus verlassen, wann immer er wollte. Seinen Anteil des Familienbesitzes durfte er mit sich nehmen.

Wir besitzen nicht den kompletten Kodex, weshalb uns nicht alle Details der späteren Gesetzgebung bekannt sind. Aber in den Tagen der letzten unabhängigen Könige von Ur[170] scheinen die gleichen Bedingungen vorgeherrscht zu haben wie unter den Babyloniern in der Zeit von Hammurabi. Frauen, die zuvor keine Rechtssubjekte gewesen waren, waren zu freien und gleichberechtigten Bürgern geworden, die Eigentum besitzen, handeln, verwalten, kaufen und verkaufen durften. Ihnen wurde ein fest umrissener gesetzlicher Status zuerkannt, und sie durften in eigener Sache und in eigenem Namen ein Gericht

---

[170] sumerische Hauptstadt, heute im südlichen Irak (Anm. d. Ü.)

anrufen. Eine Ehefrau durfte sogar ihren Ehemann verklagen. Söhne und Töchter heirateten ohne die Zustimmung ihrer Eltern. Einen Ehebruch, der in den alten Tagen mit Ertrinken bestraft wurde, betrachtete man mit größerer Nachsicht.[171]

Auf die Einführung dieser Gewohnheiten folgte der Fall des großen sumerischen Volks. Bereits gegen Ende der Regierungszeit von Schulgi begehrten die Semiten auf. Später versuchte Gimilsin vergeblich sie mit dem Bau einer großen Mauer fernzuhalten. Die Sumerer befanden sich in einem rapiden Abstieg. Ihre energiereichen Tage waren vorbei. Als sie ihre sexuelle Freizügigkeit auf ein Minimum begrenzt hatten, hatten sie eine gewaltige Energie entfaltet und prosperierten. Dann erweiterten sie ihre sexuelle Freizügigkeit und verloren an Bedeutung.

Aus dieser Gegend liegt noch ein weiterer Beleg vor. In der Zeit vor der akkadischen Vorherrschaft, die dem sumerischen Wiederaufstieg vorangegangen war, war Lagasch eine reiche und mächtige Stadt, und sie gedieh. Nach einigen Generationen begannen die bekannten Symptome einer Degeneration zu erscheinen. Eine gewaltige Bürokratie entstand, Beamte und Priester beuteten die Armen aus. Öffentliche Mittel wurden unterschlagen und es gab eine massive Unterdrückung. Urukagina usurpierte den Thron und versuchte die Flut einzudämmen. Er stellte fest, dass das Band der Ehe in Misskredit geraten war. Ehebrüche grassierten für alle sichtbar. Die Habgier von Beamten und Priestern untergrub eine gerechte Ausübung der Gesetze. Urukagina führte gegen die Zügellosigkeit die alten strengen Strafen wieder ein. Um Verhaltensweisen zu beseitigen, die er als gefährlich ansah, „setzte er möglicherweise die ältere Gesetzgebung, die außer Gebrauch gekommen war, wieder in Kraft."[172]

Der Schaden jedoch war schon da. Lagasch fiel. Innerhalb eines Vierteljahrhunderts errichtete Sargon von Akkad eine semitische Vorherrschaft, die zwei Jahrhunderte andauern sollte. Nach dieser Zeit überrannten Horden von Barbaren aus Gutu-um[173] das Land, plünderten und verwüsteten es. Es folgte der bereits erwähnte sumerische

---

[171] siehe C. H. W. Johns, Babylonian and Assyrian Laws, Contracts and Letters, S. 39-43 (für das alte sumerische Familienrecht); S. H. Langdon, The Sumerian Law Code compared with the Code of Hammurabi; A. T. Clay, Sumerian Prototype of the Hammurabi Code (für den sumerischen Kodex); S. A. Cook, The Law of Moses and the Code of Hammurabi, S. 135 (für Vater-Sohn-Konflikte); F. Pelagaud, Jurisdiction in the days of the Kings of Ur (für die sozialen Bedingungen in Ur).
[172] L. W. King, History of Sumer and Akkad, S. 183 f.
[173] Region im iranischen Hochland (Anm. d. Ü.)

Wiederaufstieg. Es scheint die Stadt Lagasch gewesen zu sein, in der die alten restriktiven Gesetze wiedereingeführt wurden, die die neue Epoche inspiriert zu haben scheint.

7.2 Die Athener

Wenn wir von den Volksgruppen sprechen, die gegen Ende des zweiten vorchristlichen Jahrtausends Griechenland bewohnten, müssen wir sorgfältig zwischen den verschiedenen Gesellschaften unterscheiden, in die sie sich aufsplitteten: die Achaier, Dorer, Ionier und Aioler. Das Konzept eines geradlinig verlaufenden kulturellen Prozesses hat die Geschichte Griechenlands verzerrt. Die verhältnismäßig hohe Stellung der Frauen in der Ilias und der Odyssee wurde mit ihrer niedrigeren Stellung im Athen des 5. Jahrhunderts verglichen, und Historiker haben diese Tatsachen als Hinweise interpretiert, dass sich die Stellung der Frau bei den Griechen verschlechterte. Eine solche Vermischung unterschiedlicher ethnischer Gruppen ist gefährlich und führt in die Irre. Es ist nicht zulässig, „die Griechen" auf diese ungenaue Weise zusammenzuziehen. Jede der vier Gruppen muss getrennt analysiert werden. Wenn die sozialen Zustände, die von Homer beschrieben oder angedeutet wurden, als historisch angenommen werden, dann beziehen sich diese Quellen entweder auf die Achaier oder die Lebenszeit Homers, die wir nicht kennen. Sie haben nichts mit den dorischen Spartanern oder den ionischen Athenern zu tun. Die Achaier blühten auf und fielen wieder zurück, so wie die Kreter aufblühten und wieder zurückfielen. Später entfalteten die Athener eine noch größere Energie, blühten ihrerseits auf und fielen ebenfalls zurück. In all diesen Fällen hatte sich die Art und Weise, wie die Beziehungen zwischen den Geschlechtern geregelt wurden, verändert. Die Stellung der Frau spiegelte in jeder Gruppe zu jeder Zeit die jeweils vorherrschenden Vorschriften wider. Wir sollten also nicht überrascht sein, wenn wir auf Nausikaa stoßen, die eine verhältnismäßig große Freiheit genoss, und auf Agariste, die als ein Stück Eigentum behandelt wurde: Nausikaa gehörte zu der einen Gruppe und Agarista zur anderen, gänzlich abgetrennten. Da außerdem in jeder monogamen Gesellschaft, die wir im Detail kennen, die Heiratsgewohnheiten in ständigem Wandel begriffen waren, dürfen wir nicht annehmen, dass in einer bestimmten griechischen Gruppe die dominierenden nachehelichen Vorschriften eines Jahrhunderts auch im vorhergehenden und nachfolgenden Jahrhundert wirkmächtig waren. Das wäre so unvernünftig wie der Gedanke, dass die Vorstellungen eines Westeuropäers des 20. Jahrhunderts von einem Menschen des 19. Jahrhunderts geteilt worden wären. Genauswenig dürfen wir annehmen, dass jede einzelne Sitte in allen Schichten einer bestimmten Gruppe vorherrschte. Jede gesellschaftliche Schicht dürfte ihre eigenen spezifischen Gewohnheiten gepflegt haben. Die Quellen, auf denen unser Wissen über das Athen des Perikles basiert, kann nicht für eine Erörterung der gesellschaftlichen Zustände der athenischen Aristokratie zur Zeit des Solon herangezogen werden.

Westermarck hat beobachtet, dass „unter den Griechen der frühen Zeit die Ehe ganz offensichtlich ein sehr stabiler Bund war, auch wenn er in späteren Zeiten recht locker war und mehrmals geschlossen werden konnte."[174] Das trifft den Kern der Sache. Der springende Punkt besteht jedoch darin, dass jede der getrennten griechischen Gruppen so lange energiereich war, wie sie ihre strengen Sitten bewahrte, und jede Gruppe rapide an Bedeutung verlor, nachdem sie ihre sexuelle Freizügigkeit ausgeweitet hatte.

Als sie das erste Mal die historische Bühne betraten, waren die Griechen absolut monogam.[175] Die Ehe war ein lebenslanger Bund, den man für die Versorgung der rechtmäßigen Nachkommen des Mannes einging. Nur durch die Zeugung legitimer Kinder konnten Tradition und häusliche Rituale über die Zeit hinweg bewahrt werden. Dionysios von Halikarnassos[176] behauptet, dass es eine Zeit gegeben habe, in der der Frauenraub eine beliebte Methode war, um eine Ehefrau zu erobern. Nach Aristoteles kauften die frühen Griechen ihre Ehefrauen. Die Braut wurde durch den *Kyrios* (Hausvorstand), der ihr Vater, Bruder oder nächster männlicher Verwandter sein konnte, an die Familie ihres Ehemanns verkauft. Die Frau wurde als Gebärerin von Kindern und Haushälterin angesehen. Wenn sie sich des Ehebruchs schuldig machte oder sie auch nur des Ehebruchs verdächtigt wurde, hatte ihr Mann keine andere Wahl: Die Gesellschaft zwang ihn dazu, sie zu verstoßen. Eine Ehebrecherin war eine sozial Geächtete, die allen Demütigungen ausgeliefert war, selbst gewaltsamen, die beinahe bis zur Ermordung reichten. Die Kinder wurden von ihrem

---

[174] E. Westermarck, History of Human Marriage, S. 318.

[175] Leider führt Unwin für diese Behauptung hier nur allgemeine Belege an und geht weder auf die verschiedenen griechischen Volksgruppen noch die Gesellschaftsschichten innerhalb dieser Gruppen getrennt ein. Die Quellenlage scheint für die Frühzeit der Griechen lückenhaft zu sein und ungenauer, als es für eine so allgemeine These erforderlich ist. (Anm. d. Ü.)

[176] griechischer Redner und Geschichtsschreiber (54 v. Chr. – ca. 8 n. Chr.) (Anm. d. Ü.)

Vater als persönliches Eigentum betrachtet. Sie waren keine Rechtssubjekte.[177]

Die absolut monogamen Männer entfalteten eine große expansive Energie. Sie drangen bis zu den äußersten Grenzen des Mittelmeers vor und ließen sich in Kolonien an der spanischen Südküste, im Süden Galliens, in Italien und Sizilien nieder. Sie errichteten Außenposten im Norden Afrikas und gründeten Siedlungen an der Westküste Kleinasiens. Sie waren deistisch, monarchisch und extrem energiereich, insbesondere in Griechenland, Kleinasien und Sizilien. Wir wissen nur wenig über ihre Frühgeschichte und noch weniger über ihr soziales Leben. Über die Zustände, die in Sizilien und Kleinasien herrschten, haben wir keine durchgängigen Quellen. Wir wissen, dass Charondas in Sizilien Frauen ermöglichte eine Scheidung zu erwirken – er lebte um 500 v. Chr. Es bleibt uns überlassen daraus zu folgern, dass ähnliche Veränderungen bezüglich der Beziehung zwischen den Geschlechtern auch andernorts stattgefunden haben könnten.

Die Gewohnheiten derjenigen, die sich in Kleinasien niedergelassen hatten, müssen sich von der Zeit der Kolonisation bis zum 6. Jahrhundert v. Chr. erheblich verändert haben, zumal wir im 6. Jahrhundert dort Spuren von Rationalismus antreffen, die (wie üblich) mit der Emanzipation der Frauen einhergingen. Einzig bei den Griechen, die sich auf Attika niedergelassen hatten, ist die Quellenlage zuverlässig und hinreichend (wenn auch beklagenswerterweise unvollständig).

Über die athenische Geschichte vor dem 6. Jahrhundert wissen wir wenig, aber im 6. Jahrhundert traten viele Veränderungen ein. Das Amt des Königs (Βασιλευς) wurde abgeschafft. Die politische Macht lag in der Hand einiger adliger Familien, die durch Piraterie und Handel reich geworden waren. Aus diesen ragten die Alkmaioniden heraus. Die Dorer hatten, Attika hinter sich lassend, dieses Adelsgeschlecht aus der Hafenstadt Pylos vertrieben. Die Alkmaioniden ließen sich in Athen nieder, von wo sie um das Jahr 595 v. Chr. wegen eines Sakrilegs verbannt wurden. Später kehrten sie zurück und spielten eine führende Rolle in der Geschichte Athens.

---

[177] L. Beauchet, Histoire du droit prive dans la republique athenienne, S. 34-36, 112 f., 120, 132-134, 157, 379; Dionysius von Halikarnassus, Antiquitatum Romanorum quae supersunt, 1,30, 1,35; Aristoteles, Politik, 2,8; A. E. Zimmern, Greek Commonwealth, S. 69-72; W. A. Becker, Charicles, übersetzt von F. Metcalfe, S. 475-476; J. Donaldson, Woman: her position and influence in ancient Greece and Rome, S. 51; W. E. H. Lecky, History of European Morals, S. 294-295.

Zu Beginn des 6. Jahrhunderts kam die Sitte, eine Ehefrau zu kaufen, bei den Adligen außer Mode. Stattdessen hatte sich eingebürgert, eine Tochter mit einer Mitgift auszustatten. Das hatte keinen direkten Einfluss auf die elterliche oder eheliche Autorität; jedoch schützte es vor den Launen eines Ehemanns, da die Mitgift im Besitz der Familie der Ehefrau verblieben zu sein scheint. Wenn der Ehemann von seinem Recht Gebrauch machte, seine Frau zu verstoßen, musste er die Mitgift ersetzen. Manchmal wurde außerdem von ihm verlangt, eine zusätzliche Bürgschaft zu leisten, damit das Eigentum den Kindern der Frau zugutekommt.

Teilweise neigen manche Autoren dazu, den Brautpreis und die Mitgift durcheinander zu bringen. Möglicherweise resultiert diese Konfusion aus der Tatsache, dass im Altgriechischen in beiden Fällen das Wort „ἔδνα" verwendet wurde.

Einen guten Eindruck über die Beziehungen zwischen den Geschlechtern vermittelt die Art und Weise, wie Megakles, der Sohn Alkmeons, seine Ehefrau Agarista erwarb. Diese war die Tochter des Kleisthenes von Sikyon, auf dessen Einladung hin Freier aus allen Ecken der hellenistischen Welt eintrafen. Kleisthenes war geneigt, Agarista Hippoklides, dem Sohn des Tisander, zur Ehefrau zu geben; doch als sich Hippoklides bei einem Festmahl obszön verhielt, änderte Kleisthenes seine Meinung und gab Agarista an Megakles. Auf diese Weise kamen die *Eupatridai* (die mit adligen Ahnen) an eine Ehefrau. Auf diese Weise wurden aber auch die sexuellen Neigungen der Frau missachtet. Agaristas Sohn war Kleisthenes, der Gesetzgeber, ihre Enkelin war die Mutter von Perikles.[178]

Es scheint jedoch, dass einige der aristokratischen Familien in der ersten Hälfte des 6. Jahrhunderts ihre alten Sitten ablegten. Der Status der Frauen verbesserte sich, und ihnen wurden soziale Privilegien verliehen, die sie bis dahin noch nicht genossen hatten. Über die athenische Gesetzgebung vor dem Ende des 5. Jahrhunderts haben wir keine genauen Kenntnisse, aber es scheint, dass die adligen Frauen infolge des steigenden Reichtums ihrer Familien ausgesprochen prunkvoll ausstaffiert wurden und in verschwenderischen Feiern und nächtlichen Ausschweifungen schwelgten. Mitte des 6. Jahrhunderts

---

[178] siehe Herodot, Historien 6,126-130 (für Agarista); G. Glotz, La Solidarite de la famille dans le droit criminel en Grece, S. 35; L. Beauchet, Histoire du droit prive dans la republique athenienne, S. 127 f., 289, 317, 331 (für die Mitgift). Siehe ferner G. Grote, History of Greece; W. E. H. Lecky, History of European Morals, S. 293; E. Westermarck, History of Human Marriage, S. 420, 427 f.; L. T. Hobhouse, Morals in Evolution, S. 204.

wurde Solon zum Alleinherrscher ernannt, um eine ökonomische
Krise zu bewältigen. Unser Wissen über seine Reformen ist gering,
aber nach Plutarch setzte Solon eine gesetzliche Obergrenze für die
Geldsumme durch, die eine Frau für Kleidung, Unterhaltung und
Haushaltsgegenstände ausgeben durfte. Überdies ordnete er an, dass
eine Frau nicht mehr als drei Kleider auf ihren Reisen mit sich führen
und in der Nacht nur in Begleitung ihrer Diener außer Haus gehen
durfte. Sie musste außerdem in einem beleuchteten Wagen reisen.
Diese seltsamen Vorschriften richteten sich selbstverständlich nur an
Frauen aus Adelsfamilien, und es bleibt uns überlassen, sich die Umstände vorzustellen, die diese Gesetze hervorgebracht haben.

Einige Beispiele sexueller Freizügigkeit (verglichen mit den Sitten
früherer Tage) verdienen es, angeführt zu werden: Peisistratos besaß
neben seiner rechtmäßigen Ehefrau eine Geliebte aus Argos namens
Timonessa; von beiden hatte er Söhne. Wir wissen nicht, wie es diesen
Frauen erging, Peisistratos jedoch heiratete später die Tochter seines
früheren Feindes Megakles. Auch über seine Schwester Elpinike
waren Klatsch und Tratsch weit verbreitet. Man erzählte sich über sie,
dass sie sowohl mit ihrem Bruder als auch mit dem Vasenmaler
Polygnotos intim verkehrte. Sie heiratete Kallias, einen reichen Mann,
der die Schulden Kimons in Höhe von 50 Talenten, derentwegen sein
Freund ins Gefängnis gekommen war, bezahlt hatte.[179]

Unsere vergleichsweise große Unkenntnis der athenischen Gesetzgebung zwingt
uns nach indirekten Indizien in den ursprünglichen Schriften zu suchen. Keine
der detaillierteren Geschichtswerke über die Griechen ist bezüglich der vorherrschenden sozialen Zustände in den diversen Gesellschaftsschichten eine unbe-
strittene Autorität. Entweder tritt eine politische Tendenz oder eine moralisie-
rende Bewertung zu Tage. Daher ereifern sich Gillies und Mitford über die
Übel der Demokratie, während der gelehrte Grote sein umfangreiches Werk
mit dem klar benannten Ziel schrieb, diesen Eindruck zu widerlegen und die
Vorteile der demokratischen Regierungsform in den Mittelpunkt zu stellen.
Die genannten Historiker spiegeln mit ihren unangemessenen Maßstäben den
kulturellen Trend ihrer eigenen Zeit wider. Ganz ähnlich würde ein englischer
Autor des 20. Jahrhunderts mit dem gleichen Verfahren ein geringeres Au-
genmerk auf die sozialen und ein größeres auf die ökonomischen Zustände
richten, da gegenwärtig ökonomische Argumente in unseren Köpfen dominieren. Das unzulängliche Bild, das Ernst Curtius vom 4. Jahrhundert entwirft[180],

---

[179] Plutarch, Solon, 20-23; Plutarch, Kimon, 4; J. P. Mahaffy, Social Life in
Greece, S. 141, 146, 151, 215 f. Zu den Ehefrauen und Geliebten von Peisistratos
siehe Aristoteles, Der Staat der Athener, 17; sowie Thukydides, 20; Herodot, 61.
[180] Curtius, History of Greece, übersetzt von A. W. Ward, S. 69 ff., 115 ff.

wird von Holm[181] kritisiert; aber die Debatte scheint den historischen Tatsachen aufgezwungen zu sein. Alle moralischen Urteile gehen aus den jeweiligen Bewertungsmaßstäben hervor.

Die oben angeführten Beispiele sind schwache Indizien, aber wie gesagt wissen wir sehr wenig über die wirklichen Zustände. Die Quellenlage, wie sie uns vorliegt, legt nahe, dass der athenischen Aristokratie des 6. Jahrhunderts eine geringere sexuelle Keuschheit auferlegt war als in der Zeit davor. Gegen Ende des Jahrhunderts begannen die Aristokraten ihre Vorherrschaft zu verlieren. Mitte des 5. Jahrhunderts ging die staatliche Gewalt auf diejenigen über, die mindestens zwei, wenn nicht gar drei Jahrhunderte lang von den einstmals energiereichen Aristokraten dominiert worden waren. Die absolute Monogamie der niedrigeren Klassen war zur gleichen Zeit erhalten geblieben. Offensichtlich hatten einige aus ihnen an der alten Sitte festgehalten, die Töchter zu verkaufen; Solon nämlich verbot diese Praxis. Die alte Strenge jedoch überlebte. Zu der Zeit, als die aristokratischen Damen eine verhältnismäßig große Freiheit genossen, wuchs ein gewöhnliches athenisches Mädchen strengstens abgeschottet auf. Da die Athener nicht zögerten, ein ungewolltes Mädchen bei der Geburt auszusetzen, zeugte bereits ihre bloße Existenz davon, dass ihr Schicksal nicht in ihren Händen lag. Die Hochzeit eines Mädchens wurde durch ihren rechtlichen Vormund, den *Kyrios*, arrangiert. Mit ungefähr 15 oder 16 Jahren wurde sie ihrem Ehemann übergeben. Ein bestimmter Teil des Hauses war für sie vorgesehen; in diesen Räumen war sie eingesperrt. Die Frau war nicht zugegen, wenn ihr Ehemann seine Gäste unterhielt, und ihre Aktivitäten außerhalb des Hauses waren begrenzt auf die Teilnahme an religiösen Festlichkeiten. Ohne Begleitung durfte sie nicht auf den Straßen unterwegs sein, und sogar wenn sie beim Blick aus dem Fenster entdeckt wurde, galt das als Schande. Auf die Söhne dieser Frauen ging die staatliche Macht über. Ihre Söhne waren es, die die Perser bei Marathon und Salamis besiegten. Diese Frauen waren die Mütter von Männern, die eine so gewaltige mentale und produktive Energie entfalteten, dass ihr Einfluss auf die Geistesgeschichte, Religion, Architektur und alle Bestrebungen in Westeuropa noch immer spürbar ist – 2400 Jahre später. Eine Zeitlang waren die Athener noch deistisch, bis ihre kulturell am weitesten entwickelte Schicht rationalistisch wurde.[182]

---

[181] Holm, History of Greece, übersetzt von F. Clarke, S. 57, 156 etc.

[182] L. Beauchet, Histoire du droit prive dans la republique athenienne, S. 388; W. A. Becker, Charicles, übersetzt von F. Metcalfe, S. 465, 473 f., 476 ff.; Xeno-

Gegen Ende des 5. Jahrhunderts jedenfalls waren die alten Sitten verschwunden. Die sexuelle Freizügigkeit beider Geschlechter hatte sich ausgeweitet. Es gab keine verpflichtende Enthaltsamkeit mehr. Sexuelle Begierden konnten direkt befriedigt werden. Scheidungen wurden einfach und üblich. Päderastie trat zutage. Die Männer besaßen nicht nur Ehefrauen, sondern auch Geliebte und Mätressen. Die Frauen durchbrachen ihre Einschränkungen und trösteten sich mit Wein und heimlichen Affären. Die Energie der Athener nahm ab. Drei Generationen später gehörte die einst mächtige und nun von Streit zerrissene Stadt fremden Herren.[183]

Wir kennen nicht die genauen Formalitäten für den Fall, dass eine Ehefrau die Scheidung einreichte. Es sieht so aus, dass sie ihren Fall dem Αϱχων[184] vorlegte, der über die Angemessenheit des Gesuchs befand; jedoch ist nicht klar, ob die Frau den Antrag selbst stellte oder ihr *Kyrios*. Offensichtlich wurde ihre Scheidung bewilligt, wenn ihr Ehemann seine Bürgerrechte verloren oder eine Hure ins Haus gebracht hatte.[185] Es gibt Grund zur Annahme, dass eine Frau eine Trennung von einem homosexuellen Ehemann erwirken konnte, aber das Jahr der ersten Scheidung aus diesem Grund ist unsicher. Es ist möglich, dass die Scheidung durch beiderseitige Übereinkunft möglich war. Zwei spezielle Fälle werden von Plutarch angeführt.[186]

Die Veränderungen in den Beziehungen zwischen den Geschlechtern stimmen mit dem üblichen Muster überein, abgesehen von der Stellung verheirateter Frauen und unverheirateter Mädchen. Für diese Abweichung gab es spezielle Gründe: So lange Athen noch eine unabhängige Stadt war, waren die eingeborenen Frauen gesetzlich nie emanzipiert; und obwohl es eine Bewegung zur Befreiung dieser Frauen gegeben zu haben scheint, wurden keine konkreten Maßnahmen ergriffen.

---

phon, Oikonomikos 3,13; 7,5; J. Donaldson, Woman: her position and influence in ancient Greece and Rome, S. 51 f.; A. E. Zimmern, Greek Commonwealth, S. 328-330 (für die Erörterung des Kindsmords); H. Blumner, Home Life of the Ancient Greeks, übersetzt von A. E. Zimmern, S. 170 ff. etc.

[183] siehe L. Beauchet, Histoire du droit prive dans la republique athenienne, S. 378, 381, 387; G. E. Howard, History of Matrimonial Institutions, S. 239.

[184] **Der Archon war ein hoher Beamter der Stadt. (Anm. d. Ü.)**

[185] siehe L. Beauchet, a. a. O., S. 227-232 (für diese und weitere Scheidungsgründe).

[186] siehe Plutarch, Perikles, 34; Plutarch, Alkibiades, 8; sowie die Kommentare und Zusammenfassungen der allgemeinen Zustände in: J. P. Mahaffy, Social Life in Greece, 141 f.; E. Bulwer, Athens, Its Rise and Fall, S. 377; H. Blumner, Home Life of the Ancient Greeks, übersetzt von A. E. Zimmern, S. 173.

Ab Anfang des 6. Jahrhunderts trafen viele Fremde in der größer werdenden Stadt ein, und unter den Besuchern war auch eine große Anzahl von Frauen aus den kleinasiatischen Siedlungen, die zu der Zeit emanzipiert waren. Diese aufgeschlossenen, reizenden und gebildeten Frauen wurden regelrecht angezogen von der Stadt Athen, die nach der Zeit des Peisistratos mehr Glanz zu bieten hatte als ihre Heimatstädte, die in Wahrheit im Niedergang begriffen und an die Perser gefallen waren. Wie wir gesehen haben, wurden die adligen Damen Athens im 6. Jahrhundert von vielen sozialen und vielleicht auch gesetzlichen Nachteilen befreit. In der ersten Hälfte des 5. Jahrhunderts verloren sie jedoch ihre starke Stellung in der athenischen Gesellschaft. Sie wurden von jenen Neuankömmlingen verdrängt, die intellektuell und gesellschaftlich den Männern ebenbürtig waren. Einige dieser kultivierten Damen heirateten Athener. Ihre Anwesenheit jedoch versetzte die Konservativeren unter den Alteingesessenen in Alarmstimmung. Auf Betreiben des Perikles, der darauf bedacht war, bei den Wählern zu punkten, wurde im Jahr 451 v. Chr. verordnet, dass niemand die vollen Bürgerrechte erhält, wenn nicht beide Elternteile Athener sind.[187]

Von da an lebten also zwei unterschiedliche Arten von Frauen Seit an Seit: die Auswärtigen, die frei waren, aber keine rechtmäßigen Bürger zur Welt bringen konnten; und die Eingeborenen, die rechtmäßige Bürger gebären konnten, aber weit davon entfernt waren, frei zu sein. Zwischen ihnen lag eine tiefe Kluft, über die niemals eine Brücke gespannt wurde. Ein größerer Druck als jemals zuvor lastete auf den heimischen Ehefrauen, deren Pflicht es war, die Stadt mit Söhnen zu versorgen, wie Perikles nach Thukydides' Darstellung öffentlich bekundete. Die auswärtigen Frauen hingegen, die keine Ehefrauen sein durften, wurden zu „Gefährtinnen". Später nahm die Verbindlichkeit ab und sie waren lediglich Sexualpartner oder Prostituierte. Euripides[188] wetterte zornig über das ungleiche Schicksal der heimischen Frauen. Aristophanes[189] schrieb Komödien, in denen er ein Bild der Stadt entwarf, die von den Frauen beherrscht wurde. Doch die alte Tradition hielt sich. Noch im 4. Jahrhundert, als die Institution der gesetzmäßigen Ehe bereits öffentlich verachtet wurde, finden wir Fälle, in denen das Eherecht dem Wortlaut nach ausgelegt wurde: Auf seinem Totenbett übergab Demosthenes' Vater seine Ehefrau an Apho-

---

187 siehe A. E. Zimmern, Greek Commonwealth, S. 336 f. Die Verordnung wurde 411 v. Chr. aufgehoben und 403 v. Chr. wieder eingesetzt.
188 griechischer Dramatiker (480 v. Chr. – 406 v. Chr.) (Anm. d. Ü.)
189 griechischer Komödiendichter (ca. 450 v. Chr. – 380 v. Chr.) (Anm. d. Ü.)

bos und seine Tochter an Demophon.[190] Auf gleiche Weise übergab Pasion, der Bankier, sowohl seine Ehefrau als auch sein Vermögen an Phormion, seinen freigelassenen ehemaligen Sklaven.

Ich bezweifle, ob diese Fälle aufgetreten oder die Frauenemanzipation verschoben worden wäre, wenn die Athener die Gesetze für eine *Epikleros*[191] verändert oder außer Kraft gesetzt hätten. Wenn ein Vater ohne männlichen Erben starb, geriet seine Tochter in eine eigenartige Lage. Sie alleine konnte den Besitz erben, doch zugleich war sie nicht berechtigt ihr Erbe zu besitzen. Also war ihr nächster männlicher Verwandter gezwungen, sie zu heiraten. Erst durch diesen konnte sie über ihr Eigentum verfügen. Der ansteigende Wohlstand brachte viele begehrte Besitztümer hervor, und im späten 5. und frühen 4. Jahrhundert scheint es zu einer beträchtlichen Anzahl an Auseinandersetzungen und Rechtsstreitigkeiten gekommen zu sein. In jedem Fall wurde so entschieden, dass der erfolgreiche Kläger die *Epikleros* heiraten musste. War sie bereits verheiratet, entriss er sie ihrem Ehemann. War er selbst bereits verheiratet, verstieß er seine Ehefrau. Offenbar wurde das Gesetz niemals verändert, solange Athen eine unabhängige Stadt blieb. Angesichts der noch geringeren Stellung eines einheimischen Mädchens, das keine Brüder hatte, ließ die Hilflosigkeit der unglückseligen Erbinnen die öffentlichen Zeugen kalt. Zweifellos trug dies zur Vehemenz der Rebellion gegen die Ehe bei, wie sie im 4. Jahrhundert weit verbreitet war.[192]

Ich habe behauptet, dass immer die gleichen Meinungen geäußert werden, wenn eine Gesellschaft ihre sexuellen Vorschriften ändert. Dieses Phänomen ist gut belegt durch die Literatur des 4. Jahrhunderts v. Chr. Als nämlich die Mädchen zum ersten Mal darauf bestanden, ihren Ehemann selbst auszuwählen, setzten die Eltern zunächst auf die geläufigen Argumente der Sittsamkeit und der jungfräulichen Schamhaftigkeit: Im 5. Jahrhundert waren sie zu den größten weiblichen Tugenden erhoben worden. In einem bedeutenden Dialog wird eine Mutter aus der Mittelschicht dargestellt, die ihrer Tochter Vorhaltungen macht, als sie bekennt, ihr Begehren nach einem bestimmten

---

[190] Übersetzungen der Reden Demosthenes', in denen familiäre Informationen gefunden werden können, finden sich in: G. W. Botsford und E. H. Sihler, *Hellenic Civilization*, S. 510 ff.

[191] Eine *Epikleros* war die Tochter eines ohne männlichen Erben verstorbenen Mannes. (Anm. d. Ü.)

[192] G. Glotz, *La Solidarite de la famille dans le droit criminel en Grece*, S. 336; L. Beauchet, *Histoire du droit prive dans la republique athenienne*, S. 393; R. C. Jebb, *Attic Orators*, S. 318.

Mann nicht beherrschen zu können. Die Mutter empfiehlt eine Dosis Nieswurz (die als Heilmittel gegen Wahnsinn galt). Später wurde es für Frauen der Mittelschicht zur Gewohnheit, ihre Körper mit künstlichen Mitteln aufzuplustern. Das ist ein durchgängiges Thema in der Literatur dieser Zeit. Über eine Dame, die sich für diese gekünstelten Hilfsmittel begeisterte, wird geschrieben: „Und mit häufigen Blicken überprüfte sie ihr Erscheinungsbild und schaute, ob andere auf sie aufmerksam wurden." Diese Art von Literatur wäre im 5. Jahrhundert so gut wie unmöglich gewesen. Der Komödiendichter Alexis[193] merkte an, dass kein vernünftiger Mann je heiraten würde. Sein Neffe Menander[194] scheint seine Ansicht geteilt zu haben. Auch die späten Dramatiker gaben, als sie die folgenden Sprichwörter prägten, ihrem Publikum das, was es hören wollte: „Eine Ehe ist schlimmer als eine Entmündigung." – „Warum wohl bevorzugen Mädchen zwar alten Wein, aber junge Männer?" – „Die Liebe ist eine strenge Gottheit, besonders für die Alten." – „plötzliche Folge eines Kusses" – „Eine respektable Frau färbt sich nicht ihr Haar." „Eine Ehefrau ist ein teurer Luxus." Solche heiteren Floskeln können nahezu unbegrenzt aus den Theaterstücken der Mittleren Komödie zitiert werden. Sie zeigen die seichte Oberflächlichkeit der Athener, die durch König Philipp II. von Makedonien[195] erobert wurden.[196]

7.3 Die Römer

Als die Athener über den Ausschluss der Söhne ausländischer Frauen vom Genuss der Bürgerrechte diskutierten, wurden vom römischen Volk die Decemviri, ein Rat von zehn Männern, eingesetzt, um die Gesetze der Stadt niederzuschreiben. Gemäß der Überlieferung wurde Rom Mitte des 8. Jahrhunderts v. Chr. gegründet, doch für die ersten drei Jahrhunderte der römischen Geschichte liegen keine sicheren Quellen vor. Zunächst war das Volk offenbar monogam, deistisch und monarchisch. Gewöhnlich wird angenommen, dass der König an der Spitze der Hierarchie stand, aber im Verlauf des 5. Jahrhunderts wurde sein Amt, das man einst als Quelle von Wohltaten und Segnungen angesehen hatte, missbilligt und abgeschafft. Die souveräne

---

[193] Lebenszeit ca. 375 bis 275 v. Chr. (Anm. d. Ü.)
[194] ebenfalls griechischer Komödiendichter (342 – 291 v. Chr.) (Anm. d. Ü.)
[195] Lebenszeit ca. 382 bis 336 v. Chr. (Anm. d. Ü.)
[196] einige Auszüge wurden übersetzt von G. W. Botsford und E. H. Sihler, Hellenic Civilization, S. 471 ff. Die Zitate wurden herausgesucht von E. F. M. Benecke, Women in Greek Poetry, S. 224-240.

Macht wurde auf die Patrizier übertragen. Bis zum 5. Jahrhundert bildeten allein die Patrizier den Populus Romanus; sie allein besaßen Bürgerrechte. Sie ordneten ihr Leben nach dem bürgerlichen Recht, das die begünstigte, die Bürger waren, also einer rechtmäßigen Ehe (iustum matrimonium) entstammten. Ein Bürger schloss eine solche Ehe, wenn er sich eine Frau eines Bürgers von Rom oder Latium nahm. Er konnte sich auch eine Frau aus einer anderen Gegend nehmen, auf die die Römer das Recht auf eine gemischte Ehe (ius conubii) ausgeweitet hatten. Seine Kinder waren dann Bürger und unterstanden seiner Gewalt oder der des Paterfamilias; seine Frau war in seiner Hand.

In den frühen Tagen musste eine Gesetzesvorlage erst vom Senat gebilligt und dann vom Populus genehmigt werden, um Rechtskraft zu erlangen. Die Macht lag beim Populus, die institutionelle Autorität beim Senat. Der Populus kam zu diesem Zweck in der Comitia Curiata, einer ausschließlich patrizischen Volksversammlung zusammen. Vor dem 5. Jahrhundert änderte sich dies jedoch, und nach einer Reform, die dem sechsten König Servius Tullius zugeschrieben wird, wurde die Comitia Centuriata gebildet, in der alle Landbesitzer (Patrizier, Plebejer und Pächter) und alle männlichen Hausvorstände Mitglieder waren. Ursprünglich war die Comitia Centuriata nichts anderes als ein stehendes Heer. Häufige Kriege hatten die Bildung einer stärkeren militärischen Organisation notwendig gemacht. Statt einer persönlichen Pflicht stand beim Dienst im Heer nun der Landbesitz im Mittelpunkt.

Sobald die Versammlung der Comitia Centuriata zu funktionieren begann, erlangte sie das Recht, die Frage von Krieg oder Frieden zu entscheiden, das bisher von der Comitia Curiata ausgeübt worden war. Dieser Machttransfer war der erste von vielen. Tatsächlich verlor die Comitia Curiata in den 150 Jahren nach Inkraftsetzung des Zwölftafelgesetzes ihre beherrschende Stellung an die Comitia Centuriata. Der endgültige Sieg des einfachen Volkes (Plebs) wurde im Jahr 287 v. Chr. in der Lex Hortensia festgehalten. Schritt für Schritt bauten die Plebejer die Hindernisse ab, die sie vom Genuss politischer Rechte und Privilegien trennten. Zuletzt waren sie den Patriziern rechtlich völlig gleichgestellt.

Statt sich in zwei trennscharfe endogame Gruppierungen zu teilen, den Populus Romanus und die Plebs, war zu Beginn des 3. Jahrhunderts in Rom eine rechtlich gleichgestellte Bevölkerung entstanden. Die Plebejer waren aufgestiegen, bis sie die höchsten sozialen und politischen Ränge erreichten. Parallel dazu lässt sich beobachten, dass die durch sexuelle Vorschriften verlangte verpflichtende Keuschheit bei den Patriziern zunächst stärker ausgeprägt war als bei den Plebejern, deren Gewohnheiten auf weniger rigorosen Prinzipien beruhten. Vom 5. Jahrhundert an übernahmen die Plebejer dann die Praktiken der Patrizier.

Nachdem sich die Gesellschaft homogenisiert hatte, wurde die expansive soziale Energie der Römer enorm. Als sie das heutige Italien unterworfen hatten, erweiterten sie ihren Einflussbereich über den ganzen Mittelmeerraum. Aus einer unbedeutenden Kleinstadt wurde in weniger als drei Jahrhunderten eine Weltmacht. Darüber hinaus begannen die Mitglieder der am meisten entwickelten kulturellen Schicht eine rationalistische Denkweise auszubilden. Voller Interesse hörten sie den griechischen Gelehrten zu, die die wachsende Stadt besuchten. Dann wurde das archaische ius civile zugunsten des ius gentium zurückgedrängt, einer Gesetzesform, die als Antwort auf die Erfordernisse der sich entwickelnden Gesellschaft in Gebrauch kam. Die absolute Monogamie wurde modifiziert und die sexuelle Freizügigkeit erweitert. Sexuelles Begehren drückte sich direkter aus. Die Institution der Ehe geriet außer Mode. Frauen emanzipierten sich. Die ehelichen und elterlichen Befugnisse wurden eingeschränkt. Die würdevolle Haltung der Römer verschwand. Es gibt einige Belege, dass die laxen sexuellen Gewohnheiten zuerst unter den Patriziern auftauchten, und später erst unter den Plebejern.

Dies sind die überblicksartigen Fakten; nun folgen die Details. Zunächst verheirateten sich die Patrizier durch die Konfarreationsehe, die einen nahezu unlöslichen Bund stiftete. Sie wurde mit einer religiösen Zeremonie, geleitet durch einen Pontifex maximus, feierlich geschlossen. Die Ehe war eine Institution, die so konzipiert war, dass sie Kinder mit dem Blut des Mannes hervorbringen sollte. Die ehelichen und elterlichen Befugnisse waren vollständig. Die Frau war entweder in der Hand des Ehemanns oder in der seines Paterfamilias; der Mann war in allen Angelegenheiten, die seine Frau und seine Kinder betrafen, allein entscheidungsberechtigt. Er konnte sie sogar in die Sklaverei verkaufen.

Im 5. Jahrhundert wurde es jedoch Gewohnheit, vor einer drastischen Entscheidung den Familienrat einzubinden. Verwandtschaftsverhältnisse stellte man sich patrilinear entlang der väterlichen Linie vor; das Konzept der Blutsverwandtschaft war noch unbekannt. Jede Person, die von einer Familie in eine andere überführt wurde, kappte den Bezug zu seiner vorherigen Familie und schuldete seine Loyalität ausschließlich der neuen Familie. Wenn eine Frau verheiratet wurde, war sie daher gesetzlich nicht länger mit ihren Eltern verwandt. Sie tauschte die Hausgötter ihrer Herkunftsfamilie gegen die ihres Ehemanns. Die Beziehung zu ihren Kindern war die einer Schwester. Wie die Kinder unterstand sie dem gleichen Hausherren. Der Vater entschied, ob ein Kind ausgesetzt oder ihm das Leben gewährt werden sollte. Keine Person durfte ohne Erlaubnis des Familienoberhaupts heiraten. Ehebruch war ein Vergehen, das nur von Frauen begangen werden konnte. Jeder Mann war entweder Paterfamilias oder Filiusfamilias. Letzterer konnte ein Kreditnehmer sein, aber kein Kreditgeber; er konnte etwas bezeugen, aber kein Testament aufsetzen. Wenn er von der Erbfolge profitierte, übernahm er die Rechte seines Vaters. Ihm konnte zugestanden werden einen Teil des Familienbesitzes zu verwalten, aber dies tat er unter den gleichen Bedingungen wie ein Sklave. Persönlich konnte er nur Verpflichtungen eingehen, Rechte besaß er keine. In öffentlichen Angelegenheiten war das anders. Als Bürger war ein Filiusfamilias seinem Paterfamilias gleichgestellt. Er konnte sogar als Zeuge in einem Prozess auftreten, an dem sein Vater beteiligt war. Frauen hingegen besaßen keinerlei juristische Rechte. Sie durften weder über Besitz verfügen noch ihn verwalten. Eine Witwe stand unter der absoluten Kontrolle ihres Vormundes und besaß keine Macht über ihre Kinder, die ihr rechtlich gleichgestellt waren.[197]

Die relative Verfügungsgewalt über Männer und Frauen hieß *potestas*, die absolute Verfügungsgewalt über Eigentum und Frauen *manus*. In den frühesten Zeiten wurde möglicherweise nicht zwischen beiden Formen unterschieden, aber im 5. Jahrhundert wurde das Gesetz der *potestas* humanisiert und reformiert. Der römische Jurist Gaius behauptet, dass den römischen Bürgern *manus* fremd war.[198] Soweit eine Ehefrau betroffen war, kann das so gewesen sein, aber W. E. Hearn scheint das zu bestreiten.[199] Die Ausübung von *potestas* durch den Paterfamilias war in Rom durchaus üblich. Hearn erwägt, dass die gleichen Bedingungen unter den arischen Völkern vorherrschten.

Offensichtlich war es zu einer bestimmten Zeit üblich, einen Sohn zu verkaufen, aber das Zwölftafelgesetz scheint bei dieser Praxis eine Prüfung vorgeschrieben zu haben. Das Gesetz sah vor, dass ein Vater seine *potestas* verliert,

---

197 Gaius, Institutiones, 109, 112; J. H. Muirhead, Roman Law, S. 107 (für die Konfarreationsehe); W. A. Hunter, A Historical and Systematic Exposition of Roman Law, S. 188 ff., 222 ff. (für die eheliche Autorität), 222 ff., 835 f. (für die Verwandtschaftsverhältnisse); R. Sohm, Institutes, übersetzt von J. C. Ledlie, S. 449-50 (für die Verwandtschaftsverhältnisse), 474 (für die Konfarreationsehe) ; E. Poste, Institutions Gaii, S. 39-40 (für die Verfügungsgewalt); W. E. Hearn, Aryan Household, S. 84 ff., 209 ff.; C. W. L. Launspach, State and Family in Early Rome, S. 36 f. Diese Quellenangaben sind repräsentativ, aber nicht erschöpfend. Die meisten Gesetzeskommentare enthalten alle nötigen Informationen.
198 Gaius, Institutiones, 108.
199 vgl. W. E. Hearn, Aryan Household, S. 143 ff.

wenn er seinen Sohn zum dritten Mal in eine Knechtschaft verkauft.[200] Die Sprache, in der die Kommentatoren diesen Fall diskutieren, ist dunkel.

Ein patrizischer Ehemann scheint in der ganzen historisch belegte Zeit nicht in gleicher Weise über seine Frau wie über seine Sklaven und Kinder geherrscht zu haben. Ehebruch und Weintrinken seitens der Frau waren die unverzeihlichsten Vergehen. Als Gründe für eine Verstoßung wurden auch der Gebrauch falscher Schlüssel und der Versuch einer Vergiftung angesehen. Unter den Patriziern scheint die Verwandtschaft einer Frau eine Mitsprache bei der Bestrafung gehabt zu haben. Vielleicht sollten wir annehmen, dass sich die soziale Position der Frauen verbesserte, aber die Kommentatoren und Historiker helfen uns da nicht weiter. Erstens tendieren sie dazu, die soziale Position einer Frau mit ihrem gesetzlichen Status durcheinander zu bringen; und zweitens nehmen sie an, dass die Zustände, die in einem Jahrhundert vorherrschten (aus dem wir Belege besitzen), auch für das vorangegangene oder nachfolgende Jahrhundert (aus dem keine direkten Belege vorliegen) charakteristisch sind. Drittens sind sie geneigt, es für selbstverständlich zu halten, dass ein Beleg bezüglich der Gewohnheiten einer sozialen Schicht auf die ganze Gesellschaft übertragen werden kann. Alle diese Annahmen sind falsch. Die Wahrheit ist, dass sich die sozialen Bedingungen damals genauso wandelten, wie sie sich heute wandeln, und die Gewohnheiten der verschiedenen sozialen Schichten zu jeder Zeit unterschiedlich waren.

Die verpflichtende Keuschheit und die Disziplin der Männer, die das Königtum abgeschafft und die Herrschaft über Rom übernommen hatten, waren streng. Es ist schwer, sich eine umfassendere Reduktion der sexuellen Freizügigkeit vorzustellen oder eine rigidere Bekämpfung der eigenen Triebe. Zur Ära der patrizischen Vorherrschaft gehören die Geschichten von Cincinnatus, Coriolanus, Camillus und Cloelia. Es waren die Patrizier, die die Schlacht am See Regillus gewannen und Rom gegen die Etrusker verteidigten. Sie verliehen Rom Würde. Ihr ehrbares Handeln wurde sprichwörtlich als *pistis ton Romaion*[201] (wie die Griechen es nannten). Gegen Ende der Republik verschwand es.

Vor dem 5. Jahrhundert gab es kein geschriebenes Gesetz. Das *fas* war eine mündliche Überlieferung, die von einer Generation zur nächsten weitergegeben wurde. Sobald die Plebejer durch die Tapferkeit ihrer Mitglieder in der Comitia Centuriata einen gewissen Status erreicht hatten, scheinen sie sich sowohl über ihre mangelnden Gesetzeskenntnisse als auch die Ungleichbehandlung, die ihnen zuteilwurde, beklagt zu haben. Die Patrizier entgegneten mit einem abfälligen Hinweis auf das ungezügelte Sexualverhalten des einfachen Volkes.

---

[200] siehe R. Sohm, Institutes, übersetzt von J. C. Ledlie, S. 482. Für einen späteren Beleg der antiken Praxis siehe Tacitus, Annalen 13,32.
[201] wörtlich: Vertrauenswürdigkeit (oder Treue) der Römer (Anm. d. Ü.)

Sie entschieden jedoch, das *ius civile* aufzuschreiben, was eine Beschreibung plebejischer Sitten aus Sicht der patrizischen Prinzipien erforderlich machte.

Ein Plebejer erwarb seine Frau entweder durch *coemptio* oder durch *usus*. *Coemptio* war ein ziviler Akt, der darin bestand, dass eine Frau in Gegenwart von Zeugen einem Mann übertragen wurde. In früheren Zeiten scheint *coemptio* nach der ursprünglichen Wortbedeutung tatsächlich ein Verkauf gewesen zu sein, aber ab dem 5. Jahrhundert wurde der Brautpreis zu einer symbolischen Formalität (wie das babylonische *Tirhatu*). Bei diesem Kauf, auch wenn er nur symbolisch war, waren die Eltern und Familienoberhäupter natürlich anwesend. So gab es keine Schwierigkeiten, die eheliche Autorität, die durch eine plebejische *coemptio* entstanden war, mit der patrizischen *manus* gleichzusetzen, und die elterliche Autorität mit der patrizischen *potestas*. Im Fall von *usus* war das nicht so einfach. In den frühen Zeiten scheinen manche Plebejer einfach dadurch geheiratet zu haben, dass sie zusammen lebten. Manche Fachleute sehen darin ein Überbleibsel von Brautraub. Sie behaupten, dass im Verlauf der Zeit der Raub zugunsten einer gegenseitigen Übereinkunft verschwand. Aber wie dem auch gewesen sein mag, jedenfalls gab es keine verpflichtende Treue. Ein getrenntes Paar wurde nicht länger als verheiratet betrachtet. Eine solche Praxis wurde natürlich von den Patriziern, die kein Geheimnis aus ihrer Empörung machten, streng verurteilt. Aber seit sie jeden Besitz, über den sie ein Jahr verfügten, als rechtmäßig erworben ansahen, scheinen sie zur Überzeugung gelangt zu sein, dass eine Frau, die über ein Jahr mit einem Mann zusammen lebte, automatisch in dessen Verfügungsgewalt überging (*in manu*). Daher wurde im Zwölftafelgesetz erlassen, dass das gemeinsame Wohnen über eine Dauer von einem Jahr ein neues Besitzverhältnis begründet. Doch aus plebejischer Sicht verstieß diese Entscheidung gegen den Grundgedanken ihrer Verbindung. Aus diesem Grund fand offenbar das Trinoctium Eingang in die Gesetze. Es besagte, dass eine Frau, die nicht der Autorität des Mannes unterstehen wollte, in jedem Jahr an drei aufeinander folgenden Nächten außer Haus sein musste. Auf diese Weise wurden die gegensätzlichen Vorstellungen einander angepasst. Die Patrizier konnten sich eine Ehe ohne die Verfügungsgewalt über die Frau nicht vorstellen, und die Einrichtung des Trinoctium war ihre Methode, den Gewohnheiten des verachteten einfachen Volks Rechnung zu tragen.

Vor dem 5. Jahrhundert war jedenfalls der Zwang zur Keuschheit bei den Plebejern geringer als bei den Patriziern. Gleich nach der Inkraftsetzung des Zwölftafelgesetzes begannen jene jedoch ihre alten

Gewohnheiten zu verwerfen (falls sie es nicht bereits getan haben)
und die der Patrizier anzunehmen, einschließlich der Konfarreationsehe. Zuerst übernahmen sie das Recht, auf diese Weise untereinander
zu heiraten. Das war die bemerkenswerteste aller Umwälzungen, aber
das Privileg wurde nicht ohne Schwierigkeiten erworben. Der springende Punkt war der laxe Charakter der sexuellen Vorschriften bei
den Plebejern. Erst nach einer massiven Kritik, meint Muirhead, hätten
die Patrizier den Wandel akzeptiert. „Bis dahin wurde die Laschheit
der Ehen des niedrigeren Standes verächtlich gemacht: Sie stünden
unter keinem höheren Schutz und würden durch keine Opfer geheiligt. Es bedurfte etlicher mehr oder weniger aufrichtiger Reden über
die Göttlichkeit des gemeinsamen Wohls."[202]

Sohm scheint zu denken, dass die Heirat durch *usus* eine Heirat ohne Autorität
(*manus*) beförderte. Zweifellos basieren die Schlussfolgerungen von James Bryce
und ihm folgend auch von Hobhouse auf Sohms Kommentar.[203] Ich kann dem
aber nicht zustimmen, denn das Argument impliziert die Gleichheit einer Ehe
durch *usus* mit einer „freien" Ehe im Sinne des *ius gentium*. Diese beiden Verbindungen sind aber völlig unterschiedlich. Im Prinzip war *usus* keine Eheform, sondern eine Methode, um Verfügungsgewalt an sich zu reißen oder sie
zu erleiden. Unter den Heiratsbestimmungen des *ius gentium* existierte *manus*
nicht. Die Vorstellung, dass die Patrizier des 5. Jahrhunderts eine Heirat ohne
die Verfügungsgewalt (*manus*) gebilligt hätten, ist absurd. Meine Beschreibung
der Art und Weise, wie es dazu kam, dass *usus* als Partnerschaftsform im
Zwölftafelgesetz akzeptiert wurde, ist die, die mir am besten zu den Tatsachen
zu passen scheint. Entscheidend sind dabei nicht die Umstände, wie diese
Eheform entstanden ist, sondern dass *usus* einst praktiziert wurde, um Autorität
auszuüben, und später verschwand. Letztere Tatsache haben Sohm, Bryce und
ihre Anhänger nicht beachtet.

Hinsichtlich des Eherechts unterstützt Ihne die Sichtweise von B. G. Niebuhr
und gibt eine überzeugende Erläuterung der Struktur des Zwölftafelgesetzes.[204]
Die überlieferte Verzögerung bei der Arbeit des Decemvirats und die Kontroversen, die sie begleitete, kann nur durch die Annahme erklärt werden, dass
die Decemviri versuchten eine Heirat zwischen den beiden Ständen einzufüh-
ren, jedoch von den Patriziern daran gehindert wurden.

Es gibt keinen Beleg, dass die Patrizier jemals besonders kompromiss-
bereit gewesen wären. Tatsächlich ist gesichert, dass sie an ihren Prinzi-

---

[202] J. H. Muirhead Roman Law, S. 60, 80, 105; siehe auch: Gaius, Institutiones,
56, 113; E. Poste, Institutiones Gaii, S. 70; R. Sohm, Institutes, S. 454, 456; W. A.
Hunter, A Historical and Systematic Exposition of Roman Law, S. 19, 25, 225 f.
[203] James Bryce, in: Studies in History and Jurisprudence, 388; L. T. Hobhouse,
Morals in Evolution, S. 208.
[204] W. Ihne, History of Early Rome, S. 167 f.; B. G. Niebuhr, History of Rome, 332.

pien festhielten. Es ist nachweislich so, dass Patrizier den Plebejern erst dann die Annahme öffentlicher Ämter gewährten, als letztere die Ehe durch *usus* verworfen und die Konfarreationsehe angenommen hatten. Dies ist durch die Lex Ogulnia im Jahr 300 v. Chr. belegt. Das Gesetz erlaubte einem Plebejer, ein Pontifex maximus zu werden. Niemand durfte jedoch dieses hohe Amt bekleiden, wenn er nicht einer Konfarreationsehe entstammte und seine eigene Hochzeit durch den gleichen ehrwürdigen Ritus geheiligt worden war. Einige Plebejer mussten also bereits zwei Generationen vor dem Jahr 300 v. Chr. derartig geheiratet haben.

Die Anzahl der plebejischen Konfarreationsehen kann außerdem nicht allzu gering gewesen sein. Wenn nämlich nur eine kleine Minderheit der Plebejer die Konfarreationsehe angenommen hätte, hätten die Patrizier kaum der Lex Ogulnia zugestimmt. Der Zeitpunkt, an dem der Zugang zu den verschiedenen öffentlichen Ämtern ausgeweitet wurde, macht deutlich, dass die Patrizier niemals plebejische Beamte akzeptierten, solange die Plebejer nicht ihren Lebenswandel in Ordnung gebracht hatten (wie die Patrizier es sahen). Nachdem die Patrizier überzeugt waren von der plebejischen „Rechtgläubigkeit", errangen die Plebejer kontinuierlich Erfolge. Im Jahr 367 v. Chr. wurden sie zum Amt eines Konsuls zugelassen, im Jahr 356 zum Amt des Diktators[205], und 350 zu dem eines Censors. Aber obwohl der Zugang zum Amt eines Prätors im Jahr 360 v. Chr. erweitert wurde, gelang es erst im Jahr 337 einem Plebejer, dieses wichtige Amt zu übernehmen. So sehr widerstrebte es den Patriziern, einen Bruch mit den alten Traditionen zuzulassen.

Am Ende des 4. Jahrhunderts war der erweiterte *Populus Romanus* absolut monogam, homogen, deistisch und extrem energiereich. Darüber hinaus begannen Anzeichen von Rationalismus aufzutauchen. Genau zu dieser Zeit begannen die Patrizier sich von ihren alten Gewohnheiten zu verabschieden.

Es gibt einzelne Belege, dass Männer ihre privilegierte Position bereits früher zu ihrem Vorteil ausgenutzt haben; aber sie sind umstritten. Die Legende von Virginia[206], aufgezeichnet von Livius[207] und leicht abgewandelt von Dionysius[208],

---

[205] Magistratsbeamter, der in Zeiten der Gefahr zur Aufrechterhaltung der staatlichen Ordnung und zur Verteidigung vom Senat ernannt und von der Volksversammlung bestätigt wurde.

[206] In ihr wird vom Decemvir Appius Claudius erzählt, der das attraktive plebejische Mädchen Virginia begehrt, aber von ihr abgewiesen wird. Appius behauptet daraufhin, Virginia sei eigentlich eine Sklavin, und prozessiert gegen

wird von Niebuhr[209] als historische Tatsache angesehen. Arnold[210] erwägt, dass sie „im Wesentlichen glaubwürdig" ist. Mommsen[211] erwähnt sie in seiner Darstellung als Tatsache. Ihne[212] betrachtet die Ermordung Virginias durch den Vater als „charakteristisch" für die damalige Zeit und vergleicht sie mit den ähnlichen Fällen von Maenius und Pontius. Sogar G. C. Lewis[213] behauptet, dass die Geschichte einen realen Kern habe.

Zweitens gibt es Aussagen über die Scheidung des L. Antonius im Jahr 308 v. Chr.[214] Entscheidend ist im Fall des L. Antonius, dass er das erste bekannte Beispiel einer Verstoßung durch den Ehemann ohne Konsultation des Familienrates ist. Er machte nur, was seine Laune ihm vorschrieb. James Bryce liefert eine vernünftige Erklärung zu den zeitgenössischen Äußerungen über die Scheidung von Sp. Carvilius Ruga im Jahr 231 v. Chr., die traditionell als erste Scheidung in Rom angesehen wurde.[215]

Drittens liegt eine Geschichte von Livius über Vergiftungen durch die Ehefrauen im Jahr 331 v. Chr. vor.[216] Fälle von Vergiftung geschahen auch zu Beginn des 2. Jahrhunderts, und W. Warde Fowler[217] erwägt, dass die Frauen ihre Ehemänner ermordet haben könnten, weil sie deren unablässiger Untreue überdrüssig wurden. Warum sollte der gleiche Grund nicht bereits im Jahr 331 eine Rolle gespielt haben? Es spricht nichts dagegen.

Im Jahr 295 v. Chr. erzählte man sich während des dritten Samnitenkriegs, dass einige Ehefrauen in aller Öffentlichkeit versuchten Ehebruch zu begehen. Ihne merkt dazu an: „Wir können uns nicht vorstellen, dass eine so ausgeprägte Sittenlosigkeit auf ein Jahr oder eine kurze Phase begrenzt war. Es muss ein Übel gewesen sein, das lange angewachsen ist, bevor es solche Dimensionen erreichen konnte. Solche moralischen Krankheiten sind im Gegensatz zu körperlichen nicht unerklärlich und unberechenbar. Sie können weder schnell kommen, noch schnell gehen." Die Plebejer auf der anderen Seite fuhren fort, die Ideale, die in früheren Zeiten ausschließlich von den Patriziern hochgehalten wurden, zu bewahren. Obwohl eine Heirat zwischen den

---

sie. Zuletzt wird Virginia von ihrem Vater ermordet. Heute wird die Geschichte größtenteils für fiktiv gehalten. (Anm. d. Ü.)

[207] Titus Livius 3,44-46.

[208] Dionysius, 11,28 ff.

[209] Barthold Georg Niebuhr, Römische Geschichte, Band 1, S. 208 und Band 2, S. 348.

[210] Arnold, History, Band 1, S. 295.

[211] Theodor Mommsen, Römische Geschichte, Band 1, S. 283.

[212] Ihne, History of Rome, Band 4, S. 239.

[213] G. C. Lewis, On the Credibility of Early Roman History, Band 2, S. 242.

[214] siehe Niebuhr, a.a.O., Band 3, S. 354; und Ihne, a.a.O., Band 4, S. 229.

[215] J. Bryce, Studies in History and Jurisprudence, Band 2, S. 413.

[216] Titus Livius, 8,18.

[217] W. Warde Fowler, Social Life at Rome in the Age of Cicero, S. 149.

beiden Ständen seit 150 Jahren gesetzlich möglich war, war dies unter den patrizischen Frauen noch immer unbeliebt. Einige scheinen einmal eine Frau namens Virginia von der Teilnahme an ihren Riten ausgeschlossen zu haben, weil sie einen Plebejer geheiratet hatte. Von Virginia wird berichtet, dass sie in ihr Haus zurückkehrte und dort einen neuen Altar errichtete. Diesen widmete sie der plebejischen Sittsamkeit (*pudicitia*). Die plebejischen Ehefrauen hielt sie hinsichtlich der Keuschheit dazu an, den Mut ihrer Männer nachzuahmen. Darüber hinaus wird von ihr berichtet, dass sie hoffte, ihr Altar würde „von mehr heiligen Diensten und reineren Betern" geehrt als der Altar der patrizischen Sittsamkeit (*pudicitia*).

Von da an spielten die Plebejer nicht nur einen gleichrangige, sondern sogar eine führende Rolle im Leben Roms. Die Decii[218], die ihr Leben als Sühneopfer anboten, waren Plebejer. Pyrrhos wurde von Plebejern abgewehrt und besiegt. Die Plebejer unterwarfen die Gallier in Italien. Andere Plebejer vernichteten die Kimbern und Teutonen. Ein plebejischer Konsul vereitelte die Catilinarische Verschwörung. Die Catos, die Gracchen und Brutus waren Plebejer. Einige patrizische Familien bewahrten ihre alten Sitten. Das traf wohl auf die Mehrheit zu, und die Energie des patrizischen Standes war keineswegs erschöpft. Familien, die die alte Tradition in ihren Häusern beibehielten, waren die Sulpicii, Valerii und Cornelii: „Das Andenken an sie stand friedlich neben dem an die großen Plebejer. (...) Schritt für Schritt verfiel alles. (...) Doch neue Familien aus den Kleinstädten erhielten die Stadt in ihrer jugendlichen Kraft."[219]

Während der Punischen Kriege und in den Jahren nach der Schlacht von Zama[220] nahm das *ius gentium* Gestalt an. Seine Einführung scheint durch die Vormachtstellung Roms bedingt zu sein. Ein Rechtsgeschäft konnte nur innerhalb des Reichsgebiets stattfinden; die Geschäfte von Fremden waren daher nicht rechtsgültig. In den frühen Tagen wurden Eherecht und Handelsrecht als Akt besonderer Freundschaft auf ausgewählte Fremde ausgeweitet, aber diese Praxis endete nach der Unterwerfung des Latinischen Städtebunds im Jahr 338 v. Chr. Nach diesem Zeitpunkt setzten die Römer den Status ihrer eroberten Gegner auf einen Status herab, der nahe an einer Unterjochung war. Nur in Ausnahmefällen (wie dem Karthagos nach dem Pyrrhischen Krieg)

---

[218] eine römische Familiendynastie (Anm. d. Ü.)

[219] **Titus** Livius, 10,23 und 10,31; vgl. B. G. Niebuhr, History of Rome, III, S. 10 f.; W. Ihne, History of Rome, IV, S. 239.

[220] Die Schlacht von Zama beendete 202 v. Chr. den Zweiten Punischen Krieg. Die drei Punischen Kriege erstreckten sich über den Zeitraum von 264 v. Chr. bis 146 v. Chr. (Anm. d. Ü.)

wurden Fremde gleichberechtigt behandelt. Mit fortschreitender Zeit jedoch stieg die Anzahl der Fremden in Rom rapide an, und da sie außerhalb des Gesetzes standen, entstand Chaos. Keines ihrer Handelsgeschäfte war rechtsgültig. So wurde ein spezieller Praetor eingesetzt (*Praetor peregrinus*), der mit der Rechtsprechung über alle Fremden in Rom beauftragt wurde. Anders als der städtische Praetor (*Praetor urbanus*) war der *Praetor peregrinus* weder an eine Tradition, noch an gesetzliche Bestimmungen gebunden. Seine Entscheidungen führten also zur Einführung einer neuen Gesetzesform, dem *ius gentium*. Zunächst wurden das bürgerliche Gesetz (*ius civile*) und das *ius gentium* nebeneinander angewendet, aber irgendwann verdrängte das neuere Gesetz das ältere; es wurde nicht nur auf Fremde, sondern auch auf römische Bürger angewendet.[221]

Für das *ius gentium* war die Ehe eine Verbindung, die auf der wechselseitigen Zustimmung beider Vertragsparteien basierte. Eine absolute Autorität des Ehemannes über die Ehefrau (*manus*) gab es nicht mehr. Die Frau wechselte nicht in die Familie ihres Ehemannes; sie und ihre Kinder unterstanden weiterhin der *potestas* ihres Vaters. Die „freie" Ehe blieb zunächst illegal, aber die Zahl freier Ehen stieg so rapide an, dass deren Anerkennung erzwungen wurde. Das Abstammungssystem änderte sich von einer patrilinearen[222] zu einer bilateralen[223] Regelung. Bald wurde es zur Gewohnheit, dass Kinder allein durch öffentliche Anerkennung in die Verfügungsgewalt eines Mannes kommen konnten. Die Ehefrau jedoch verlor ihren Status als Filiafamilias und wurde als ein Individuum angesehen, das ihrem Mann gleichgestellt war. Außerdem wurde der Familienrat durch ein Gesetz von Maenius aus dem Jahr 168 v. Chr. bei familiären Streitfragen entmachtet. Dessen Funktion wurde auf ein Sittengericht (*iudicium de moribus*) übertragen.[224]

Im 2. Jahrhundert v. Chr. verschwand die Konfarreationsehe und es war für sage und schreibe 75 Jahre unmöglich einen qualifizierten Mann zu finden, der das Priesteramt des Jupiter-Tempels übernehmen konnte – er musste einer Konfarreationsehe entstammen. Freie Ehen wurden üblich, sie wurden geschlossen und geschieden durch gegen-

---

221 J. H. Muirhead, Roman Law, S. 215 ff.; W. A. Hunter, A Historical and Systematic Exposition of Roman Law, S. 35 f.; R. Sohm, Institutes, übersetzt von J. C. Ledlie, S. 64 ff.

222 Zugehörigkeit zur väterlichen Linie (Anm. d. Ü.)

223 gleiche Zugehörigkeit zur väterlichen und mütterlichen Linie (Anm. d. Ü.)

224 J. H. Muirhead, Roman Law, S. 217, 223; R. Sohm, Institutes, übersetzt von J. C. Ledlie, S. 457 ff.; J. Bryce, Studies in History and Jurisprudence, Band 2, S. 94, 390.

seitige Übereinkunft. Tatsächlich war sogar der Wille einer Partei für eine Scheidung ausreichend. Die Trennungsabsicht wurde entweder mündlich oder durch einen Boten geäußert. Es gab keine Zeremonie, keine Registrierung und keine feste Form. Frauen waren von jeglicher ehelicher Autorität befreit. Sie konnten über Besitz verfügen und in ihrem eigenen Namen Verträge abschließen. Die Vormundschaft blieb, aber die Frau konnte ihren eigenen Vormund benennen und der Einfallsreichtum moderner Richter half ihnen den Begrenzungen zu entkommen, die eine nominelle Vormundschaft auferlegte. Unter diesen Bedingungen jedoch kam die Eheschließung außer Mode, besonders unter Männern. Es wäre jedoch vielleicht gerechter zu sagen, dass eine Eheschließung unter diesen Bedingungen verschmäht wurde, zumal sie wenige Vorteile zu bieten schien, und viel verloren werden konnte. Eine große Anzahl führender Bürger bevorzugten eine Geliebte oder Konkubine als Frau. Eine römische Konkubine war kein zusätzlicher Sexualpartner. Sie war die einzige Gefährtin eines Mannes, manchmal auch seine lebenslange Partnerin. Der wichtigste Unterschied zur Ehe bestand darin, dass ein freier Bürger eine Freigelassene als Konkubine nehmen, sie aber nicht ehelichen durfte.[225]

Augustus bemühte sich mit der Lex Iulia et Papia[226] einen Wandel zu bewirken, aber es ist zweifelhaft, ob seine Bemühungen, das einstürzende Gebäude zu stützen, erfolgreich waren. Es brauchte drei Jahre, um die Bevölkerung zu überzeugen, das Gesetz anzunehmen, das Muirhead als einen voluminösen Ehekodex beschreibt, „der für zwei oder drei Jahrhunderte einen solchen Einfluss ausübte, dass er fast wie das Zwölftafelgesetz als eine der Quellen des römischen Rechts angesehen wird." Gewiss, der Ton vieler ihrer Bestimmungen stand im Gegensatz zu den Praktiken des ersten vorchristlichen Jahrhunderts – dennoch blieb die Basis der sexuellen Beziehungen gleich: gegenseitige Übereinkunft. Das Ziel der Gesetzesänderung war nicht die Einführung verpflichtender Keuschheit, sondern eine Steigerung der Geburtenrate und die Wiederherstellung von etwas Ord-

---

[225] Tacitus, Annalen, 4,16; E. Poste, Institutiones Gaii, S. 49; W. A. Hunter, A Historical and Systematic Exposition of Roman Law, S. 694, 727-729; R. Sohm, Institutes, übersetzt von J. C. Ledlie, S. 475; J. Bryce, Studies in History and Jurisprudence, Band 2, S. 395 ff., 413; W. Warde Fowler, Social Life at Rome in the Age of Cicero, S. 147 ff.

[226] Die „lex Iulia de maritandis ordinibus" wurde im Jahr 18 v. Chr. erlassen, die „lex Papia Poppeae" im Jahr 9 n. Chr. Beide Gesetze wurden schon in der Antike zusammengefasst. Ziel der Gesetze war die Erhöhung der allgemeinen Moral, die Förderung von Eheschließungen und eine Bekämpfung der Kinderlosigkeit. (Anm. d. Ü.)

nung im existierenden Chaos. Eheschließungen von Männern und Frauen liederlichen Charakters wurden verboten. Unverheirateten wurde nicht erlaubt, von einer Erbschaft zu profitieren. Kinderlos Verheiratete durften nur die Hälfte ihres gesetzmäßigen Anteils erben. Mütter von Kindern wurden von der männlichen Vormundschaft befreit. Konkubinate erhielten den Status einer offiziellen Verbindung. Eine Scheidung war bis zur Abgabe einer formellen Erklärung vor Zeugen ungültig. Das war der Tenor der kaiserlichen Bestimmungen. Die Emanzipation von Frauen wurde offiziell gebilligt. Die elterliche Autorität über die Nachkommen wurde nahezu vollständig abgeschafft.[227]

Allmählich hörten die alten Herrschaftsformen, die nach außen hin bewahrt wurden, zu funktionieren auf. Die Volksversammlung verlor die letzte übrig gebliebene Autorität. Sie war schlicht unfähig diese auszuüben. Das Gleiche geschah mit dem Senat. „Es besteht kaum ein Zweifel", stellt Samuel Dill fest, „dass es Männer gegeben hat, die von einer wiederhergestellten senatorischen Macht träumten. Genauso sicher ist, dass der Senat nicht fähig war, sie durchzusetzen."[228] Die Ausweitung sexueller Freizügigkeit hat ihre Arbeit getan. Die Römer befriedigten ihre sexuellen Triebe auf direkte Weise. Folglich hatten sie keine Energie für irgendetwas anderes.

In einigen Teilen des Reichs wurden jedoch die römischen Traditionen bewahrt. In Italien, Gallien, Illyrien und Spanien wurde das alte Familienideal weiterhin praktiziert. Die Frauen banden sogar ihre Haare auf eine altmodische Art, die von den römischen Frauen schon längst aufgegeben wurde. Die Söhne dieser Frauen zogen nach Rom, erreichten hohe Ämter und beherrschten das Reich. Sie kamen in den Senat und stellten ein wenig von seiner ursprünglichen Autorität wieder her. Trajan, Hadrian und Antoninus Pius entstammten einer derartigen provinziellen Herkunft.[229]

Oft wird angenommen, dass das Römische Reich im 2. Jahrhundert am stärksten war. Die Kaiser aus der Provinz verliehen ihr die Stärke. Die Bedingungen in den Provinzen waren so, dass soziale Energie entstand. Dann legten die aus der Provinz Zugezogenen ihrerseits die Sitten ihrer Väter ab und lebten sexuell freizügiger. Es kam sogar zu Päderastie. In den Aufzeichnungen des 3. Jahrhunderts

---

[227] Gaius, Institutiones, 156, 157, 190; J. H. Muirhead, Roman Law, S. 275, 312 ff.; W. A. Hunter, A Historical and Systematic Exposition of Roman Law, S. 66, 191 ff., 292, 690 f.

[228] S. Dill, Roman Society from Nero to Marcus Aurelius, S. 39.

[229] Trajans und Hadrians Familie stammten aus Hispanien, Antoninus Pius' Eltern aus Gallien. (Anm. d. Ü.)

wird offensichtlich, dass es diesen Söhnen und Enkeln an Energie mangelte.

Noch einmal tauchte eine Personengruppe auf, die ihre frühen Jahre in einer Atmosphäre intensiver Keuschheit verbracht hatte: die Christen. Sie hatten viele gewaltsame Verfolgungen überlebt. Später verfügten sie über einen großen Einfluss im Reich, das im 4. Jahrhundert wieder die Stärke erreichte, die es im 2. Jahrhundert gezeigt hatte. Die Edikt von Mailand[230] kann durchaus ein politischer Schachzug gewesen sein, aber Kaiser Konstantin dachte richtig, dass er sich auf die Christen verlassen kann. Dann änderten die Christen ihrerseits ihre Gewohnheiten. Während sie ihre besten Frauen zur Jungfräulichkeit anhielten und diese sogar verlangten, gingen sie hinsichtlich der nachehelichen Regeln Kompromisse mit den bürgerlichen Instanzen ein. Dann überrannten die Germanen das Weströmische Reich. Sie verfügten über das gleiche Monogamie-Ideal, das die Sumerer, Babylonier, Athener und Römer einst besaßen und später verwarfen.

7.4 Die Germanen

Als die germanischen Stämme zum ersten Mal die Bühne der Geschichte betraten und eine große expansive soziale Energie entfalteten, waren sie absolut monogam, deistisch und monarchisch.[231] Eltern,

---

[230] Im Jahr 313 n. Chr. gestanden die Kaiser Konstantin und Licinius Christen die freie Ausübung ihres Glaubens zu. (Anm. d. Ü.)

[231] Da dieses Gesamturteil im Folgenden nur knapp belegt wird, hier einige Präzisierungen: Was die expansive soziale Energie der Germanen betrifft, so scheint sie nicht flächendeckend und gleichzeitig, sondern in zeitlich versetzten Schüben aufgetreten zu sein. Germanische Stämme drangen über mehrere Jahrhunderte hinweg an unterschiedlichen Stellen in bis dato römische Provinzen ein und übernahmen im Laufe der Zeit die Vorherrschaft: Die Chatten in Obergermanien und Rätien (ab 162 n. Chr.), die Alemannen im Gebiet zwischen Rhein und Donau (ab 235 n. Chr.), die Franken in der Gegend des Niederrheins (um 300 n. Chr.), die Ripuarier im Kölner Raum (um 455 n. Chr.), die Baiowaren in Norikum und Rätien östlich der Iller (ab 500 n. Chr.). Im Hinblick auf die Gegend des Niederrheins schreibt der Frühhistoriker Ernst Wahle, dass die Germanisierung der römisch geprägten Bevölkerung „dadurch erleichtert [wurde], daß die Zahl ihrer Bewohner in spätrömischer Zeit sehr zusammengeschrumpft war." (vgl. Ernst Wahle, Ur- und Frühgeschichte im mitteleuropäischen Raum, in: Handbuch der deutschen Geschichte, hrsg. von Herbert Grundmann, Stuttgart ⁹1973, S. 1-89, insbesondere S. 78-87, Zitat S. 84.) Geht man davon aus, dass der von Unwin festgestellte Zusammenhang zwischen dem Auftreten expansiver Energie und sexuellen Vorschriften auch hier zutrifft, dann sind analog zur schubweisen Ausbreitung der Germanen auch hinsichtlich der Monogamie bei manchen germanischen Stämmen Phasenverschiebun-

Söhne und deren Ehefrauen versammelten sich, ähnlich wie bei den frühen Römern, um einen Herd. Der Vater war das Haupt der Herd-Gemeinschaft; seine Verfügungsgewalt über Ehefrau und Kinder war absolut.

Ein Mann erwarb seine Ehefrau, indem er mit deren Eltern verhandelte. Er übergab ihnen Eigentum und erhielt dafür jene Autorität (*Mund*) über sie, die bis dahin die Eltern besessen hatten. Einer untreuen Frau wurden furchtbare Strafen zugefügt – Ehebruch war ein Vergehen gegen den *Mund*. Verhielt sich ein Mann untreu, wurde er nicht auf die gleiche Weise bestraft. Wenn er jedoch den *Mund* eines anderen Mannes verletzte, wurden gewisse Strafen verhängt. Gewöhnlich wurde eine Witwe auf dem Scheiterhaufen oder am Grab ihres verstorbenen Ehemanns getötet. Wenn sie nicht freiwillig in den Tod ging, wurde sie verachtet und gehasst.

Ein Vater entschied, ob ein Neugeborenes am Leben bleiben oder getötet werden sollte. In der frühen Zeit scheint ein Sohn in jeder Hinsicht Eigentum seines Vaters gewesen zu sein, ab dem 5. Jahrhundert jedoch, in dem sich große Umwälzungen vollzogen, stand es einem Sohn frei, seine Ehefrau selbst zu wählen. Dennoch blieb es Gewohnheit, dass sich ein Sohn mit seinen Eltern absprach, bevor er die Eheschließung endgültig besiegelte. Der römische Historiker Tacitus behauptet, dass die Söhne aus der Vormundschaft ihrer Väter entlassen wurden, sobald ihnen gestattet wurde, Waffen zu tragen.[232] Vermutlich war das Verwandtschaftssystem über die väterliche Linie organisiert. Allerdings verfügen wir bis zum 7. Jahrhundert n. Chr.

---

gen und lokale Abweichungen denkbar. Es ist allerdings bemerkenswert, dass römische Autoren, die sonst auf die unkultivierte Lebensweise der Germanen herabsehen, die Sittenstrenge der Germanen sogar lobend hervorheben, so bei Tacitus etwa 100 n. Chr. (siehe Unwins Ausführungen), so auch bei Salvian, einem christlichen Autor, der um 400 n. Chr. in Trier oder Köln geboren wurde und dann ins südliche Gallien zog. Er schreibt: „Gott weiß, dass sie [die Germanen] womöglich des katholischen Glaubens nicht unwürdig sind; muss Er doch sehen, dass sie bei einem Vergleich ihres Lebens den [romanischen] Katholiken gegenüber den Vorzug verdienen." (De gubernatione Dei V,3) Salvian scheint, selbst wenn er zugespitzt haben sollte, davon auszugehen, dass seine Leser um die sittsame Lebensweise der Germanen wussten. Im Ganzen spricht also vieles dafür, dass die germanischen Stämme, wie Unwin behauptet, hinsichtlich ihrer sexuellen Vorschriften sittenstrenger waren als die Römer in ihrer Spätzeit. Während die romanische Bevölkerung schrumpfte und an innerem Zusammenhalt verlor – der Historiker Peter Brown spricht von einem Zerfall der zentralen *Romanitas* in lokale römische Enklaven (vgl. Brown, Der Schatz im Himmel, Stuttgart 2017, S. 588) –, gelang es den Germanen, größere ethnische Verbände zu organisieren. (Anm. d. Ü.)

[232] siehe Tacitus, Germania, 13.

über keine gesicherten Informationen über das vorherrschende System. Es können durchaus auch mehrere Systeme parallel existiert haben. „In Germanien war es möglich", behaupten Pollock und Maitland, „dass in zwei Nachbardörfern mit Einwohnern der gleichen Ethnie, Religion und Sprache, dennoch verschiedene Regeln galten, was die wichtigste menschliche Beziehung betrifft."[233]

Abgesehen von dieser Einschränkung waren die Sitten der Goten, Franken, Alemannen, Burgunder, Angeln, Sachsen, Lombarden und Jüten vergleichbar. Tacitus, der gegen Ende des 1. Jahrhunderts n. Chr. schrieb, hat die sozialen Zustände von einigen dieser Stämme beschrieben. Wir wissen jedoch nicht, in welcher Gegend seine Information gesammelt wurde. Implizit vergleicht Tacitus die Gewohnheiten der Germanen mit denen seiner Zeitgenossen, wenn er über Erstere sagt, dass sie über Laster nicht lachten und es nicht gewohnt waren, andere zu verderben oder sich verderben zu lassen. Es galt als „Schande", fügt Tacitus hinzu, wenn eine Frau die Anzahl ihrer Nachkommen begrenzte. „Gute Gewohnheiten wirkten hier effektiver als andernorts gute Gesetze."[234]

Nach Tacitus besaßen manche der germanischen Fürsten mehr als eine Ehefrau, und zwar nicht aus sexuellen oder libidinösen Gründen, sondern infolge politischer Ehen. Wann immer in einer Gesellschaft, über die wir ausgiebige Kenntnisse besitzen, voreheliche Keuschheit eingeführt wurde, scheint zunächst die Monogamie (oder begrenzte Polygamie) die Regel gewesen zu sein. Der Besitz weiterer Ehefrauen entspringt einer späteren Gewohnheit. Die meisten Experten stimmen darin überein, dass in einer frühen Epoche der Frauenraub die übliche Methode war, um in den Besitz einer Frau zu kommen, und dass es später zu einer Ehe durch Kauf kam. Tacitus führt ein Beispiel für eine Blutfehde an, die sich an einem Frauenraub entzündet hatte.[235] Bei den Germanen wurde nicht die Frau an sich gekauft, sondern nur die Rechte über sie (*Mund*). Das ist ein feiner Unterschied, der für einen modernen Europäer sehr entscheidend ist. Ich hege jedoch große Zweifel, ob er in den Köpfen der Germanen des 5. Jahrhunderts existierte: Wenn ein Mann das Recht hat, über Leben und Tod einer Frau zu entscheiden, scheint er auch nach Belieben über ihre Person verfügt zu haben.

Die absolut monogamen Germanen überrannten das Weströmische Reich und gründeten überall in Westeuropa neue Königreiche. Die

<hr>

233 F. Pollock und F. W. Maitland, History of English Law, S. 399 f.
234 siehe Tacitus, Germania, 16-18; G. E. Howard, History of Matrimonial Institutions, S. 159, 258-261 ; O. Schrader, Artikel „Family, Teutonic" in: Enc. Rel. Eth., hrsg. von J. Hastings, Band 5, S. 749-753.
235 Tacitus, Annalen, 1,55.

Ehrwürdigkeit Roms hatte aber einen so tiefen Eindruck auf sie gemacht, dass einige von ihnen die Oberherrschaft Roms anerkannten, auch nachdem sie die Hauptstadt erobert und das Weströmische Reich besiegt hatten. Die Franken und Burgunder zogen westwärts und ließen sich im südöstlichen beziehungsweise nördlichen Gallien nieder. Die Vandalen verließen die Ufer der Weichsel und machten sich auf ihren Weg nach Spanien und weiter nach Nordafrika. Von da aus organisierten sie Überfälle auf Südeuropa und die Mittelmeer-Inseln. Nach Spanien gelangten auch die Westgoten, die aus den Gegenden der unteren Donau über Italien, Rom und Südgallien kamen. Die Ostgoten errichteten, nachdem sie das Oströmische Reich mit Soldaten und Generälen unterstützt hatten, ein eigenes Königreich, das Italien und das Alpenland umfasste. Im Norden dieses Reiches, zu beiden Seiten der Oder, siedelten Lombarden. Im 6. Jahrhundert überquerten die Lombarden die Alpen und eroberten Norditalien.

7.5 Der Einfluss des Christentums

Zunächst einmal muss man festhalten, dass es aus historischer Sicht nicht *die* christliche Ehe gibt. Der Begriff ist sehr umfassend; und in sein Bedeutungsspektrum fallen viele unterschiedliche Arten von sexuellen Vorschriften. Tatsächlich werden die Vorstellungen von Hieronymus[236], Theodor von Tarsus[237], Howell dem Guten[238], John Milton[239] und Papst Pius XI.[240] alle gleichermaßen als christlich angesehen. Das Attribut „christlich" entbehrt hier jeder präzisen Bedeutung. Keiner wird bestreiten, dass die Christen im Weströmischen Reich der Institution der Ehe eine Würde verliehen, die sie seit den Zeiten der Konfarreationsehe nicht mehr hatte; aber die genauen Vorschriften, die von den Konvertiten angenommen wurden, sind uns nicht bekannt. Außerdem waren die sexuellen Reglementierungen keinesfalls identisch, als die germanischen Stämme nach und nach die neue Religion annahmen. Die Franken hielten das katholische Banner hoch, während sich ihre germanischen Brüder für das arianische Christentum entschieden. Wir wissen, dass viele Mitglieder aus dem fränkischen Herrscherge-

---

[236] Theologe (347-420 n. Chr.) (Anm. d. Ü.)
[237] byzantinischer Priester, später Erzbischof von Canterbury (602-690 n. Chr.) (Anm. d. Ü.)
[238] walisischer Herrscher (ca. 880-950 n. Chr.) (Anm. d. Ü.)
[239] englischer Dichter (1608-1674) (Anm. d. Ü.)
[240] Papst von 1922-1939 (Anm. d. Ü.)

schlecht mit mehr als einer Frau zur gleichen Zeit verheiratet waren. Wir wissen aber nichts über die Art und Weise, wie die Annahme des arianischen Christentums die sexuellen Gewohnheiten der Goten, Vandalen und Lombarden beeinflusste. In späterer Zeit scheinen Lehre und Praxis der katholischen Christen im Westen nicht die gleichen gewesen zu sein wie die der orthodoxen Christen im Osten, die tatsächlich immer eine größere nacheheliche Freizügigkeit genossen als die Katholiken.

Wie bereits gesagt, wurde in der Vergangenheit die sexuelle Freizügigkeit nie auf ein Minimum reduziert, wenn nicht die Frauen gewisser Rechte beraubt wurden, die zu genießen berechtigt erscheinen. Wenn man also über diesen Sachverhalt nachdenkt, ist es unmöglich, eine Erörterung der familiären Beziehungen im Allgemeinen zu vermeiden, insbesondere der zwischen Mann und Frau, sowie dem Vater und den Kindern. In jeder christlichen Gesellschaft wurden diese Beziehungen weniger von der Lehre Jesu bestimmt als von der des Paulus von Tarsus.[241] Paulus verbrachte seine frühen Jahre in einer

---

[241] Jesus und Paulus traten gleichermaßen für die absolute Monogamie ein (vgl. Mt 5,27-32 mit 1Kor 6,18; 7,10-13). Unwins Unterscheidung zwischen einer jesuanischen und paulinischen Auffassung bezieht sich auf die Bewertung der Leiblichkeit des Menschen und die Vorstellung einer ehelichen Autorität des Mannes. Was die Leiblichkeit des Menschen betrifft, so spricht Paulus ihr einerseits eine immense Sakralität zu: „Wisst ihr nicht, dass euer Leib ein Tempel des Heiligen Geistes ist?" (1Kor 6,19) Andererseits ist für ihn selbst der eheliche sexuelle Akt nur ein Zugeständnis an die menschliche Leiblichkeit: „Es ist gut für einen Menschen, keine Frau zu berühren. Aber zur Verhinderung von Unzucht habe jeder seine eigene Frau." (1Kor 7,1-2) Letzteres führte im Lauf der Geschichte des Öfteren zu fatalen Formen von Leibfeindlichkeit. – Bezüglich der ehelichen Autorität des Mannes wurde über viele Jahrhunderte hinweg verdrängt, dass Paulus das Verhältnis der Geschlechter im Zusammenhang einer fundamentalen Gleichberechtigung von Mann und Frau sieht: „Wie die Frau vom Mann ist, so ist auch der Mann durch die Frau; beide aber sind von Gott." (1Kor 11,12) oder „Da ist nicht Jude oder Grieche, Sklave oder Freier, Mann oder Frau, denn ihr seid alle eins in Christus Jesus." (Gal 3,28). Die paulinische Aussage, der Mann sei das Haupt der Frau, relativiert Paulus gleich wieder, indem er behauptet, dass Christus das Haupt des Mannes sei (vgl. 1Kor 11,3). Dass Paulus überhaupt den Mann als Haupt der Frau bezeichnet hat, scheint darin begründet zu liegen, dass er das altrömische Familienideal, das zu seinen Lebzeiten im Niedergang begriffen war, als die bessere Alternative gegenüber unverbindlichen und außerehelichen Lebensformen hielt, die damals in Mode kamen. Doch selbst das altrömische Eheverständnis transformierte Paulus in Richtung Gleichberechtigung: „Die Frau verfügt nicht über ihren eigenen Leib, sondern der Mann; ebenso verfügt aber auch der Mann nicht über seinen eigenen Leib, sondern die Frau." (1Kor 7,4) Für Paulus bestand das Wesen der Ehe darin, dass sich die Frau dem Mann schenkt und, was nach altrömischem Verständnis unvorstellbar war, der Mann genauso der Frau. Das

jüdisch-römischen Umwelt. Die Vorstellungen, die er in seiner Geburtsstadt im Kontakt mit der herrschenden römischen Atmosphäre aufnahm, wurden durch das bestätigt, was er von Rabbi Gamaliel lernte: In beiden Fällen war es das Konzept der absoluten Monogamie. Und auf diese Weise verfestigten sich manche Implikationen der absoluten Monogamie zu einem christlichen Ideal.

Zugegebenermaßen wurden die paulinischen Anweisungen von einigen christlichen Gruppierungen, obwohl sie ihnen in der Theorie zustimmten, in der Praxis missachtet. Andere Gruppen wendeten sie in jedem Detail des Familienlebens strikt an. Die sexuellen Vorschriften der Letzteren unterschieden sich daher in einigen Aspekten von denjenigen anderer Christen, deren Vorschriften nahezu identisch mit denen ihrer heidnischen Vorfahren waren. Die meisten protestantischen und alle nonkonformistischen Christen[242] interpretierten die paulinischen Schriften wörtlich[243]. Das führte dazu, dass ihre Vorstellungen hinsichtlich der Beziehungen zwischen Ehemann und Ehefrau und zwischen dem Vater und den Kindern denen entsprach, die die Sumerer, Babylonier, Athener, Römer und Angelsachsen einst hatten und später verwarfen. Bei der Erörterung der sexuellen Vorschriften der Engländer sind die Vorstellungen der protestantischen und nonkonformistischen Christen bedeutsam; und um ihren gemeinsamen (christlichen) Charakter festzuhalten, bezeichne ich ihre Sitten mit dem Terminus „paulinische absolute Monogamie"[244]. So wie alle Gesellschaften, die eine Form von absoluter Monogamie annahmen, veränderten sich auch die Vorstellungen der protestantischen und nonkonformistischen Christen im Lauf der Zeit.

Im Großen und Ganzen haben die Christen kein Ritual erfunden. Sie haben heidnische Zeremonien übernommen und auf ein neues Ziel hin ausgerichtet. Als die katholischen Priester begannen, die heidnischen Germanen zu missionieren, war ihr Ziel, die Herde zu vergrößern, da sie nur den Mitgliedern der katholischen Kirche die Sünden vergeben und die Segnungen des Heils zukommen lassen konnten.

---

ist weit entfernt von den später als „paulinisch" geltenden Auffassungen! (Vgl. hierzu auch: U. Schnelle, Paulus – Leben und Denken, Berlin 2003, S. 220-223.) (Anm. d. Ü.)

[242] Zu den protestantischen Gruppen zählen Anglikaner und Lutheraner, zu den nonkonformistischen u. a. Calvinisten, Baptisten, Methodisten und Puritaner. (Anm. d. Ü.)

[243] Wie in der Fußnote oben erläutert, liegt hier genau genommen keine wörtliche Auslegung, sondern eine bestimmte Interpretationslinie vor. (Anm. d. Ü.)

[244] Auch hier wäre es präziser, von einer patriarchalen Interpretation paulinischer Sätze zu sprechen. (Anm. d. Ü.)

Zu diesem Zweck waren sie bereit, mit jedem Ritual zu sympathisieren, das nicht mit dem fundamentalen Glaubensgrundsatz der Trinitätslehre und der Eucharistie im Widerspruch stand. Abgesehen davon wurde den neuen Konvertiten und tatsächlich sogar allen Anhängern des neuen Glaubens zugestanden, und sie wurden sogar darin bestärkt, Gott in der Weise zu verehren, wie es ihrer besonderen Mentalität am besten entsprach.

Im Lauf der Zeit wurden dann dem katholischen Ritus bestimmte Elemente hinzugefügt, die, soweit wir sagen können, nicht von Anfang an praktiziert wurden. Bereits im 4. Jahrhundert wurde es für einige Christen zur Gewohnheit, zu Ehren der Märtyrer Riten durchzuführen. Diese Toten wurden angerufen, um sich Gunsterweise für die Lebenden zu sichern; und die Kirchenväter sahen sich gezwungen, öffentliche Rechtfertigungen über dieses Verhalten abzugeben und ihre Gläubigen gegen die Vorwürfe aufgeklärter Heiden zu verteidigen. Kaiser Julian[245] scheint in seinen antichristlichen Attacken besonders nachdrücklich die Verehrung der Toten kritisiert zu haben. Zweifellos erlaubten jedoch die christlichen Priester mit toleranter Nachsichtigkeit ihren enthusiastischen, aber ungebildeten Anhängern, Gott weiterhin auf die Weise zu verehren, die am besten zu ihrem Verständnishorizont passte.

In der Gegenwart ist eine Form des katholischen Christentums weit verbreitet über die ganze Welt. Und auch wenn Christen es nicht gerne hören mögen, bestand der Effekt ihrer Lehre auf unzivilisierte Gesellschaften zunächst nicht in der Stärkung, sondern der Schwächung sexueller Vorschriften. Der Grund liegt darin, dass die Christen sexuelle Entgleisungen zwar verbaten, aber sie eben auch vergaben, während sie im System der Einheimischen effektiv verhindert wurden. Gouldsbury und Sheane haben den Einfluss der christlichen Lehre auf die Einwohner der Tanganjika-Hochebene[246] beschrieben. Sie betonen die Tatsache, dass die Eingeborenen sofort ihre erweiterten Möglichkeiten ausnutzten, sobald die alten Strafen für sexuelle Entgleisungen nicht mehr angewandt wurden. Das Gleiche berichteten auch andere Beobachter. Der Effekt des Christentums auf die Gesellschaft der Fidschi wurde von Basil Thomson beschrieben. Und wie ich denke, trat er auch hinsichtlich des sexuellen Verhaltens der angelsächsischen Konvertiten im England des 7. Jahrhunderts auf. Zu der Zeit war es noch immer Brauch, einen Brautpreis (*Weotuma*) an die Eltern der Braut zu zahlen, wobei die Jungfräulichkeit des Mädchen eine der Erwä-

---

[245] Flavius Claudius Iulianus (331-363 n. Chr.) (Anm. d. Ü.)
[246] Gegend im östlichen Zentralafrika (Anm. d. Ü.)

gungen war, für die der *Weotuma* geboten und bezahlt wurde. Wenn und sobald diese Männer katholische Vorstellungen annahmen, trat, wie ich vermute, der oben beschriebene Effekt ein. Die gegenseitige Übereinkunft wurde zur erforderlichen Bedingung einer Ehe, voreheliche Keuschheit wurde durch eine gelegentliche Keuschheit ersetzt und sexuelle Entgleisungen wurden nur verboten und vergeben, statt dass sie verhindert worden wären.

Das blieb so, bis die Engländer eine Form der paulinischen absoluten Monogamie annahmen, die nicht nur zur vorehelichen Keuschheit ermutigte, sondern sie erzwang. Meine Vermutung ist, dass im sogenannten Mittelalter unter einfachen Frauen und Männern, die in ihrem ganzen Leben kaum einige Meilen außerhalb ihres Geburtsortes reisten[247], vorehelicher Geschlechtsverkehr (besonders unter Verlobten) die Regel war – und nicht die voreheliche Keuschheit. Letztere Vorschrift war beschränkt auf die herrschenden Klassen, die allein wirklich deistisch waren.

Der zweite Punkt, der hinsichtlich der Vorstellungen der katholischen Christen erwähnt werden muss, ist, dass die katholische Kirche im langen Lauf ihrer Karriere anfänglich einen anderen Aspekt des Sexuallebens betonte als später. Diese veränderte Betonung resultierte aus einer veränderten Einstellung gegenüber der Ehe selbst. In England führte das dazu, dass sich manchmal die Energie der Einwohner durch zwei Faktoren reduzierte, die im 16. Jahrhundert abgeschafft wurden.

Im 4. Jahrhundert begannen die Kirchenväter die Lehre durchzusetzen, dass die Ehe ein Zugeständnis an die Sünde ist und die Eheleute das Ideal der Jungfräulichkeit verfehlten. Hieronymus drückte es so aus: „Nuptiae terram replent, virginitas Paradisum."[248] Es entstand dann unter den Neubekehrten der Trend, Klöster zu gründen, die sich schnell mit männlichen und weiblichen Anhängern des Zölibats füllten. Durch ihre freiwillige Annahme verpflichtender Keuschheit erwiesen sich die Frauen, die den Klöstern beitraten, als genau diejenigen, die eine Generation energiereicher Nachkommen geboren hätte, wenn sie denn fruchtbar gewesen wären.[249] Wenn wir die Quellen über die Geschehnisse in Westeuropa vom 7. bis zum 13. Jahrhundert untersu-

---

[247] vgl. G. M. Trevelyan, History of England, S. 106 f.

[248] Die Ehe füllt die Erde an, die Jungfräulichkeit das Paradies. (Anm. d. Ü.)

[249] Die Belege hinsichtlich der Klöster sind verworren. Kommentare zu den im Text erwähnten spärlichen Daten finden sich in: G. C. Perry, History of the Church of England, S. 60, 76 f., 95, 136; J. M. Kemble, Saxons in England; J. Thrupp, Anglo-Saxon Home, S. 65 f., 212, 220; Eileen Power, Mediaeval English Nunneries, S. 4-6.

chen, erkennen wir, dass nach der Annahme und Ausübung dieser Art von Christentum die Gesellschaft weniger Energie entfaltete als zuvor. Es kam nicht darauf an, ob die Menschen Angelsachsen, Dänen, Normannen, Franken oder Venezianer waren: Ihre Energie variierte je nachdem, wie sehr sie die Gewohnheit freiwillig gewählter Kinderlosigkeit zuließen. Die Gesellschaft wurde dann wie ein Kegel, dem die Spitze fehlt: Die am höchsten entwickelte Schicht konnte nicht den ihr gebührenden Platz einnehmen. Das war der Zustand der christlichen Gesellschaft in England vor dem 16. Jahrhundert.

Wir wissen nicht, wie groß der Anteil der weiblichen Bevölkerung war, der zölibatär lebte. Nach Trevelyan „gab es niemals mehr als 2000 Nonnen im mittelalterlichen England". Sie waren, schreibt er, „größtenteils aristokratisch und in ihrer Herkunft und ihren Beziehungen vermögend".[250] Wir haben keine Informationen über die Anzahl solcher aristokratischer Familien, aber ich wage zu behaupten, dass die geschätzten 2000 einen nicht geringen Anteil der Frauen darstellten.[251] Wir wissen, dass unter den Angelsachsen des 7. und 10. Jahrhunderts und unter den Normannen des 12. Jahrhunderts jegliche Anstrengungen unternommen wurden, dass die vornehmsten Frauen kinderlos blieben. Jedenfalls kann das Ergebnis drei Generationen später beobachtet werden, als es der Gesellschaft bzw. der herrschenden sozialen Schicht nicht gelang, die Anführer und Intellektuellen bereitzustellen, die normalerweise aus ihren Reihen hervorgegangen wären. Nachdem die Normannen die verachteten Engländer aus den Klöstern ausgeschlossen hatten, begann im 13. Jahrhundert ihr Abstieg und der Aufstieg der Engländer.

Die soziale Energie der Normannen wurde auch noch durch einen weiteren Faktor beeinflusst, und der erweiterte die sexuelle Freizügigkeit. Ich zitiere aus einem Dokument des 14. Jahrhunderts: „In diesen Tagen entstand ein großer Aufruhr im Volk. Wann immer ein Wettkampf veranstaltet wurde, kam eine große Ansammlung der schönsten und wohlhabendsten, nicht aber der besten Frauen des Königreichs zusammen, manchmal vierzig oder fünfzig, als wären sie selbst Teil des Wettkampfs. Sie hatten mannigfaltige, wunderschöne Männerkleider an und trugen vielfarbige Tuniken. (...) Und dann schritten sie auf ausgesuchten Strecken zum Turnierplatz, verschleuderten und verschwendeten ihren Besitz und entehrten ihre Körper mit so unflätiger Schamlosigkeit, dass das Gerede der Leute überall zu

---

[250] G. M. Trevelyan, History of England, S. 307, Anmerkung 2.
[251] Für weitere Anmerkungen zu dieser Frage siehe: J. D. Unwin, Sexual Regulations and Human Behaviour, S. 104.

hören war. Und so fürchteten sie weder Gott noch erröteten sie ob der keuschen Stimme des Volkes."[252] Green zitiert diesen Auszug und fügt passend hinzu, dass über die Frauen nicht gesagt wurde, ob der keuschen Stimme der Kirche zu erröten.[253]

Es gibt zwei weitere Schwierigkeiten bei der Untersuchung sozialer Sitten im sogenannten Mittelalter. Erstens war es, jedenfalls in England, immer unsicher, ob die Ehe durch die gegenseitige Übereinkunft oder den vollzogenen sexuellen Akt (oder durch beides) gestiftet wurde. Unter diesen Umständen konnte die Wirksamkeit des Ehesakraments, das die Verbindung heiligte, in Zweifel gezogen werden. Bei einer öffentlich bekundeten Übereinkunft konnte außerdem argumentiert werden, dass die Verbindung eines Mannes, der die Ehe mit einer Frau vollzog, die sich einem anderen versprochen hatte, aufgrund der bereits existierenden Verlobung ungültig war.

Zweitens vollzog sich in der Geschichte der katholischen Kirche ein gewisser Meinungswandel hinsichtlich der Verwandtschaftsgrade, die für eine gültige Ehe vermieden werden mussten. Manchmal gab es eine Tendenz, angeheiratete Verwandte auf gleiche Weise anzusehen wie Blutsverwandte. Dann war es möglich, eine Ehe für null und nichtig zu erklären, weil der Ehemann oder die Ehefrau mit dem Mann oder der Frau eines anderen Familienmitglieds verwandt war.[254]

Die Frage, was eine christliche Ehe gültig machte, war umstritten. Zunächst folgten die Christen in Rom der römischen Rechtsprechung: „Nuptias non concubinatus sed consensus facit"[255] (Ulpian). Daher konnten sie nicht zulassen, dass eine Ehe, die mittels Übereinkunft geschlossen wurde, auf die gleiche Weise gelöst werden konnte. Als die rohen Germanen den neuen Glauben annahmen, tauchte das neue Problem auf, ob eine noch nicht vollzogene Ehe geschieden werden konnte. Wenn dem so sein sollte, war die Ehe nicht unlöslich; wenn nicht, dann war die beidseitige Übereinkunft nicht das einzige Kriterium. Das Dilemma scheint durch die Bestimmung gelöst worden zu sein, dass die unvollzogene Ehe null und nichtig ist.[256] Das Fehlen des priesterlichen Segens entzog bis zum Konzil von Trient (1563) der Ehe nicht ihre Gültigkeit,

---

[252] J. R. Green, A Short History of the English People, S. 238.

[253] Unwin veranschaulicht hier, wie eine Art Protestbewegung gegen das weit in die Gesellschaft eingedrungene zölibatäre Ideal aufgekommen ist. (Anm. d. Ü.)

[254] H. D. Morgan, The Doctrine and Law of Marriage, Adultery and Divorce, S. 136 ff.; G. E. Howard, History of Matrimonial Institutions, S. 36, 59; J. C. Jeaffreson, Brides and Bridals; W. E. H. Lecky, Democracy and Liberty; A. R. Cleveland, Women under English Law, S. 123, 145.

[255] Ehen werden nicht durch Beischlaf, sondern durch Übereinkunft geschlossen. (Anm. d. Ü.)

[256] O. D. Watkins, Holy Matrimony, S. 117-119.

aber zwischen dem 10. und 16. Jahrhundert scheinen die Priester eine strenge Aufsicht über sexuelle Angelegenheiten ausgeübt zu haben.

Angesichts dieser Schwierigkeiten wäre eine vollständige Diskussion der sexuellen Vorschriften katholischer Christen, selbst wenn man wollte, unmöglich. Das Quellenmaterial ist überaus unvollständig. Absolut verlässliche Belege sind sehr rar. In den meisten Quellenausgaben und allen Sozialgeschichten herrscht außerdem ein gewisser Eklektizismus[257] vor.

7.6 Die Araber

Die Araber sind ein gut belegtes Beispiel für eine Gesellschaft, die nach einer Phase, in der sie vorehelichen Geschlechtsverkehr erlaubten, voreheliche Enthaltsamkeit einführten und die sexuelle Freizügigkeit einschränkten. Sie entfalteten etwas expansive Energie, gerieten wieder unter den Einfluss der Polygamie, bevor sie durch das Heiraten von Frauen anderer Gesellschaften ihre Energie mehr und mehr steigerten.

Unter den frühen Arabern wurden die Frauen nicht zu vorehelicher Enthaltsamkeit gezwungen. Aber in den Generationen, die der Geburt von Mohammed unmittelbar vorangingen, begannen sie die Mut´a-Ehe[258] durch die Ba´al-Ehe[259] zu ersetzen.[260] Durch die Einführung vorehelicher Keuschheit wurden die Araber notwendigerweise deistisch. Darüber hinaus setzte die Ba´al-Ehe einige expansive Energie frei, da sie zunächst die nacheheliche Freizügigkeit der Männer auf ein Minimum reduzierte. Als aber dieses Ehe-Institut Teil der Tradition einer neuen Generation wurde, entstand die Frage, mit wie vielen

---

[257] hier: willkürliche Auswahl von Quellen (Anm. d. Ü.)

[258] Die sogenannte „Ehe des Genusses" wurde einzig zu sexuellen Zwecken geschlossen. Sie galt für einen festgelegten Zeitraum von einer halben Stunde bis zu mehreren Jahren. Mit ihr waren außer dem Lohn für die Frau keine weiteren Verpflichtungen verbunden. (Anm. d. Ü.)

[259] Die sogenannte „Ehe der Eroberung" bestand darin, dass Frauen von eroberten Völkern gefangengenommen und von muslimischen Männern gekauft wurden. Die Männer hatten fortan die absolute Gewalt über die erworbene Frau, die vom Status her rechtlos war. (Anm. d. Ü.)

[260] siehe hierzu und zu Keuschheitsvorschriften bei den semitischen und arabischen Völkern: W. Robertson Smith, Kinship and Marriage in Early Arabia, S. 94, 112, 128, 167-169. Professor Robertson Smith behauptet, dass sich zu Mohammeds Zeit „in Mekka eine Frau von guter Geburt sehr viel auf ihre Jungfräulichkeit einbildete. Die Einschränkung, die den Frauen ursprünglich durch ihre Herren auferlegt worden war, wurde mit der Zeit von den Ehefrauen selbst als eine Frage der Ehre akzeptiert."

Frauen ein Mann eine Ba'al-Ehe schließen durfte. Es ist belegt, dass dieses Problem noch zu Lebzeiten des Propheten diskutiert wurde, zumal er die Frage explizit beantwortete. Nachdem Mohammed seine Anhänger dazu angehalten hatte, „den Mutterschoß zu ehren", und diese sich nicht darum kümmerten, äußerte er: „Und wenn ihr fürchtet, ihr würdet sonst nicht recht handeln, (...) dann heiratet zwei oder drei oder vier; wenn ihr aber fürchtet, ihr könnt nicht recht handeln, dann heiratet nur eine."[261]

Die Anzahl der Ehefrauen, die ein Mann besitzen durfte, wurde von Mohammed nicht begrenzt. Sie war dem Mann und seinem Sinn für Angemessenheit überlassen. Bis zu einer späten Phase seines Lebens hatte Mohammed selbst nur eine Ehefrau, Chadidscha. Später, als er weitere Frauen heiratete, scheint er durch den Wunsch nach männlichen Nachkommen motiviert gewesen zu sein. In Sure 4 wird auf Ereignisse angespielt, die in den Zeitraum zwischen dem 3. und 5. Jahr nach der Flucht nach Medina fallen (625-627 n. Chr.). Mohammeds Ratschlag bezüglich der Ehefrauen geht vermutlich auf diese Zeit zurück.

Die Energie, die durch die Ba'al-Ehe freigesetzt wurde, brachte die Araber nach Ägypten, aber sie waren nicht dazu in der Lage, weiter vorzudringen. Über eine Generation blieben sie in Ägypten und heirateten dort christliche Frauen, die in einer Atmosphäre intensiver Enthaltsamkeit erzogen und dazu ermutigt, vielleicht auch gezwungen wurden, in lebenslanger Jungfräulichkeit zu leben. Die Söhne dieser Frauen eroberten Nordafrika. Dann wiesen die Berber und ihre Anführer den Weg nach Spanien. Dort heirateten die Araber ein weiteres Mal christliche und jüdische Frauen. Bald schon begannen erste Anzeichen eines Rationalismus zu erscheinen, der dann in mehreren Schüben für zwei, vielleicht drei Jahrhunderte aufblühte. Ganz konnte er jedoch nicht ausreifen, weil es bald schon keine Frauen mehr gab, die in einer Atmosphäre intensiver sexueller Keuschheit erzogen worden sind.

7.7 Die Angelsachsen

Die Angeln und Sachsen, die einen Landstrich nördlich und westlich der Lombarden in Besitz genommen hatten, überquerten die Nordsee in Richtung Britannien, eroberten das ganze Flachland und verdrängten die Briten nach Westen und Südwesten. Die Sachsen besetzten die Gegend des heutigen Essex (wörtlich *Ostsachsen*), Sussex (*Südsachsen*)

---

[261] Koran, Sure 4,3.

und Wessex (*Westsachsen*). Von den Angeln stammten die Ostangeln, Mittelangeln (*Merzianer*) und Bewohner Northumbrias ab, die das Land nördlich des Humbers bevölkerten. Die Jüten segelten mit ihren Schiffen von Dänemark nach Kent, in das südliche Hampshire und auf die Isle of Wight.

Anfänglich schienen die Jüten der energiereichste Stamm gewesen zu sein, da im 6. Jahrhundert das ganze England südlich des Humbers unter der Herrschaft Æthelberhts, des Königs von Kent, gestanden zu haben scheint. Die Faktenlage jedoch ist unklar. Aber selbst wenn es diese jütische Vorherrschaft gab, so bestand sie nicht lang. Wir verfügen über einige Anhaltspunkte, was die jütischen Gesetze des 6. Jahrhunderts betrifft: Sie legen nahe, dass die Jüten ihre absolute Monogamie früher aufweichten als die Angeln oder Sachsen. Wir besitzen auch Kenntnisse über die angelsächsischen Gesetze zwischen dem 7. und 10. Jahrhundert. An ihnen können wir studieren, wie die Angelsachsen ihre Methoden, die Verhältnisse zwischen den Geschlechtern zu regeln, veränderten. Die Beschreibung dieser Änderungen lässt uns verstehen, dass der Verlauf des gesellschaftlichen Wandels in einigen Teilen der Heptarchie[262] schneller vonstattenging als in anderen. Hinsichtlich der Einschränkung der ehelichen und elterlichen Autorität vollzog sich der Wandel nach dem gleichen, uns mittlerweile vertrauten Muster. Bezüglich der nachehelichen Vorschriften entstand durch die Konversion der Stämme zum Christentum eine gewisse Vielfalt innerhalb des Grundmusters: Das Mönchswesen wurde begünstigt und Scheidungen verdammt. Es sei jedoch in Erinnerung gerufen, dass während der ganzen Epoche die Ehe ein bürgerlicher Rechtsakt blieb. Der Segen eines christlichen Priesters fügte ihm nichts hinzu, und das Fehlen des Segens entzog ihm nichts von seiner Gültigkeit.

Noch eine gewisse Zeit nach der Ankunft der heidnischen Stämme in Britannien war die „übliche und rechtmäßige" Methode, in den Besitz einer Ehefrau zu kommen, weiterhin der Kauf. Man sicherte sich die Verfügungsgewalt (*Mund*) über die Frau durch einen Transfer von Eigentum an das Haupt ihrer Familie. Nach dem Tod ihres Vaters ging der *Mund* eines unverheirateten Mädchens auf ihren Beschützer über, der alle Rechte über sie genoss. Er konnte den *Mund* des Mädchens nach Belieben verkaufen. Die frühesten Gesetze, die wir kennen, sind die des jütischen Königs Æthelberht. Eines lautete: „Wenn ein Mann ein Mädchen mit Vieh kauft, so soll der Handel gültig sein, wenn keine List vorliegt; wenn aber eine List vorliegt, so darf er sie

---

[262] Bezeichnung für die frühmittelalterliche Zeit, in der England in sieben Kleinkönigreiche geteilt war. (Anm. d. Ü.)

wieder nach Hause bringen, und sein Eigentum soll er wieder zurück erhalten." Auf welche List Æthelberht genau anspielt, bleibt im Dunkeln. Doch aufgrund der Tatsache, dass ein Gesetz von König Ælfred aus dem 9. Jahrhundert einen Brautpreis (*Weotuma*) als „den Preis der Jungfräulichkeit" bezeichnet, könnte die List darin bestanden haben, den *Mund* eines Mädchens verkauft zu haben, die gar keine Jungfrau mehr war.

Ein anderes Gesetz von Æthelberht lautete: „Wenn ein Mann eine Jungfrau gewaltsam entführt, dann lass ihn 50 Schilling an den Eigentümer zahlen und sich dessen Zustimmung nachträglich erkaufen. Wenn die Frau bereits verlobt war, muss der Mann einen Betrag von 20 Schilling als Entschädigung leisten." Vermutlich fielen die 20 Schilling zusätzlich zu den 50 Schilling an. Das Bußgeld für die Entführung eines verlobten Mädchens betrug also 70 Schilling, von denen 50 an den Träger des *Munds* gingen und womöglich 20 an den Mann, der bereits eine Vereinbarung getroffen hatte, den *Mund* zu erwerben.

Es wurden feste Tarife öffentlich bekanntgegeben: Der *Mund* einer Witwe erster Klasse kostete 50 Schilling, einer Witwe zweiter Klasse 20 Schilling, einer der dritten 12, und der vierten 6 Schilling. Frauen besaßen keine juristischen Rechte. Wenn sie Ehebruch begingen, wurden sie mit dem Tod bestraft, während ihre Geliebten nur mit einer Geldstrafe belegt wurden. „Wenn ein freier Mann bei der Ehefrau eines freien Mannes liegt, so soll er Wergeld zahlen und die andere Ehefrau mit seinem eigenen Geld versorgen."[263] Das Wergeld war eine finanzielle Ausgleichszahlung, die von einem Mann geleistet werden musste, der die Rechte eines andere Mannes oder einer anderen Familie verletzte. Mord, Ehebruch und einige geringere Verbrechen wurden auf diese Weise bestraft.

Ähnliche Praktiken hielten sich auch unter den Angelsachsen des 7. Jahrhunderts. So beginnt ein Gesetz des Königs Ine von Wessex aus dem späten 6. Jahrhundert mit den Worten: „Wenn sich ein Mann eine Ehefrau kauft und die Vermählung nicht stattfindet..." Im 7. Jahrhundert jedoch setzte ein Wandel der ehelichen Autorität ein. Möglicherweise begann die Idee der allgemeinen Blutsverwandtschaft die Vorstellung einer Verwandtschaft nur über die väterliche Linie zu

---

263 Æthelberht 75, 77, 82, 83 und Ælfred 12 in: B. Thorpe, Ancient Laws and Institutes of England, S. 21, 23, 25, 47. Siehe auch F. Pollock und F. W. Maitland, History of English Law, S. 364, 444; J. C. Jeaffreson, Brides and Bridals, S. 12 ff.; J. Thrupp, The Anglo-Saxon Home, S. 22 ; T. Wright, History of Domestic Manners and Sentiments, S. 54; A. R. Cleveland, Women under English Law, S. 61; E. Young, Essays on Anglo-Saxon Law, S. 157, 163; G. E. Howard, History of Matrimonial Institutions, S. 258.

verdrängen. Eine der ersten Veränderungen der ehelichen Autorität ist nämlich aus der Anerkennung der Blutsverwandtschaft der Frau mit ihrem Kind erwachsen.

Nach altem Brauch mussten die Verwandten eines Ermordeten die Tat rächen, indem sie einen Gleichrangingen aus der feindlichen Sippe erschlugen. In einigen Stämmen hatte sich bereits zu Tacitus' Zeit ein System finanzieller Entschädigungsleistungen entwickelt. In Britannien jedoch fand die finanzielle Entschädigung bis zum 7. Jahrhundert noch keine unumschränkte Akzeptanz. Bis dahin stellte eine Heirat zwischen Menschen verschiedener Sippen eine der Absicherungen gegen das Aufbrechen von Blutfehden dar. Unter solchen Bedingungen wachten natürlich die Verwandten einer Frau über ihre Neigungen. Schrittweise wurden dann die gegenseitigen Rechte und Pflichten der Verwandten beider Seiten definiert. Der *Mund* war noch immer ausschließlich im Besitz des Ehemanns. Doch das Wergeld wurde bald zu zwei Dritteln durch die väterlichen und zu einem Drittel durch die mütterlichen Verwandten bezahlt. Wenn ein Ehemann starb und Frau und Kind hinterließ, blieb das Kind bei der Mutter. Die väterlichen Angehörigen jedoch ernannten einen Beschützer, der bis zum 10. Lebensjahr des Kindes diese Funktion ausübte.

Eine andere Neuerung des 7. Jahrhunderts war die Verschiebung der Brautpreis-Zahlung (*Weotuma*). Statt gezwungen zu sein, die ganze Summe bei der Verlobung (*Beweddung*) zu zahlen, überreichte der Mann einen symbolischen Betrag als Anzahlung. Die Rechtmäßigkeit der Eheschließung war immer noch abhängig von der Zahlung der ganzen *Weotuma*. Die *Beweddung* war immer noch ein Vertragsabschluss, bei dem ein *Mund* verkauft wurde. Doch nun sicherte er eine künftige Zahlung vertraglich zu, statt seine Heirat durch eine Geldleistung rechtlich abzuschließen. Folglich hörte die *Beweddung* auf, rechtlich bindend zu sein. Für diesen Zweck bedurfte es einer zweiten Zeremonie. Außerdem konnten beide Parteien nach der *Beweddung* den Vollzug der Ehe verweigern. Weigerte sich der Mann, verlor er seine Anzahlung; weigerte sich die Frau, erhielt der Mann die Anzahlung zuzüglich eines Drittels des Betrags zurück.[264]

Weitere Änderungen wurden bezüglich der Geldleistungen für eine rechtmäßige Eheschließung vorgenommen. Für einen Mann wurde es

---

[264] siehe E. Young, Essays on Anglo-Saxon Law, S. 168, 172; F. Pollock und F. W. Maitland, History of English Law, S. 365 f. (für *Beweddung* und *Weotuma*). Siehe ferner F. Seebohm, Tribal Custom in Anglo-Saxon Law, S. 69-72; E. Young, a. a. O., S. 124-126, 139, 144, 149; F. Pollock and F. W. Maitland, a. a. O., S. 242. (für die Rechte der Verwandten). Das Gesetz König Ines wurde von B. Thorpe, a. a. O., S. 11 übersetzt.

Brauch, am Morgen nach der Hochzeit seiner Ehefrau als Zeichen seiner Zufriedenheit eine Morgengabe zu schenken (*Morgen-gifu*). Später bestand die *Morgen-gifu* aus einem realen Eigentum, das durch ein bei der Zeremonie der *Beweddung* unterzeichnetes Dokument den Besitzer wechselte. Dieses Eigentum stellte eine besondere Nebeneinkunft der Braut dar. Später wurde der Brautpreis (*Weotuma*) nicht an die Eltern der Braut gezahlt, sondern direkt an die Braut. König Ælfred ordnete im späten 9. Jahrhundert an, dass eine Braut nicht nur Bekleidung erhalten sollte, sondern auch „das, was der Preis ihrer Jungfräulichkeit ist, nämlich die *Weotuma*."[265]

Ehefrauen wurden so zu rechtmäßigen Besitzern von realem Eigentum. In der Folgezeit verschmolzen *Weotuma* und *Morgen-gifu* zur Mitgift. Aber dieser Übergang war in angelsächsischer Zeit noch nicht abgeschlossen. Der Wandel der rechtlichen Stellung der Frau setzte ein, als eine verheiratete Frau durch die *Morgen-gifu* reales Eigentum erhielt und König Ælfred anordnete, dass die *Weotuma* an sie und nicht an ihre Eltern gezahlt werden müsse. Des Weiteren wurde die eheliche Autorität des Mannes durch den Brauch eingeschränkt, dass eine Witwe, die keine *Morgen-gifu* erhalten hatte, Anspruch auf einen Teil des Besitzes ihres verstorbenen Ehemanns hatte, üblicherweise auf die Hälfte.

Den Brauch der *Morgen-gifu* gab es bei den Jüten des 6. Jahrhunderts, aber bei ihnen behielt eine Witwe zu dieser Zeit ihre *Morgen-gifu* nur dann, wenn sie ein Kind geboren hatte. Entsprechend besaß eine unfruchtbare Ehefrau keinen Anspruch auf den Besitz ihres verstorbenen Ehemanns.[266] Bei der Erforschung der angelsächsischen Gesetzgebung taucht die gleiche Schwierigkeit auf, die bereits beim Studium der Griechen und Römer entstanden war. Die Gesetzeskommentatoren gehen stillschweigend davon aus, dass ein Gesetz, das im 8. Jahrhundert angewendet wurde, auch im 6. Jahrhundert wirkmächtig war. Manchmal spricht ein Autor von König Ine (7. Jahrhundert) und Knut dem Großen (11. Jahrhundert), als ob sie Zeitgenossen wären. In der ganzen Sekundärliteratur findet sich die Grundannahme, dass im sogenannten Dunklen Zeitalter[267] alles statisch und primitiv gewesen sei.

Im 10. Jahrhundert war die Einwilligung der Braut für eine gültige Heirat unerlässlich. König Edmund legte fest, dass „ein Mann, der sich mit einem Mädchen oder einer Frau verloben will, und das ihr

---

[265] Ælfred 12 in B. Thorpe, a. a. O., S. 47; F. Pollock und F. W. Maitland, a. a. O., S. 426; E. Young, Essays on Anglo-Saxon Law, S. 174 f.
[266] siehe Æthelberht 78, 81 in: B. Thorpe, a. a. O., S. 23, 25.
[267] frühmittelalterliche Zeitspanne, v. a. vom Abzug der Römer aus Britannien bis zur Landnahme der Angelsachsen (5. bis 6. Jahrhundert) (Anm. d. Ü.)

und ihren Verwandten genehm ist", erklären muss, was er ihr als *Morgen-gifu* geben wird, „wenn sie sich entscheidet, in seinen Willen einzuwilligen" und was er ihr für den Fall verspricht, dass sie länger lebt als er. Seine Freunde müssen als Zeugen fungieren und darüber wachen, dass seine Versprechen eingehalten werden. Im 11. Jahrhundert war eine Frau in einer völlig anderen Position als die erkaufte Ehefrau des 6. Jahrhunderts. De facto war sie vollkommen emanzipiert. Ein Mädchen konnte über ihre Heirat selbst bestimmen. Sie und ihr erwählter Ehemann durften ihre Hochzeitsfeier selbst ausrichten. König Knut erklärte: „Zwingt weder Frau noch Mädchen einen Mann auf, den sie nicht mag, und verkauft sie auch nicht für Geld." Sobald sie mit einem Mann ihrer Wahl verheiratet war, durfte eine Frau über Besitz verfügen und ihn verkaufen, übertragen oder testamentarisch zueignen. Vor Gericht durfte sie bezeugen und in eigener Sache vorsprechen. Sie besaß ihre eigenen, privaten Schlüssel. Statt unter der Vormundschaft der Verwandten ihres Ehemanns zu stehen, wurde eine Witwe zu einem ungebundenen Individuum. Das Recht, sich ihren eigenen Beschützer ernennen zu dürfen, stellte den Übergang zu ihrer Emanzipation dar. Ein Rechtshistoriker betont „den enormen Wandel, der hinsichtlich der Stellung der Frau seit der Besiedlung Englands durch die Sachsen eingetreten ist". Thrupp erklärt: „Zwischen den Sitten und Bräuchen der Zeit von Hengist und Horsa[268] und der Herrschaft von Edward dem Bekenner[269] gibt es so viele Unterschiede wie zwischen den Sitten der Engländer unter Heinrich VIII. und den des 19. Jahrhunderts."[270]

Ein Ehemann profitierte vom Nießnutz des Eigentums seiner Frau. Mancherorts und zu mancher Zeit durfte ein Ehemann die Nutzung der *Morgen-gifu* und der *Weotuma* durch die Frau auf das Lebensnotwendige begrenzen. Seine Macht, sich diese Güter anzueignen, scheint unterschiedlich gewesen zu sein. Es ist nicht möglich zu ermitteln, in welchem Jahrhundert er das konnte und in welchem ihm das verwehrt war. Die Rechtshistoriker geben nur selten Aus-

---

[268] legendenhaftes Brüderpaar, das die Landnahme der Angeln, Sachsen und Jüten im 5. Jahrhundert angeführt haben soll (Anm. d. Ü.)

[269] angelsächsischer König (ca. 1004-1066 n. Chr.) (Anm. d. Ü.)

[270] Edmund 1-7, Knut 75, in B. Thorpe, Ancient Laws and Institutes of England, S. 255, 417; G. E. Howard, History of Matrimonial Institutions, S. 278. Eine alternative Lesart der Gesetzgebung Knuts hinsichtlich des Verkaufs eines *Munds* findet sich in: E. Young, Essays on Anglo-Saxon Law, S. 174. Ein Kommentar der Übersetzungen ist zu finden in: B. Thorpe, a. a. O., S. 416. Die emanzipierte Situation der Frauen wird dargestellt in: F. Pollock und F. W. Maitland, History of English Law, S. 437; J. Thrupp, The Anglo-Saxon Home, S. 2; A. R. Cleveland, Women under English Law, S. 63; E. Young, a. a. O., S. 180-182.

kunft über eine konkrete Verordnung. Die kleineren Unterschiede, die in ihren Darstellungen sichtbar werden, resultieren jedenfalls aus der Tatsache, dass sie von verschiedenen Jahrhunderten sprechen. Pollock und Maitland behaupten, dass die Rechtslage „verblüfft und verwirrt"[271]. Zumindest ein Teil der Verwirrung geht, wie ich denke, auf die Annahme zurück, dass sich das Gesetz nie verändert habe. Die Wahrheit ist, dass es sich ständig änderte.

Ich möchte die rechtliche Gleichheit der Geschlechter unter den Angelsachsen des 11. Jahrhunderts betonen. Niemand wird die englische Sozialgeschichte verstehen, wenn er diese Tatsache nicht sorgfältig bedenkt. Nicht einmal in der ersten Hälfte des 20. Jahrhunderts genossen verheiratete Frauen so viele Rechte wie die angelsächsischen Ehefrauen. Unter dem Einfluss des Kirchenrechts[272] verloren verheiratete Frauen dann, was sie unter der Herrschaft König Knuts besaßen.

Welchen Einfluss die christlichen Priester zwischen dem 11. und 16. Jahrhundert ausübten, kann anhand des englischen Hochzeitsritus' veranschaulicht werden. Der Ritus der protestantischen Engländer enthielt sowohl römische, als auch angelsächsische Elemente. Das lange, weiße Kleid der englischen christlichen Braut, ihr Schleier, Mieder und Blumenkranz, ihr offenes Haar und ihr goldener Ring – all das war römischen Ursprungs. Die Worte ihres Schwurs jedoch waren angelsächsisch. Als die christlichen Priester jedoch die heidnischen Sätze übernahmen, passten sie diese gemäß ihren eigenen Vorstellungen an. In der heidnischen Zeremonie versprach die Braut, dass sie ihren Ehemann „von diesem Tag an annimmt und an ihm festhält, in guten und in schlechten Tagen, in Reichtum oder Armut, in Gesundheit oder Krankheit ... und dazu schwöre ich dir meine Treue." Diese Worte wurden ohne Änderung übernommen. Die angelsächsische Braut versprach auch, „fügsam im Bett und hübsch an der Tafel zu sein", doch diese begleitenden Worte widersprachen der paulinischen Auffassung, dass die Ehe ein Zugeständnis an das Fleisch sei. Also wurden sie gestrichen und durch andere Worte ersetzt, die die paulinische Sicht prägnanter ausdrückten. So versprach die englische christliche Braut nicht wie ihre angelsächsischen Vorgängerinnen Wohlverhalten, sondern ihren neu erworbenen Herren zu „ehren" und

---

271 F. Pollock und F. W. Maitland, a. a. O., S. 399.
272 Die Übersetzung streicht hier: „und einer wörtlichen Interpretation der Lehre des Paulus von Tarsus (beispielsweise Eph 5,22; Kol 3,18; vgl. 1 Petr 3,1)". Wie in Fußnote 241 erläutert, ist diese Behauptung nicht zutreffend. Der von Unwin als Beleg angeführte Kolosserbrief wird außerdem in der heutigen Forschung weitgehend als nicht-paulinisch angesehen (vgl. zur Frage der Verfasserschaft des Briefs die ausführliche Erörterung in: Udo Schnelle, Einleitung in das Neue Testament, Göttingen 42002, S. 331-336.). (Anm. d. Ü.)

zu „achten". In dieser Form erhielt sich die englische protestantische Eheformel bis ins 20. Jahrhundert.[273]

Zwischen dem 7. und 10. Jahrhundert veränderten die Angelsachsen auch die elterliche Autorität. Zunächst verfügte der Vater über Leib und Leben eines jeden Kindes, wenngleich es im 7. Jahrhundert keinem Vater erlaubt war, ein Kind, das älter als 7 Jahre war, zu verkaufen. Zu dieser Zeit wurde auch das Kleinkind einer Witwe als deren Eigentum angesehen. Für dessen Unterhalt war die väterliche Verwandtschaft bis zum 10. Lebensjahr des Kindes verantwortlich, dann endeten die Verpflichtungen. Statt Kinder zu töten, wie es üblich gewesen war, wurden sie nun ausgesetzt. König Ine von Wessex legte Ende des 7. Jahrhunderts Tarife für Vergütungen fest, die an Pflegeeltern von Findelkindern gezahlt werden mussten. Am heimischen Kamin wurden sie zu einem beliebten Thema von Erzählungen (und später von Sagen und Märchen). Der Verkauf von Kindern wurde bald ganz verboten. Wir haben bereits gesehen, wie eine Tochter die Freiheit erhielt, ihren eigenen Ehemann auszusuchen. In der Regierungszeit von Knut war ein Sohn mit 12 Jahren frei. Wie uns überliefert wird, begann mit diesem Alter „für die Frau wie für den Mann" die Volljährigkeit. Die Vorschriften, die das Leben unverheirateter Mädchen regelten, sind jedoch unklar. Sobald eine Frau heiratete, war sie ihre eigene Herrin und gesetzlich ihrem Ehemann gleichgestellt.[274]

Es ist nahezu unmöglich zu sagen, welche vorehelichen Vorschriften unter den Angelsachsen vom 6. bis zum 10. Jahrhundert vorherrschten. Zu Beginn verfügte ausschließlich der Ehemann über das Recht auf Verstoßung – eine logische Folge des *Mund*. Ein Ehemann machte von ihm aber selten Gebrauch, zumal er ein begehrtes Gut nicht verstieß, solange es für die Anliegen nützlich war, für die er es erworben hatte. Doch ist dieser Aspekt nicht wichtig, da der Mann im 7. Jahrhundert das Recht auf willkürliche Verstoßung verlor. Von dieser Zeit an musste er einen Grund angeben. Zudem begann der Einfluss der christlichen Priester spürbar zu werden. Die genauen Inhalte ihrer Predigten sind im Dunkeln, aber im Großen und Ganzen scheint das christliche Grundprinzip gewesen zu sein, dass eine Ehe unauflöslich ist, außer im Fall von Ehebruch. Es gab kein einheitliches Vorgehen für den Fall, dass ein Paar wegen Ehebruchs getrennt und geschieden wurde. Es ist zweifelhaft, ob sie wieder heiraten durften, egal ob einer

---

[273] für die angelsächsischen Begriffe siehe: J. Thrupp, The Anglo-Saxon Home, S. 43 f.

[274] König Ine 26, in B. Thorpe, a. a. O., S. 119; F. Pollock und F. W. Maitland, a. a. O., S. 426, 437; E. Young, a. a. O., S. 23-26; G. E. Howard, a. a. O., S. 281.

schuldig war oder nicht. Das Beichtbuch von Theodor, einem Erzbischof des 7. Jahrhunderts, offenbart eine Laxheit sowohl in den Prinzipien, als auch in der Praxis. Das kann nur durch die Annahme erklärt werden, dass Theodor die Lehre der Ostkirche, in die er hineingeboren wurde, angewendet hat. Andererseits proklamierte die Synode von Hertford, die im Jahr 673 n. Chr. unter dem Vorsitz von Theodor zusammenkam, die Unauflöslichkeit der Ehe.

Im 8. Jahrhundert wurde die Wiederheirat nach der Scheidung erlaubt. Im 10. Jahrhundert verbaten die Gesetze der Priester von Northumbria sie. Aus der gleichen Zeit stammen die Eheordnungen von Howell, dem Guten, die in Teilen von Wales angewendet wurden. Sie scheinen als gleichermaßen christlich angesehen worden zu sein. Howell erlaubte einem Paar, sieben Jahre als Probe für beide Seiten zusammen zu leben. Nach sieben Jahren konnte man sich trennen, wenn man wollte, und sich andere Sexualpartner nehmen. Die Dauer der zweiten und aller folgenden Verbindungen war eine Sache der gegenseitigen Übereinkunft. Die Folgerung daraus ist, dass die Meinungen auseinandergingen und dass es keine Praxis gab, die auf der ganzen Insel Anwendung fand. Ein Gesetz König Knuts aus dem 11. Jahrhundert lässt eine seltsame Vermischung von heidnischen und christlichen Vorstellungen erkennen: „Wenn eine Ehefrau zu Lebzeiten ihres Ehemannes neben einem anderen Mann liegt und es öffentlich wird, soll ihr dafür weltliche Schande zukommen, und ihrem gesetzestreuen Mann soll aller Besitz zufallen, den sie hat, und sie soll sowohl Nase als auch Ohren verlieren." Wir erfahren nicht, was geschah, wenn die sexuelle Verfehlung nicht öffentlich wurde. Aus Sicht des Gesetzes war nicht der Ehebruch selbst das Vergehen. Der Fehler der Ehefrau lag in der Verletzung der Rechte ihres Ehemanns. Das legt nahe, dass die heidnischen Vorstellungen über den Ehebruch noch immer wirksam waren. Der christliche Beitrag bestand in der „weltlichen Schande".

Zweifellos geht dieses Durcheinander zu großen Teilen auf unser begrenztes Wissen zurück; doch würden wir falsch liegen, wenn wir den Einfluss des Christentums auf die angelsächsischen nachehelichen Vorschriften hoch ansetzen. Bis in das 11. Jahrhundert war es nicht üblich, dass ein Paar den priesterlichen Segen erhielt. Bis zum Konzil von Trient (1545-1563) war der Segen für eine gültige Ehe nicht zwingend erforderlich. Viele unbedeutende Könige mögen von der Sündhaftigkeit der Scheidung überzeugt gewesen sein, doch predigten die christlichen Priester vieles, was diese Herrscher missachteten; und ich denke nicht, dass das heidnische Ehekonzept so leicht und so schnell verschwand, wie allgemein angenommen wird. Darüber hinaus zeigen die Quellen, dass die christlichen Priester zunächst nicht die Sündhaftigkeit der Scheidung am meisten betonten, sondern die Sündhaftigkeit des Geschlechtsverkehrs. Die Heirat galt als ein Zugeständnis an das Fleisch; sie sollte wenn möglich vermieden werden. Gegen Ende des 7. Jahrhunderts wurden verschiedene Klöster über das ganze Land hinweg gegründet, besonders im Norden und in den Midlands. Die Auswirkungen der Klöster auf die soziale Energie habe ich im Kapitel über den Einfluss des Christentums bereits erörtert. Die Quellenlage ist äußerst dürftig.[275]

7.8 Die Engländer

Mitte des 16. Jahrhunderts wurden gegen das Chaos, das durch Unklarheiten des Kirchenrechts entstanden war, einige Anordnungen eingeführt. Eine Ehe wurde fortan nicht einfach für null und nichtig erklärt, nur weil es zu einer anderen Eheschließung (oder einer Vereinbarung für eine Ehe, oder Geschlechtsverkehr) zwischen Verwandten bis zum siebten Grad gekommen war. Eine Zeitlang herrschten beträchtliche Unsicherheiten, die nicht nur den Inhalt des Gesetzes betrafen, sondern auch dessen künftigen Charakter. Die Engländer entschieden sich jedoch nicht für eine radikale Lockerung, für die sich einige Reformer ausgesprochen hatten.

Die Reformer verteidigten ihre extremen Ansichten, indem sie passende Bibelstellen zitierten und neu übersetzten, die Gesetze der christlichen Römischen Kaiser in Erinnerung riefen und das Prinzip der selbstbestimmten Scheidung wiederaufnahmen, von dem sie behaupteten, dass es nicht im Widerspruch zur Lehre Jesu stünde. Die alttestamentliche Stelle Maleachi 2,15-16 übersetzten sie wie folgt: „Achte auf deinen Geist, und lasse keinen schädlich mit der Frau seiner Jugend umgehen. Wenn er hasst, lass ihn sie verstoßen. So spricht Gott, der Herr Israels."[276]

---

[275] siehe F. Pollock and F. W. Maitland, a. a. O., S. 11. 366; G. E. Howard, a. a. O., S. 34, 39, 291; J. Thrupp, a. a. O., S. 62, 64; A. R. Cleveland, a. a. O., S. 143 (für die heidnischen Vorschriften). Das Gesetz von Knut (Knut 54) wurde übersetzt von B. Thorpe in: Ancient Laws and Institutes of England, S. 407. Für Theodore, Howel dem Guten, und den Gesetzen der Priester von Northumbria siehe: O. D. Watkins, Holy Matrimony, S. 396-397, 400, 418, 423-425, 431-432; H. M. Luckock, History of Marriage, S. 195 ff.
[276] Zum Vergleich die textgetreue Übersetzung der Elberfelder Bibel: „So hütet euch bei eurem Geist! Und an der Frau deiner Jugend handle nicht treulos! Denn ich hasse Scheidung, spricht der Herr, der Gott Israels." (Anm. d. Ü.)

König Heinrich VIII.[277] beauftragte eine Kommission, die den ganzen Themenkomplex der nachehelichen Vorschriften erörtern sollte. Die Empfehlungen der Kommission wurden aber nie angenommen. Darunter befand sich der Vorschlag, dass ehebrüchige Männer die Hälfte ihres Vermögens verlieren sollten. Schließlich wurden dahingehend Gesetze erlassen, dass die absolute Monogamie wiedereingeführt und die Scheidung (statt sie für Frauen zu verbieten und für Männer nachteilig zu gestalten, wie es bisher im weltlichen Recht üblich war) für beide Ehepartner nahezu unmöglich wurde. Die Kontrolle der nachehelichen Vorschriften verblieb in den Händen der geistlichen Autoritäten. Offiziell galt die Ehe weiterhin als Zugeständnis an die körperlichen Bedürfnisse; aber die Frauen wurden nicht länger dazu ermutigt, kinderlos zu bleiben.[278]

Verheiratete Frauen hörten auf, als Rechtssubjekte angesehen zu werden; ebenso wurde die elterliche Autorität gestärkt. In der Folge reduzierte sich die sexuelle Freizügigkeit der Engländer auf ein Minimum. Mit dem strengen Gesetz ging die gleiche eheliche und elterliche Autorität einher wie unter den frühen Babyloniern, Athenern, Römern und Angelsachsen. Die Engländer waren deistisch und monarchisch. Bald begannen sie eine gewaltige soziale Energie zu entfalten. Sie gründeten das größte Empire, das die Welt jemals gesehen hatte. Sie richteten einen weitgespannten Außenhandel ein, schickten Kolonisatoren in jeden Teil der Welt und eroberten energieärmere Völker. Später entfalteten sie sowohl expansive als auch produktive Energie. Von da an waren die veränderten Methoden, die Beziehung zwischen den Geschlechtern zu regeln, und die daraus resultierende Änderung des kulturellen Zustands vergleichbar mit den Vorgängen der uns mittlerweile vertrauten Gesellschaften. Nachdem der herrschende Clan seine Energie verloren hatte, dominierte eine starke Minderheit die Gesellschaft. Als die Aristokraten von ihrer absoluten Monogamie abrückten, verloren sie ihre Vorherrschaft über die aufsteigende Mittelklasse, die die paulinische absolute Monogamie bewahrte (oder neu annahm).

---

[277] englischer König von 1509 bis 1547 (Anm. d. Ü.)
[278] Für die Situation in der letzten Hälfte des 16. Jahrhunderts und die „zügellosen" Auffassungen der radikalen Reformer siehe: G. E. Howard, History of Matrimonial Institutions, S. 71 ff.; W. E. H. Lecky, Democracy and Liberty, S. 200; J. C. Jeaffreson, Brides and Bridals, S. 315 ff. Für die Empfehlung der Kommission, ein neues Kirchen- und damit Eherecht auszuarbeiten, siehe außerdem: H. D. Morgan, The Doctrine and Law of Marriage, Adultery and Divorce, S. 227-229; H. M. Luckock, History of Marriage, S. 175.

Nominell war die Ehe bis ins 19. Jahrhundert unauflöslich. Aber in ihrer ganzen Geschichte waren die Engländer in allen Fällen, die die Beziehung zwischen den Eheleuten betrafen, Kasuisten, und so riefen die Adligen die Lösbarkeit des unauflöslichen Bundes aus, indem sie im Parlament, das sie dominierten, ein besonderes Gesetz verabschiedeten. Mitte des 19. Jahrhunderts wurde die Kontrolle der nachehelichen Vorschriften von den kirchlichen auf die bürgerlichen Autoritäten übertragen. Es wurde ein spezielles Gericht für die Anhörung ehelicher Streitfälle eingerichtet. Erneut hatte sich die absolute Monogamie als eine unhaltbare Einrichtung erwiesen. Anschließend legte die Mittelklasse ihrerseits ihre strengen Sitten ab. Laxere sexuelle Umgangsformen begannen überhandzunehmen.

Im 20. Jahrhundert waren Heirat und Scheidung durch gegenseitige Übereinkunft die Theorie, und unter den Reichen und Mutigen auch die Praxis. Mittlerweile waren verheiratete Frauen von ihren gesetzlichen Benachteiligungen befreit. Aber sie scheinen, als sie diese juristische Anerkennung erhalten hatten, nicht die Abschaffung der ehelichen Autorität, die ein Ehemann noch immer genoss, eingefordert zu haben, selbst wenn sie es wollten. Die testamentarischen Rechte des Mannes wurden nicht eingeschränkt. Die elterliche Autorität wurde begrenzt, indem spezielle Gerichte mit dem Recht ausgestattet wurden, die Entscheidung eines Vaters zu überstimmen. Aber keine Witwe und kein Kind besaß irgendeinen rechtlichen Anspruch auf einen Nachlass. Dies war eines der Details, in dem die Engländer weniger fortschrittlich waren als beispielsweise die Babylonier und die Angelsachsen.

Gegen Mitte des 20. Jahrhunderts wurde ein Nachlassen von Mut und Kraft in der ganzen Gesellschaft erkennbar. Außerdem gab es Anzeichen, dass die Mittelklasse ihre Vorrangstellung einbüßte. Da aber sexueller Verkehr und Scheidung mittels gegenseitiger Übereinkunft nicht Teil der Tradition einer ganzen neuen Generation wurden, blieb die produktive Energie der Engländer enorm. Tatsächlich bestand die Mehrheit der Bevölkerung noch immer zu einem gewissen Grad auf verpflichtender Keuschheit. Es fehlt aber nicht an Beispielen, dass diese Sitten in Vergessenheit gerieten. Jene vornehmen Familien, die die alte Tradition bewahrten, behielten ihre führende Stellung.

Dies sind die hervorstechenden Fakten im Überblick. Nun möchte ich die Veränderungen der ehelichen und elterlichen Autorität und die Frage nachehelicher Vorschriften gesondert erörtern.

Die kleinste Veränderung in den fundamentalen Prinzipien eines Sozialgesetzes kann, wenn sie auf die Details des Alltags angewandt wird, die gesellschaftliche Tradition revolutionieren; und es ist, auch wenn ich den Klerus freispreche von einer bewussten Absicht, verheirateten Frauen ihrer Freiheit zu berauben, unmöglich von den Folgen der wörtlichen Auslegung jener Lehre nicht erschrocken zu sein, dass Ehemann und Ehefrau ein Fleisch sind.[279] Im 16. Jahrhundert konnte eine Ehefrau kein Eigentum für sich besitzen. All ihre Rechte wurden durch ihren Mann wahrgenommen, dem auch die damit verbundenen Vorteile zustanden. Keine Frau verfügte über eheliche Rechte. Schulden gegenüber einer Frau mussten bei ihrem Ehemann beglichen werden. Nur ihre Bettdecke und ihre Schmuckstücke konnte sie ihr Eigentum nennen. All ihre anderen Güter, einschließlich der Möbel, gehörten ihrem Ehemann. Mit Genehmigung ihres Mannes durfte sie etwas von ihrem Eigentum nach eigenem Ermessen veräußern. Aber dieses Privileg stand ihr nur zu, wenn sie ihn überlebte. Tatsächlich war diese Lebenslage, abgesehen von ein oder zwei speziellen Ausnahmen, die einzige, in der eine Frau ein Testament aufsetzen durfte. So lange ihr Ehemann lebte, war sie kein Rechtssubjekt.

Doch es hatten sich auch einige Spuren älterer Praktiken erhalten, namentlich, dass eine verheiratete Frau seitens einer dritten Partei mit einer gesetzlichen Vollmacht ausgestattet werden konnte. Dass sie kaum Verantwortung trug, können wir uns denken. Unverheiratete Frauen konnten Handel treiben, Verträge schließen, vor Gericht gehen und selbst verklagt werden. Es blieben jedoch viele dem feudalen System geschuldete Schwierigkeiten erhalten, und diese schränkten unverheiratete Frauen ein, wenn sie Eigentümer von Immobilien wurden. Die Konfusion zwischen einer Verheirateten, die ein Fleisch mit ihrem Mann war, und einer Unverheirateten, die ein eigenständiges Rechtssubjekt war, war womöglich dafür verantwortlich, dass die Frauen von den Vorschriften des Insolvenzgesetzes von König Heinrich VIII. ausgeschlossen wurden. Im Insolvenzgesetz von Königin Elisabeth[280] hingegen wurden unverheiratete Frauen explizit erwähnt, und genauso in jedem folgenden Gesetz. Zweifellos hatten die kirchlichen Autoritäten schlichteren Gemütern den feinen Unterschied zwischen dem gesetzlichen Rang einer verheirateten und einer unverheirateten Frau beigebracht.

---

[279] vgl. Gen 2,23-24; Mt 19,5-6; Eph 5,31. Die relevanten Bibelstellen sprechen sich jedoch in keiner Weise für einen rechtlichen Vorrang des Mannes gegenüber der Frau aus. In der Schöpfungserzählung geht es um die Verbundenheit von Mann und Frau im paradiesischen Zustand, in den Worten Jesu um die Begründung des Scheidungsverbots und Paulus versteht die Aussage, ein Fleisch zu sein, eindeutig spirituell, da er in diesem Zusammenhang betont: „Dieses Geheimnis ist groß." (Anm. d. Ü.)

[280] englische Königin von 1558 bis 1603 (Anm. d. Ü.)

Im sogenannten Mittelalter war die persönliche Kleidung von Frauen Gegenstand der Gesetzgebung. Im 14. Jahrhundert hielt es König Edward III. für angebracht, gewisse Vorschriften zu erlassen, die an die Solonischen Gesetze in Athen erinnern. Edward begrenzte das Geld, das eine bürgerliche Frau für ihre Kleidung ausgeben durfte, und bestimmte, dass es den Frauen der königlichen und adligen Familien untersagt war, einen Pelz zu tragen.[281]

Zwischen dem 16. und dem 19. Jahrhundert gab es keine Veränderung des rechtlichen Status' verheirateter Frauen. „Der Gedanke, dass die Frau mehr Rechte haben sollte als das auf die Ehe, das Führen des Haushalts und die Aufsicht über die Kindererziehung, war selten, und wo es ihn gab, wurde er belustigt aufgenommen. (...) Die ganzen 300 Jahre hindurch war die Stellung einer verheirateten Frau kaum besser als unter der Tudor-Regentschaft."[282] Im 19. Jahrhundert jedoch wurde die eheliche Autorität des Mannes völlig begrenzt. Die letzten Überbleibsel verschwanden (mit den bereits erwähnten Ausnahmen) im Jahr 1891. Und auch wenn kleinere Schwierigkeiten bestehen blieben, war die Theorie, dass Mann und Frau ein Fleisch sind[283], aus juristischer Sicht zusammengebrochen. Eine Frau musste nicht länger mit ihrem Ehemann zusammenwohnen. Die Verfügungsgewalt des Ehemanns über das Eigentum seiner Frau wurde abgeschafft. Die Ehefrau durfte Geschäfte eingehen, Verträge schließen, Dokumente rechtsgültig unterzeichnen, vor Gericht aussagen, jemanden verklagen und verklagt werden.

Im 11. Jahrhundert konnte ein Mädchen sich selbst verloben und ihre eigene Hochzeitsfeier ausrichten. Im frühen Mittelalter konnte sie sogar einer Ehe zustimmen oder sie ablehnen, sobald sie zwölf Jahre alt war. Es ist (auch wenn das Gesetz nicht ganz eindeutig ist) durchaus möglich, dass sie zur gleichen Zeit ihren persönlichen Besitz vererben konnte. Mit 14 Jahren stand es ihr zu, ihren eigenen Vormund zu bestimmen; mit 17 durfte sie Testamente vollstrecken. Später war den Quellen zufolge die ganze Gesetzgebung dahingehend ausgerichtet, „die elterliche Autorität zu stärken". Bis ins 17. Jahrhundert hatten unverheiratete Frauen noch das Recht, einen eigenen Vormund zu wählen. Aber zur gleichen Zeit wurden den Kindern Rechte genommen, die sie in den vorangegangenen angelsächsischen Zeiten noch genossen hatten. Damals war es üblich, dass eine Witwe und ihre

---

[281] siehe A. R. Cleveland, Women under English Law, S. 75, 77, 117, 135-40, 169.
[282] ebenda, S. 168 und 232.
[283] Unwin bezeichnet damit (wie die Vertreter der alten Rechtsprechung) die rechtliche Vorherrschaft des Mannes über die Frau. (Anm. d. Ü.)

Kinder Anspruch auf einen gewissen Teil des Besitzes hatten (gewöhnlich die Hälfte oder zwei Drittel). Doch im 17. Jahrhundert galt dies nicht mehr, außer in der Provinz York, der Stadt London und im Fürstentum Wales. Später wurden die Rechte von Witwen und Kindern auch dort abgeschafft. Der Verkauf von Kindern blieb weiterhin verboten, aber die Eltern erhielten die Verfügungsgewalt über ihre Kinder. Ein Vater durfte Schadensersatz fordern, wenn seine Tochter verführt wurde. Die Mutter besaß, solange der Vater lebte, keine gesetzlichen Befugnisse über ihre Kinder. Schließlich blieb die elterliche Autorität aufrecht erhalten, bis ein Kind das 21. Lebensjahr erreichte. Dieses Gesetz blieb bis ins 20. Jahrhundert erhalten, als die Gerichtshöfe mit dem Recht ausgestattet wurden, das Veto eines Vaters gegen die Heirat eines seiner Kinder aufzuheben.[284]

Der entscheidende Punkt bezüglich der nachehelichen Vorschriften liegt darin, dass keine Partei die Möglichkeit einer Gleichberechtigung von Mann und Frau in Erwägung zog: Während die Reformer für ein erleichtertes Scheidungsrecht des Mannes argumentierten, diskutierten die kirchlichen Autoritäten lediglich über den genauen Sinn von Bibelversen wie Mt 5,32 und Mt 19,9[285]. Die fortschrittlichen Meinungen solcher Männer wie Martin Bucer[286] waren weit davon entfernt, angenommen zu werden. Sogar als John Milton im 17. Jahrhundert aus Verärgerung über die Flucht seiner Frau Mary Powell seine persönliche Klage in einen öffentlichen Protest verwandelte, beschäftigte er sich einzig mit dem Kummer der Ehemänner. Nicht einmal indirekt scheint er je angedeutet zu haben, dass es einer Frau erlaubt sein sollte, eine Scheidung gegen einen verhassten Ehemann einzureichen. Es war naheliegend und folgerichtig, die Lehre Martin Bucers anzuführen, um für die Freiheit unzufriedener Ehemänner zu kämpfen. Die Privilegierung der Ehemänner, die typisch für alle Formen absoluter Monogamie ist, heidnischer wie christlicher, wurde in der englischen Gesetzgebung bis ins 20. Jahrhundert beibehalten. Wie bereits gesagt, ist der präzise Gehalt der Gesetze, die in der zweiten Hälfte des 16. Jahrhunderts vorherrschten, nicht sicher. Zweifellos gab es Abweichungen und Ausnahmen, aber im Wesentlichen bestanden sie nicht in leichten und häufigen Scheidungen, sondern einer Wiederheirat nach gerichtlicher Scheidung. Gegen Ende des 17. Jahrhun-

---

derts entstand die Praxis parlamentarischer Scheidungen; doch selbst als einem geschädigten Ehemann zugestanden wurde wieder zu heiraten, wurde diese Nachsicht nicht auf geschädigte Ehefrauen ausgeweitet.

Das Konzept der parlamentarischen Scheidung war sicher bereits grundgelegt durch vorherige legislative Eingriffe in Eheangelegenheiten, von denen man lange Zeit angenommen hatte, dass sie ausschließlich kirchlichen Gerichten vorbehalten waren. Aller Wahrscheinlichkeit nach war aber das entscheidende Argument zu dessen Gunsten, dass der Gesetzgeber die heimliche Abkehr von der althergebrachten Sitte, die im Anschluss an die Stuart-Restauration[287] einzog, zur Kenntnis nehmen und zu regulieren versuchen sollte. Jedenfalls zögerten der Hoch- und Landadel nicht, aus diesen Umständen einen Vorteil zu ziehen. Im 18. Jahrhundert wurden Scheidungen in steigendem Umfang bewilligt. Obwohl sich die Dynamik des Anstiegs kontinuierlich beschleunigte, bin ich mir dennoch nicht sicher, ob allein das Aufzählen der handelnden Personen eine genaue Vorstellung von den tatsächlichen Verhältnissen vermittelt, zumal oftmals sowohl ein Mann als auch seine Ehefrau außereheliche Sexualpartner hatten und keine Schritte unternahmen deren gesetzliche Stellung zu regulieren.

Es ist eine bedeutsame Tatsache, dass in jedem folgenden Jahrzehnt eine größere Anzahl an Scheidungen bewilligt wurde und diese nur dem Adel möglich waren, der den Staat dominierte. Die Gewohnheiten der Zeit werden in der Literatur der Stuart-Restauration am treffendsten dargestellt. Der springende Punkt ist, dass sich die sexuelle Freizügigkeit des englischen Adels vom Ende des 17. Jahrhunderts an ausweitete. Außerdem taucht ein zweites, genauso entscheidendes Phänomen auf: die Meinung, dass eine Ehefrau dem Mann gleichgestellt und nicht sein Sklave sein sollte. So wie die Dramatiker im alten Athen in Zorn gerieten über das ungleiche Schicksal der in Athen geborenen Frauen, so predigte William Congreve[288] auf vornehmere Weise eine neue gesellschaftliche Lehre. Einer Gesellschaft, in der sich Frauen besonders geistreich gaben, präsentierte er das Theaterstück „Der Lauf der Welt", in dem Millament die Rechte von verheirateten Frauen proklamiert. Die Figur Angelika aus „Liebe für Liebe" spricht mit gleicher Intention.[289]

---

[287] Zeit der Wiederherstellung der Monarchie in England zwischen 1660 und 1689 (Anm. d. Ü.)

[288] englischer Dramatiker und Dichter (1670-1729) (Anm. d. Ü.)

[289] siehe zur Erörterung der komplexen Faktenlage: H. D. Morgan, The Doctrine and Law of Marriage, Adultery and Divorce, S. 237 ff. ; G. E. Howard, History of Matrimonial Institutions, S. 102-109; H. M. Luckock, History of Marriage, S.

Morgan spricht bezüglich der Anzahl der Scheidungen von einem „beschleunigten Anstieg der Zahlen". Er betont die „Stärke der Vorurteile" gegen eine Scheidung und die „Leichtigkeit, mit der parlamentarische Scheidungen beantragt und bewilligt wurden, sobald sich diese Vorurteile lockerten und überwunden wurden." Nach Einführung der parlamentarischen Scheidung, schreibt er, kam es in den ersten 45 Jahren zu acht Scheidungen, in den nächsten 60 Jahren zu 50, und in den darauf folgenden 25 Jahren zu 74. Zwischen 1796 und 1800 wurden 29 Anträge bewilligt und fünf abgelehnt. Nach Jeaffreson wurden zwischen 1800 und 1837 70 Scheidungen gewährt. Geary schreibt, dass es 110 Scheidungen zwischen 1800 und 1852 gegeben habe. Natürlich wurden sie in allen Fällen nur dem Hoch- oder Landadel zugestanden. Niemand sonst konnte sich die notwendigen Aufwendungen leisten.

Währenddessen nahmen die englischen Puritaner hinsichtlich nachehelicher Vorschriften andere Ansichten an als die, die Bucer und Milton veröffentlicht hatten. Waren sie zuvor noch verhältnismäßig freizügig, wurden sie zu den strengsten Zuchtmeistern. In der Volksliteratur sind sie für ihre späteren Taten in Erinnerung geblieben und nicht für ihre früheren Meinungen. Im 17. Jahrhundert, als die Mitglieder des Adels mit kultivierter Anmut leicht von einem Sexualpartner zum nächsten eilten, praktizierte und predigte die Mittelklasse die allerstrengste absolute Monogamie. Mitte des 19. Jahrhunderts waren die Tage der Aristokratie gezählt; die Mittelklasse begann die Nation zu dominieren.

Im 19. Jahrhundert entwickelte sich die Gesetzgebung in rasanter Geschwindigkeit. Zwei Generationen wurden geboren und starben – und das ganze Gesellschaftssystem hatte sich bezüglich der Beziehung zwischen den Geschlechtern verändert. Im Jahr 1823 wurde angeordnet, dass Heiratsanzeigen veröffentlicht werden mussten; aber es war (Juden und Quäker ausgenommen) keine Ehe gültig, wenn sie nicht mit dem feierlichen Ritus der etablierten Kirche geschlossen wurde. 13 Jahre später erhielten die zahlreichen Sekten der Nonkonformisten das Recht, ihre eigenen Hochzeiten zu feiern. Im Jahr 1857 wurde ein Zivilgericht eingesetzt, das sich mit Scheidungsfragen beschäftigte: Die Scheidung wurde legalisiert und für die reicheren Mitglieder der Mittelklasse möglich. Die staatlichen Gerichte übernahmen Teile der elterlichen Autorität; die allgemeinen Rechte der Eltern über die Kinder wurden beträchtlich eingeschränkt.

In den Jahren 1841, 1843 und 1869 wurden neben den Ehemännern auch die Ehefrauen als Parteien in zivilrechtlichen (nicht aber

---

178-181; J. C. Jeaffreson, Brides and Bridals, S. 332 ff.; N. Geary, Marriage and Family Relations, S. 18; W. E. H. Lecky, Democracy and Liberty, S. 200-202.

strafrechtlichen) Prozessen zugelassen und beide wurden gezwungen Nachweise für eine Scheidung vorzulegen. Die Lehre, dass Mann und Frau ein Fleisch sind, wurde mit der Bestimmung beibehalten, dass kein Ehemann und keine Ehefrau etwas preisgeben muss, was während der Ehe gesprochen wurde. Verheirateten Frauen wurden 1870 Eigentumsrechte verliehen. Von 1882 an durften sie Verträge abschließen, Käufe tätigen und alle weiteren Geschäfte eingehen, die mit ihrem persönlichen Vermögen zu tun hatten.[290] So wie der englische Adel im Privatleben die gesetzliche Ausweitung der sexuellen Freizügigkeit vorwegnahm, genau so geschah es, als die englische Mittelklasse ihre Angelegenheiten in ihre eigenen Hände nahm: In ihrem Verhalten nahmen sie die Gleichheit der Geschlechter vorweg, noch bevor sie Gesetzeskraft erlangt hatte. Auch akzeptierten sie kommentarlos die laxeren sexuellen Umgangsformen, die in der Öffentlichkeit erst eine Generation später anerkannt wurden.

Bis zur Mitte des 20. Jahrhunderts etablierte sich eine modifizierte Monogamie in der ganzen Gesellschaft. Und so wie unter den Athenern und Römern unter den gleichen Bedingungen die Ehe an Attraktivität verlor, so geschah es auch in der englischen Mittelklasse, in der viele Männer eine Geliebte einer Ehefrau vorzogen. Die Schriftsteller der Mittelklasse präsentierten ihrem Mittelklassen-Publikum die gleichen Gefühle und die gleichen Situationen, die Congreve und Webster[291] im Stil ihrer Zeit behandelt hatten. Die Schlagzeilen der Tagespresse wiederholten die gleichen seichten Befindlichkeiten, die die Athener des 4. Jahrhunderts v. Chr. amüsierten. Abgesehen von denen, die die absterbende Tradition bewahrten, wurde voreheliche Enthaltsamkeit weder von den Männern eingefordert, noch von den Frauen praktiziert. Gelebte Homosexualität war nicht wenig verbreitet. Außerdem ging mit der sexuellen Freiheit ein bekanntes Phänomen einher, nämlich die künstliche Empfängnisverhütung. Die Engländer jedoch als Kasuisten in allen sexuellen Angelegenheiten drückten ihren Wunsch nicht offen aus, dem sexuellen Drang nachzugeben, ohne das Risiko biologischer Folgen in Kauf nehmen zu müssen, die so oft damit einhergingen. Sie bevorzugten es, den Gebrauch von Verhütungsmitteln zu rechtfertigen, indem sie die Sorge einer Überbevölkerung bekundeten.

---

[290] Diese bekannten Tatsachen wurden gut zusammengefasst von A. R. Cleveland in: Women under English Law, S. 219 f., 277, 281.
[291] englischer Dramatiker (1579-1634) (Anm. d. Ü.)

8. Menschliche Entropie

So waren, in einem kurzen, aber ausreichenden Überblick, die ehelichen Vorschriften dieser kraftvollen Gesellschaften und ihre Methoden, die Beziehungen zwischen den Geschlechtern zu regulieren. In jedem Fall reduzierten sie durch die Annahme einer absoluten Monogamie ihre sexuellen Möglichkeiten auf ein Minimum, in jedem Fall resultierte aus der verpflichtenden Keuschheit eine große soziale Energie. Die Gruppe innerhalb der Gesellschaft, die die strengste Form von Keuschheit auf sich genommen hat, wies die größte Energie auf und dominierte die Gesellschaft. Wenn die absolute Monogamie nur für eine kurze Zeit eingehalten wurde, war die Energie nur expansiv, aber wenn sich die rigorose Tradition auf eine Anzahl weiterer Generation vererbte, wirkte sich die Energie produktiv aus. Sobald das Konzept einer „modifizierten Monogamie", d. h. Heirat und Scheidung durch gegenseitige Übereinkunft, in einer komplett neuen Generation Teil der ererbten Tradition wurde, sank die Energie entweder der ganzen Gesellschaft oder einer Gruppe innerhalb der Gesellschaft und verschwand dann.

Auf diese Art wurde das Verhalten dieser Gesellschaften durch ihre Methoden, die Beziehung zwischen den Geschlechtern zu reglementieren, bestimmt. In allen Fällen war zu beobachten: Erst wenn verheiratete Frauen, und gewöhnlich unverheiratete ebenso, gezwungen waren gesetzliche und soziale Nachteile zu erleiden, konnten die sexuellen Möglichkeiten auf ein Minimum reduziert werden. Die Art und Weise, wie die ehelichen und elterlichen Autoritäten sich verschoben, war in jeder Gesellschaft die gleiche. In jedem dieser Fälle tauchten die gleichen Situationen auf, die gleichen Ansichten wurden geäußert, die gleichen Veränderungen durchgeführt. Die Geschichte dieser Gesellschaften besteht aus einer Reihe monotoner Wiederholungen, und es ist schwer zu entscheiden, was bemerkenswerter ist, das beklagenswerte Fehlen origineller Gedanken der Reformer oder der bewundernswerte Eifer, mit dem eine ganze Gesellschaft nach einer Periode intensiver verpflichtender Keuschheit die erstbeste Gelegenheit ergreift, um ihre angeborenen Triebe auf natürliche oder perverse Weise[292] zu befriedigen. Manchmal äußert sich einer dahin-

---

[292] Dem Mediziner, Psychiater und Rechtsgutachter Norbert Nedopil zufolge gehören zu den Kriterien sexueller Perversion u. a. „Austauschbarkeit der Partner, Anonymität und Promiskuität, …, süchtiger Charakter des Verhaltens, …, Ichbezogenheit … und Gestaltzerfall, indem das Objekt sexueller Begierde aus dem personalen Beziehungsrahmen gelöst wird." (Nedopil, Forensische Psychiatrie: Klinik, Begutachtung und Behandlung zwischen Psychiatrie und Recht, ³2007, S 199.) (Anm. d. Ü.)

gehend, dass er sowohl die Vorteile der Hochkultur genießen und die
verpflichtende Keuschheit abschaffen möchte. Die dem Menschen
innewohnende Natur scheint jedoch so zu sein, dass diese beiden
Wünsche inkompatibel sind und sich sogar widersprechen. Ein solcher
Reformer kann mit einem dummen Jungen verglichen werden, der ein
Kuchenstück sowohl verzehren als auch aufbewahren will. Jede
menschliche Gesellschaft ist frei, entweder eine große Energie zu entfalten oder sexuelle Freiheiten zu genießen. Tatsache ist, dass sie beides
nicht länger als eine Generation haben kann.

Nachdem sich eine große soziale Energie entfaltet hat, tritt ein
neues Element in Erscheinung, das der menschlichen Natur inhärent
ist. Die Gesellschaft beginnt zwischen schlampig und elegant zu
unterscheiden, zwischen vage und exakt. In dem Moment, in dem in
einer Gesellschaft erstmalig eine expansive Energie auftaucht, schätzen ihre Mitglieder noch kaum etwas anderes als das Kämpfen, Essen
und Trinken; ihre Bewertungsmaßstäbe sind vergleichsweise ungeho-
belt. Eine solche Gesellschaft baut beispielsweise eine Brücke, und
solange die Brücke das Gewicht auf ihr trägt, sind die Bauleute zufrieden. Nach einer Weile jedoch beginnt sich bei ihnen eine andere Vorstellung zu entwickeln. Sie richten ihre Aufmerksamkeit nicht nur auf
das notwendige Baumaterial, sondern beschäftigen sich mit Überlegungen bezüglich Länge, Farbe, Form und Proportionierung. In unterschiedlichen kulturellen Epochen werden verschiedene Proportionen
bevorzugt, da sich die ästhetischen Beurteilungskriterien mit der Zeit
wandeln. Aber auf das Erscheinen und die Existenz des neuen Elements kommt es an. So wie ein Mensch mit einem vulgäreren Ge-
schmack die Delikatessen nicht würdigen kann, die einen kultivierteren Gaumen erfreuen, so ist es den ersten expansiven Gesellschaften
nicht gelungen, die Feinheiten zu verstehen, denen die folgende Generation eine herausragende Bedeutung zusprach. Die Früheren können
eine Erzählung würdigen, aber nicht die Art und Weise, wie sie erzählt
wird. Sie verstehen, was ein Reim ist, können ihn aber nicht von Poesie
unterscheiden.

Sobald dieses neue Element in der Kultur einer beliebigen Gesellschaft erscheint, ist die kulturelle Tradition verfeinert und bereichert.
Die Fähigkeit zur Verfeinerung und Bereicherung liegt in der Natur
menschlicher Gesellschaften. In der Vergangenheit hat sich jedoch
diese potenzielle Kraft niemals manifestiert, wenn nicht zuvor eine
große Energie in Erscheinung getreten ist. Erst nachdem eine neue
Generation jene Kultur weitervererbt hat, die durch das Auftreten
einer großen Energie angehoben worden ist, hat sich die der menschlichen Gesellschaft inhärente Natur in der (soweit bisher bekannt)

erhabensten Form manifestiert. Dieses neue Element nenne ich menschliche Entropie, da es in der Natur begründet liegt und eine kulturelle Tradition umgestaltet. Außerdem scheint es die offensichtliche Richtung des kulturellen Prozesses anzuzeigen.

Die Ableitung „Entropie" bezeichnet einen Wandel, eine Transformation oder einen Wendepunkt. Das Wort wird von Physikern verwendet, die auf den wichtigen Sachverhalt im universellen Prozess Bezug nehmen, der sich im zweiten Gesetz der Thermodynamik zeigt. Dieses Gesetz scheint dem universellen Prozess die Richtung vorzugeben. Diese Tatsache hat mich überzeugt, den Terminus „menschliche Entropie" zu verwenden, um eine Sache zu bezeichnen, die die Richtung des kulturellen Prozesses anzuzeigen scheint. Wenn ich die Fachliteratur richtig verstanden habe, bewegt sich die Richtung auf Verfeinerung und Eleganz zu. Ein Wandel des kulturellen Zustands kann sich natürlich in dieser Richtung oder der gegenteiligen bewegen.

Bisher wurde die Verfeinerung oder Transformation des kulturellen Zustands (zusammen mit vielen anderen Details des kulturellen Prozesses) als „Evolution" oder „Entwicklung" bezeichnet. Der vage Gebrauch dieser Worte hat die Erforschung des menschlichen Miteinanders stark beeinträchtigt und sollte um der Klarheit und Exaktheit willen besser vermieden werden. Wenn die Begriffe nie pseudotechnisch auf den kulturellen Prozess übertragen worden wären, hätte der kulturelle Prozess auch nie mit dem biologischen Prozess durcheinandergebracht werden können. Einige Verantwortung für diese Konfusion tragen Herbert Spencer und seine Anhänger. Alle Prozesse sind natürlich Entwicklungsprozesse, aber das bedeutet nur, dass ihnen kontinuierlich Veränderungen widerfahren. Spencers Schlussfolgerung hinsichtlich des kulturellen Prozesses, die immer noch in vielen Ideen über den „Fortschritt" enthalten sind, wurde sehr treffend kritisiert durch W. R. Inge.[293]

Es ist unmöglich, das Auftreten menschlicher Entropie zu übersehen. Sie kann erkannt werden, wenn man sich die Errungenschaften deistischer Gesellschaften vergegenwärtigt. Die Tempel sowohl von Uganda als auch Athen wurden durch menschliche Energie errichtet. Ihre Vorgängerbauten waren schmuddelige, mit Gras überdachte Hütten. In ihren frühen Tagen waren die Athener mit derartigen Gebäuden zufrieden; später wurde ihre Gesellschaft auf produktive Weise energetisch. Menschliche Entropie manifestierte sich im Parthenon-Fries und den Karyatiden[294]. Es gab keine Notwendigkeit, den Tempeln diese Dekorationen hinzuzufügen. Überdies waren auch andere Gesellschaften fähig diese Arbeiten durchzuführen (wenngleich sie

---

[293] W. R. Inge, God and the Astronomers, S. 23, 133 ff.

[294] Skulpturen weiblicher Figuren, die bei Tempelbauten Säulen oder Pfeiler ersetzten, etwa ab dem 6. Jhdt. v. Chr. im Einsatz (Anm. d. Ü.)

diese natürlich in einer etwas anderen Art durchgeführt hätten). Jedoch hatten die Athener die Bedingungen erreicht, unter denen allein menschliche Entropie auftreten kann. Die Franken überwölbten die romanische Basilika und erschufen die Architektur der Gotik. Schließlich errichteten sie solche Bauten wie die Kathedrale von Amiens. Der Unterschied zwischen früheren Bauwerken und dem Kirchenportal der Kathedrale von Amiens lag in der menschlichen Entropie begründet.

Manchmal verschwindet eine menschliche Entropie, die sich in einer Gesellschaft bereits manifestiert hatte, und kehrt später wieder zurück. So war die englische Aristokratie im 18. Jahrhundert auf produktive Weise energetisch. Menschliche Entropie kultivierte und verfeinerte die vorhandenen Traditionen. Im 19. Jahrhundert degenerierte sie; die Mittelschicht dominierte die Gesellschaft. Zunächst gab es innerhalb der Mittelschicht keine menschliche Entropie, und ihre Welt war übersät mit ihren groben Werken. Später begann sich die menschliche Entropie auch in der Mittelschicht zu zeigen. Dann erachteten sie die Tradition ihrer Väter als reizlos und bizarr.

Natürlich kann die menschliche Entropie nicht nur in der Architektur erkannt werden; sie manifestiert sich in jedem Bereich des menschlichen Lebens. Sowohl Pythagoras als auch Kopernikus nahmen an, dass sich die Erde um die Sonne dreht. Die Mittel, die ihnen zu dieser Erkenntnis verhalfen, entsprachen der Energie ihrer Gesellschaft. Das Spektroskop des 20. Jahrhunderts repräsentiert das Energielevel, über das die Menschen der westlichen Gesellschaft verfügen, wenn sie Instrumente zur Erforschung von Sternen und Sternhaufen herstellen. Der Wunsch nach einer größeren Genauigkeit war eine Folge menschlicher Entropie.

Wenn mich jemand nach einer Definition fragen würde, was ein Gelehrter ist, dann würde ich ihn als einen Menschen beschreiben, dessen Schlussfolgerung nicht aus seiner Vorannahme hervorgeht. Trugschlüsse werden nur von denen anerkannt, deren menschliche Entropie verschwindet; sie meinen, dass die Fehlurteile vernünftig klingen. Trugschlüsse gedeihen unter den Völkern, die ihre sexuelle Freizügigkeit nach einer Phase intensiver verpflichtender Keuschheit ausgeweitet haben. Die Vorstellungen einer Gesellschaft werden durch soziale Energie aus abstrakten Konzepten in konkretere Ausdrucksformen übersetzt. Die menschliche Entropie übersetzt die Ideen, indem sie ein neues Element einführt, das in weniger entwickelten Gesellschaften nur Potenzial bleibt. Gesprächskultur, Literatur, Theater, Kunst, Wissenschaft, Esskultur, Möblierung, Architektur, Maschinenbau, Gartenkultur, Landwirtschaft – für diese und alle anderen menschlichen Aktivitäten gilt, dass die leichte Brise der menschlichen Entropie die Spreu vom Weizen trennt. Alle Gesellschaften mögen, soweit sie können, auf der Straße der Kultur unterwegs sein. In der Vergangenheit waren nur wenige so energiereich, um anzukommen.

Nun kann ich das zweite Grundgesetz formulieren, das in allen menschlichen Gesellschaften wirkt. Mit Hilfe des ersten Grundgesetzes können wir den kulturellen Zustand einer jeden Gesellschaft zu jeder Zeit festlegen. Die abgeleiteten Gesetze sind engere Behauptungen zum ersten Grundgesetz und beziehen sich insbesondere auf weniger entwickelte Gesellschaften. Das zweite Grundgesetz bezieht sich nur auf die Gesellschaften, in denen sich produktive Energie manifestiert. Es lautet:

Keine Gesellschaft kann produktive soziale Energie ausbilden, bis nicht mindestens eine Generation ein soziales System weitervererbt, in dem die sexuelle Freizügigkeit auf ein Minimum beschränkt ist. Wenn ein solches System aufrechterhalten wird, entsteht durch menschliche Entropie verfeinert eine (noch) reichere Tradition.

Es gibt keine Notwendigkeit, dass die ganze Gesellschaft die gleiche Keuschheit auf sich nimmt. Solange die sexuelle Freizügigkeit einer sozialen Schicht auf einem minimalen Level gehalten werden kann, wird die Gesellschaft produktive Energie aufweisen.

Ich sah mich dazu veranlasst, die menschliche Entropie auf allgemeine (und damit wenig befriedigende) Weise zu erörtern, zumal ich in dieser Studie kein Gebäude errichten, sondern einige Fundamente freilegen wollte, auf denen später ein Bauwerk errichtet werden kann. Die Vorstellungen unserer Vorfahren über das menschliche Miteinander waren nicht durch eine genaue Untersuchung des menschlichen Verhaltens bestimmt. Im Gegenteil wendeten sie gewisse Annahmen über die Ankunft des Menschen auf der Erde auf das menschliche Verhalten an. Daher basierten ihre Schlussfolgerungen, wie es scheint, eher auf intuitiven Konzepten, die zu einem nicht geringen Anteil zu ihren vermischten Vorstellungen biologischer und kultureller Vorgänge passten. Die Ergebnisse der hier vorliegenden Studie zwangen mich dazu, die alten Meinungen, die ich zuvor hatte, aufzugeben. Ich halte es jedoch nicht für ratsam, während meiner Darstellung der offensichtlichen Fakten auf zu viele Komplikationen einzugehen und die philosophische Relevanz dieser Fakten zu sehr zu betonen. Das wäre zu tun, wenn ich die Richtung des kulturellen Prozesses ausführlicher zu erörtern hätte.

Nach einem kleinen Hinweis darauf, was ich unter dieser Richtung verstehe, schlage ich vor, meine Ausführungen mit einer Zusammenfassung jener Veränderungen im menschlichen Verhalten zu beschließen, die je nach dem Grad verpflichtender Keuschheit, welche eine Gesellschaft durch sexuelle Vorschriften anzunehmen bereit ist, zwingend zu geschehen scheinen. Zunächst möchte ich einige allgemeine Anmerkungen über den kulturellen Prozess im Ganzen machen. Anschließend werden die vielfältigen kulturellen Zustände an jener Stelle des Prozesses eingeordnet, an die sie zu gehören scheinen. Damit die markanten Merkmale dieses Prozesses so deutlich werden, wie sie es verdienen, wird meine Skizze derart angelegt sein, dass sie übermäßig vereinfacht erscheinen mag. Ich erachte dies als unvermeidlich. Tatsächlich wird das kulturelle Verhalten einer Gesellschaft durch die verschiedenen Kräfte, die auf sie einwirken, oft verzerrt oder verfälscht. Besonders ist dies der Fall, wenn eine kraftvolle Gesellschaft expansive Energie aufweist. Dann kommt sie mit vielen anderen Gesellschaften in Kontakt, auf die sie mit geringerer Energie niemals getroffen wäre. Gesellschaften mit niedrigerer Energie geraten in ihren Einflussbereich; und genau wie sich die Laufbahn eines Sternes zu krümmen scheint, wenn er in das Kraftfeld eines größeren Sterns gelangt, so wird auch das kulturelle Verhalten energetisch schwacher Gesellschaften durch ihren Kontakt mit einer weiter entwickelten Gesellschaft beeinflusst. Wenn sich einige Mitglieder dieser Gesellschaft in einer weniger entwickelten Gesellschaft ansiedeln, und beide untereinander heiraten, entsteht neben der bereits vorhandenen eine neue kulturelle Schicht. Wenn jedoch die Mitglieder einer energetischeren Gesellschaft der anderen nur kurze Besuche abstatten, ist das Ergebnis des Kontakts lediglich eine neue Ausprägung innerhalb des alten kulturellen Musters. In keinem Fall wird der kulturelle Zustand, weder der Besucher noch der Eingeborenen, beeinflusst, solange kein Anstieg oder keine Abnahme ihrer Energie vorliegt. Aus historischer Sicht sind solche Aufeinandertreffen von Kulturen sehr bedeutsam; aber solange sie das kulturelle Grundmuster nicht beeinflussen, besteht für mich keine Notwendigkeit, näher auf sie einzugehen. Meine Aufmerksamkeit beschränkt sich auf das kulturelle Grundmuster. Die ungeheure Vielfalt, die es immer aufweist, beschäftigt mich nicht.

9. Ergebnisse

In diesem erstaunlichen Universum scheinen sich kontinuierlich drei Prozesse zu ereignen. Offenbar sind sie Teil eines einzigen Kosmischen Prozesses, aber für das Anliegen des Studiums ist es zweckmäßig, den Kosmischen Prozess in den universellen, den biologischen und den kulturellen Prozess zu unterteilen. Wenn wir damit einverstanden wären, in der Sprache unserer Vorfahren zu sprechen, könnten wir sagen, dass diese drei Prozesse die Materie, das Leben und den Verstand betreffen (in dieser Reihenfolge); jedoch ist der Gebrauch dieser drei gebräuchlichen Begriffe nicht befriedigend.

Die erste Schwierigkeit besteht darin, dass das Wort „Materie" noch immer mit einigen alten Vorstellungen aus der „vorelektronischen" Zeit verbunden ist. Soweit unser gegenwärtiges Wissen reicht, scheint „Materie" eine erstarrte Form von Energie oder Strahlung zu sein und aus sich drehenden Einheiten elektrischer Kräfte zu bestehen. Sie ist also nicht in dem Sinn „materiell", in dem unsere Vorfahren das Wort gebrauchten. Aber durch diejenigen, die die Spaltung des Atoms als Todesstoß des Materialismus und Argument für die „geistige" Natur der Dinge erachten, erhalten sich die alten Vorstellungen noch immer unter uns. Sie scheinen darin zu bestehen, dass „Materie" etwas Sichtbares und „Geist" etwas Unsichtbares ist. Wenn „Materie" aber aus Wellen und Energie besteht, kann sie folglich nicht materiell sein. Nebenbei bemerkt bleibt Materie dennoch Materie, auch wenn die Forschung zeigen konnte, dass sie letztlich aus Energie und Strahlung besteht. Nur, wir haben herausgefunden, dass die Vorstellungen unserer Vorfahren über die Materie irrig waren. Die erkennbare Auflösung von Materie in Strahlung hat ihr keine geistige Natur gegeben; und solange diese Vorstellung nicht überwunden ist, wird dies nicht nur unnötige Missverständnisse unter den Verfechtern der Relevanz geistiger Werte hervorbringen, sondern auch einen fehlerhaften Eindruck des universellen Prozesses selbst. Materie ist nichts, was wir sehen, fühlen oder hören können; sie umfasst viele Formen von Strahlung, die unsere Sinne nicht wahrnehmen können. Unsere wissenschaftlichen Instrumente sind empfänglich gegenüber einigen Formen von Strahlung, die unseren Sinnen entgehen, doch gegenwärtig befinden sich nur wenige Vorgänge des universellen Prozesses innerhalb unseres Verständnishorizonts. Und je mehr wir den Prozess studieren, desto faszinierender und erstaunlicher wird er, und desto stärker scheinen sich unsere Vorfahren geirrt zu haben. Zudem: Bevor ein Wissenschaftler nur über einen Teil des Prozesses Wissen hat, kann er auf der Basis seiner Kenntnisse gegenüber anderen Autoritäten keine

Ansprüche geltend machen, wenn Fragen nach dem Zweck, dem Ziel oder der Realität debattiert werden.

Die zweite Schwierigkeit bezüglich der (an sich praktischen) Verwendung von „Materie", „Leben" und „Verstand" als Fachtermini besteht darin, dass es bisher niemandem gelungen ist zu definieren, was er unter „Leben" versteht. Die Unterscheidung zwischen Lebendigem und Leblosem ist eindeutig genug, wenn wir an gewisse Formen separierter Materie denken. Allerdings haben vor kurzem einige Biologen die Zweckmäßig- und sogar Notwendigkeit einer kompletten Neuausrichtung ihrer Methoden aufgewiesen. Bisher waren wir durch die Hypothesen der Evolutionstheorie so sehr beeinflusst, dass biologische Schlussfolgerungen, wie James Gray gezeigt hat, nicht auf den Ergebnissen von Beobachtungen basierten, sondern auf einer „nahezu grenzenlosen Grundlage intuitiver Glaubensannahmen". Gray selbst scheint es als möglich, aber unwahrscheinlich anzusehen, dass „ein lebendiger Organismus sich spontan aus unbelebter Materie entwickelt hat". In seinen Forschungen über den biologischen Prozess scheint er dem Dogma des spontanen Ursprungs des Lebens aus lebloser Materie abgeneigt. Darüber hinaus schlägt er vor, dass, so wie der Physiker nicht zuständig ist für den Ursprung unbelebter Materie, „der Biologe das Lebendige ebenso akzeptieren muss, wie er es vorfindet, und seiner Wissenschaft nicht erlauben sollte, sich auf Theorien zu stützen, so spektakulär und attraktiv sie auch sein mögen".

Unbefangene Erforscher des biologischen Prozesses werden, wenn sie seinem Ratschlag folgen und sich von den unbegründeten Vorurteilen aus dem Viktorianischen Zeitalter[295] befreit haben, zweifellos eine größere Aufmerksamkeit auf das beobachtete Verhalten eines jeden Lebewesens legen, auf dessen Strukturen und die Art, wie dessen Verhalten und Struktur sich je nach der Beschaffenheit seiner Erfahrungen verändern. Aber selbst dann wird das Problem, was Lebendiges und was Lebloses ist, bestehen bleiben, besonders wenn wir von der „lebenden Zelle" sprechen und das Wort „lebend" in einem anderen Sinn verwenden, als es im Begriffspaar „lebender Organismus" impliziert ist.[296]

Die meisten unserer Vorgänger dachten nicht nur, dass sich das Leben aus der Materie entwickelt hat oder aus ihr entstanden ist, sondern genauso der Verstand aus dem Leben. Vielleicht stimmt beides;

---

[295] Die Regierungszeit der britischen Königin Victoria (1837-1901) war zugleich die Zeit, in der der Darwinismus entstand. (Anm. d. Ü.)
[296] J. Gray, Presidential Address before Section D (Zoology), Brit. Ass. Adv. Sc. (1933), nachgedruckt in Nature, 28. Oktober 1933, S. 661-664.

bisher weiß es keiner. Solche Hypothesen zähle ich zu den historischen Wissenschaften, und es kann nicht genug betont werden, dass James Gray, als er für eine Revision der Methoden der experimentellen Zoologie plädierte, tatsächlich seine Mitarbeiter dazu anhielt, historische Vorannahmen zu vergessen und nur rein induktive Methoden anzuwenden.

Unabhängig davon, ob der Verstand sich aus der Materie entwickelt hat oder aus ihr entstanden ist, bleibt die Schwierigkeit einer Definition von „Verstand" bestehen. So wie es schwierig zu sagen ist, ob separierte Zellen lebendig sind oder nicht, so ist es schwierig zu sagen, ob in bestimmten organischen Aktivitäten Verstand präsent ist oder nicht. Ein Vogel baut ein Nest, ein Mensch eine Hütte. Ist die Aktivität des Bauens nun eine Manifestation von Verstand? Wenn sie es ist, besitzt der Vogel Verstand, und wir müssen einen anderen Begriff finden, um jene menschlichen Kräfte zu benennen, die bei anderen Wirbeltieren nicht auftreten und die gewöhnlich als Manifestation von Verstand eingeordnet werden. Wenn die Aktivität, ein Nest zu bauen, keinen Verstandesakt darstellt, stellt sich die Frage, wann der Verstand beginnt in der menschlichen Baukunst aufzutreten. Sicherlich war er vorhanden, als der Mensch beispielsweise die Kathedrale von Salisbury oder das Broadcasting House entwarf.

Jetzt also zu sagen, dass sich die drei großen Bereiche des Kosmischen Prozesses (der universelle, der biologische und der kulturelle) mit der Materie, dem Leben beziehungsweise dem Verstand beschäftigen, hieße unüberlegt die phrasenhafte Ungenauigkeit unserer Vorgänger zu wiederholen. Alle von uns haben eine vage Idee davon, was wir mit diesen Begriffen meinen, aber solange wir deren Bedeutung nicht exakt erläutern können, äußern wir uns beim Gebrauch dieser Wörter nicht wissenschaftlich, sondern journalistisch. Als Sozialwissenschaftler bin ich nicht darauf bedacht, eine exakte Definition des universellen und biologischen Prozesses aufzustellen; das ist nicht meine Aufgabe.

In der Erforschung des kulturellen Prozesses habe ich versucht, die Methoden anzuwenden, die Gray Biologen empfahl. So wie er von seinen Mitarbeitern erwartet, das Lebendige so aufzufassen, wie sie es vorfinden, so habe ich in meiner Untersuchung des kulturellen Prozesses versucht, die menschlichen Gesellschaften so aufzufassen, wie ich sie vorgefunden habe. Meinen Untersuchungen habe ich nicht erlaubt von Theorien beeinflusst zu werden, die im letzten Jahrhundert im Umlauf waren. So wie der Biologe nach James Gray sich nicht mit dem Ursprung der lebendigen Materie beschäftigen sollte, habe ich mich nicht mit der Art und Weise beschäftigt, wie der Mensch auf die Erde gekommen sein mag. Dieses Problem gehört zur historischen Wissenschaft, die, wie ich bereits angedeutet habe, ihrer Natur nach unvermeidlich philosophisch, wenn nicht sogar theologisch zu sein scheint. Wer den kulturellen Prozess erforscht, beschäftigt sich damit in keiner Weise. Im kulturellen Prozess sind ungleichmäßige Entwicklungen erkennbar. Nun müssen wir verstehen, was sich entwickelt.

Wenn wir den Menschen beobachten, stellen wir fest, dass er mindestens drei Attribute aufweist, die anderen Lebewesen zu fehlen scheinen. Es kann sein, dass andere Attribute dem Menschen genauso eigentümlich sind, aber für mich gibt es keinen sicheren Nachweis, dass dem so ist, auch wenn ich zugestehe, manchmal verwundert zu sein, wenn ich über das erkennbar komplexe Verhalten des Menschen nachdenke. Der exklusive Besitz der drei Attribute jedenfalls ist unbestreitbar und belegt. Es handelt sich um die Fähigkeiten des vernünftigen Denkens, der Kreativität und der Selbstreflexion. Ich definiere den kulturellen Prozess als eine Abfolge von Ereignissen, die diesen Fähigkeiten entspringen. Menschliche Energie, wie ich sie verstehe, besteht aus dem Gebrauch dieser Kräfte, die potenziell allen Menschen zugänglich sind.

Meiner Meinung nach ist es bemerkenswert, dass wir den physiologischen Faktor vieler menschlicher Gefühle und Handlungen noch nicht erforscht haben, auch wenn wir manches vermuten oder sogar deuten können. Den physiologischen Faktor der besagten Kräfte haben wir noch nicht erforscht. Wenn der Körper in einem bestimmten chemischen Zustand ist, scheint der Gebrauch dieser Kräfte schwierig oder gar unmöglich zu sein. Aber wir wissen noch nicht, wo in der organischen Struktur das Selbstbewusstsein und der Verstand liegen.

Die Kräfte selbst scheinen zu koexistieren und sich zu vermischen. So kann die Verstandeskraft kaum auftreten außer in einem selbstbewussten Organismus. Die Kreativität kann nicht gebraucht werden, bevor nicht der Verstand aktiv gewesen ist usw. In den Werken der Menschen finden sich keine Hinweise auf irgendeinen Gebrauch der Kräfte außerhalb einer menschlichen Gesellschaft. In der Vergangenheit war die menschliche Energie immer eine soziale Energie.

Die Kräfte des Verstandes und der Selbstreflexion bedürften keiner Erläuterung, aber die Kraft der Kreativität ist von einer weniger offensichtlichen Natur. „Kreativität" ist ein Begriff, der eine zweifache Bedeutung hat. Er beinhaltet nicht nur das Erscheinen aus dem Nichts, sondern auch eine Neuanordnung existierender Vorgänge. In der Erforschung des kulturellen Prozesses kann das Wort nur im zweiten Sinn verwendet werden. Ich leugne nicht, dass der Mensch fähig ist etwas (wie zum Beispiel Ideen) aus dem Nichts zu erschaffen, aber ich kann nicht erkennen, wie eine solche Neuschöpfung letztlich nachgewiesen werden kann. Überdies besteht immer die Schwierigkeit bezüglich der Bedeutungen von „etwas" und „nichts": Auf den ersten Blick scheinen sie einfache Begriffe zu sein, aber schon ein wenig Nachdenken überzeugt uns, dass sie nicht so einfach sind, wie sie scheinen. In dem Sinne, wie ich „menschliche Kreativität" verwende, bedeutet der Terminus in erster Linie eine Neuanordnung von bereits existierendem Material gemäß einem vorgegebenen Plan. Die Existenz eines solchen Plans zeigt dabei, ob ein Ereignis eine kreative Erfindung oder ein zufälliges Geschehnis ist.

Durch den Einsatz der ihm inhärenten Kräfte kann der Mensch die Vorgänge im universellen Prozess neu ordnen, und theoretisch scheint es keinen Grund zu geben, warum er die Vorgänge des kulturellen Prozesses nicht ebenso neu ordnen kann. Ich glaube, dass diese Vorstellung nur deshalb seltsam anmutet, weil wir in der Vergangenheit das menschliche Miteinander auf historische statt auf induktive Weise studiert und biologische und kulturelle Prozesse miteinander vermischt haben.

Ich mache nicht mehr, als die Möglichkeit eines kreativen (oder neu angeordneten) Vorgangs im kulturellen Prozess aufzuzeichnen. Gleichermaßen begnüge ich mich damit, in erster Linie die offensichtliche Existenz einer Richtung des kulturellen Prozesses festzuhalten, ohne deren letztliche Bedeutung zu diskutieren. Damit verbunden ist allerdings eine grundsätzliche Wahrheit, die hier festgehalten werden sollte. Wie wir gesehen haben, hat die Intensität der in einer menschlichen Gesellschaft auftretenden Energie in der Vergangenheit von Jahrhundert zu Jahrhundert variiert. Überdies wiesen einige soziale Schichten eine größere Energie auf als andere Schichten; und auch hier variierte die Intensität von Zeit zu Zeit. Daher änderte sich das kulturelle Level einer Gesellschaft und ihrer Untergruppen immer wieder.

Unsere Vorfahren waren gewohnt, solche Begriffe wie Aufstieg und Niedergang, Entwicklung und Degeneration zu verwenden; und es gibt keinen ernsthaften Einwand gegen ihre Verwendung, solange ihnen nichts Subjektives beigemischt wird. Es kann aber nicht verleugnet werden, dass solche Wörter die mentale Neutralität beeinträchtigen, die bei der Erforschung des kulturellen Prozesses unabdingbar ist. Wie Max Beerbohm zutreffend gesagt hat, implizierten „Fortschritt" und „Entwicklung" für unsere Vorfahren eine Erweiterung ihrer selbst. Alles, was sie missbilligten oder nicht praktizierten, war dekadent oder eine Verfallserscheinung. Ihnen ist es nicht immer gelungen, moralische Bewertungen aus ihrem Denken auszuschließen. Ich möchte nicht so vorgehen; und mein Vorschlag ist, über einen kulturellen Wandel nicht mehr zu sagen, als dass er sich in Richtung des kulturellen Prozesses bewegt oder in die Gegenrichtung. Der Belege hierfür sind ein wenig dürftig, aber wenn ich sie richtig gelesen habe, haben sich die Erfindungen der energiereichsten sozialen Schicht einer starken Gesellschaft immer in eine Richtung bewegt, die ihre Urheber als größere Feinheit, Eleganz und Exaktheit verstanden haben. In ihnen lag ein Drang in diese Richtung hin; und wenn wir zurückblicken, erkennen wir, dass sich der Drang manches Mal verwirklicht hat. Dann zeigte sich, wie ich es nenne, menschliche Entropie. Es geht natürlich nicht darum, eine Meinungen über sie aufzuzwängen. Wir müssen nicht den Parthenon-Tempel mit der Kathedrale von Salisbury oder dem Broadcasting House vergleichen und darüber urteilen, welches Gebäude eleganter ist. Entscheidend ist, dass im Parthenon ein Element vorhanden war, das in den athenischen Bauwerken der früheren Epochen fehlte. Es scheint in menschlichen Werken aufzutauchen, wenn die Energie der energiereichsten Schicht groß genug ist und lang genug andauert, und es verschwindet, wenn die Energie abnimmt. Wenn dann eine andere Schicht die Gesellschaft zu dominieren beginnt und deren Energie geringer ist als die der Vorgänger, fehlt das Element; aber es taucht wieder auf, wenn das Energielevel der neuen Schicht ansteigt. Ich fasse also zusammen, dass dies die Richtung des kulturellen Prozesses ist und dass die kulturelle Tradition einer Gesellschaft sich kontinuierlich verfeinert und erweitert, wenn eine Gesellschaft eine große Energie über eine längere Zeit hinweg freisetzt.

Ich habe die Beziehung eines Individuums zur Gesellschaft, der er angehört, mit der Beziehung eines Elektrons zum chemischen Element verglichen, von dem es ein konstitutiver Bestandteil ist. Die Analogie ist erhellend und verdient eine genauere Erläuterung.

In einem gewissen Sinn wird jeder Vorgang im kulturellen Prozess durch ein Individuum hervorgebracht. Aber um seine potenziellen Kräfte verwirklichen zu können, muss es Mitglied einer Gesellschaft sein. In der Vergangenheit ist kein einziges Ereignis im kulturellen Prozess isoliert eingetroffen. Stets wurde es begleitet von einer Anzahl anderer Ereignisse, die von anderen Individuen ausgingen. Für sich genommen waren die Individuen getrennte, unterschiedliche und einzigartige Wesen. Zugleich waren sie Produkte einer Gesellschaft. Wenn wir wie unsere Vorgänger sagen, dass der Mensch ein Herdentier oder ein soziales Wesen ist, verfehlen wir den wichtigsten Aspekt: So wie das Elektron manchmal als Welle und manchmal als Teilchen erscheint, so ist jedes Individuum manchmal eine Einheit und manchmal eine Wirkkraft. Und diese zwei Aspekte seiner Natur können nicht voneinander getrennt werden. Genau genommen ist der Mensch weder das eine, noch das andere, sondern beides zur gleichen Zeit. Als Einheit wird er beeinflusst vom Verhalten anderer Menschen, als Wirkkraft beeinflusst er das Verhalten derjenigen, die in sein Kraftfeld geraten. Es gibt keine Methode, den einen Aspekt unabhängig vom anderen zu untersuchen, zumal wir einen Menschen nicht analysieren können, ohne dass er sich dessen bewusst ist. Sobald sich der Mensch der Fremdbeobachtung bewusst wird, verändert sich sein Verhalten.

Der Mensch selbst ist insofern ein determiniertes Produkt, wie sein Verhalten nur ein Reflex vorangegangener Erfahrungen und der seiner Vorfahren ist; und manche Gelehrte waren so beeindruckt von entsprechenden Hinweisen, dass sie unseren freien Willen schlichtweg leugneten. Aber bisher ist es ihnen nicht gelungen, ihre Schlussfolgerung unanfechtbar zu beweisen. Wir sind noch immer überzeugt, wenigstens zu einem gewissen Grad frei zu sein. Der Besitz eines freien Willens ist jedoch, obwohl er zweifelsohne zugestanden und sogar betont wird, beim Studium des kulturellen Prozesses nicht sehr bedeutsam, zumal das Quellenmaterial nahelegt, dass das Verhalten einer menschlichen Gesellschaft im Ganzen determiniert ist.

Einige Physiker glauben im Elektron eine gewisse Spontaneität auszumachen, und obwohl ich selbst davon nicht überzeugt bin, kann ich es nicht widerlegen. Ob nun das Verhalten eines einzelnen Elektrons determiniert oder spontan sein mag – eine große Anzahl von Elektronen ist nachweislich determiniert. Auf ähnliche Weise betrifft die Spontaneität eines einzelnen Menschen in keiner Weise eine deterministische Schlussfolgerung hinsichtlich des Verhaltens einer menschlichen Gesellschaft. Ich weiß nicht, was die Physiker in der Zukunft über die Spontaneität eines Elektrons sagen werden, aber im Fall des Menschen scheint die Erklärung des offensichtlichen Widerspruchs im bipolaren Wesen der Person als sowohl determinierte Einheit (die von einer unbewussten oder verdichteten Erfahrung beherrscht wird) als auch kreative Wirkkraft zu liegen. Als kreative Kraft ist der Mensch frei, aber er selbst ist nicht in der Lage, sich in der für die Verwirklichung seiner potenziellen Kräfte nötigen Umwelt zu verorten. Die Bedingungen müssen durch seine Gesellschaft bereitgestellt werden. Wenn diese durch Zufall oder Plan bereitgestellt werden, produziert die Gesellschaft viele freie und kreative Bürger. Wenn die Bedingungen jedoch nicht bereitgestellt werden, scheint die deterministische Seite einer jeden Person hervorzutreten. In diesem Fall ist das Verhalten eines Menschen lediglich ein Reflex oder eine Reaktion auf vorangegangene Erfahrungen oder solche seiner Vorfahren. Im anderen Fall sind die Bedingungen reif für das Auftreten von Kräften, die die Existenz eines freien Willens nahelegen. Das Ergebnis ist menschliche Energie. Und je höher sich das kulturelle Level einer Gesellschaft entwickelt, desto stärker tritt der freie Wille in ihrer am meisten entwickelten Schicht hervor.

Im universellen Prozess werden die chemischen Eigenschaften eines Atoms durch dessen Atomhülle bzw. das Feld der Elektronen bestimmt. Das Wirkungsfeld befindet sich ebenfalls außerhalb und nicht innerhalb des Atomkerns. Auf ähnliche Weise ist der kulturelle Status einer menschlichen Gesellschaft nicht abhängig vom Verhalten der Mehrheit (die oft fast gänzlich von ihren unterbewussten Vorstellungen gesteuert wird), sondern von dem einer kleinen Minderheit, die die in ihr inhärenten Kräfte verwirklicht. Im Studium der menschlichen Geschichte wird das nicht immer berücksichtigt. Schon wenige Beispiele belegen dies.

Wenn wir zum Beispiel von der hellenistischen Kultur sprechen, beziehen wir uns entweder auf einige Reiche und Gebildete, die Kleinasien verlassen und sich in Griechenland oder Italien angesiedelt haben; oder wir beziehen uns auf einige adlige Athener. Dabei übersehen wir Tausende weniger kultivierte Ionier, die an ihrem alten Aberglauben festhielten und sich den Persern ergaben. Genauso vergessen wir die große Anzahl der weniger entwickelten Athener, die weder den Groll eines Euripides noch die hintersinnigen Anspielungen eines Aristophanes[297] verstanden. Und nicht anders, wenn wir von der modernen Architektur sprechen: Wir beziehen uns auf einige isolierte Bauwerke oder auf die Pläne von Gebäuden, deren Bau erwogen oder erhofft wird. Das weite Ackerland, das unter hüttenartigen Bauten ächzt, und andere wild wachsende Schuppen, die sich kein kultivierter Architekt jemals ausgedacht und kein stolzer Handwerker jemals gebaut haben kann, vergessen wir. Das Gleiche gibt es bei jeder Gesellschaft. Diejenigen, durch deren Verhalten wir das kulturelle Level der Gesellschaft beurteilen, nehmen nur einen kleinen Teil der ganzen Gesellschaft ein. In der Vergangenheit war es so: Je mehr eine Gesellschaft ihren kulturellen Zustand erhöhen konnte, desto kleiner wurde der Anteil derjenigen, die die höchsten kulturellen Höhen erklommen haben.

Eine andere Eigenschaft des Elektrons besteht darin, dass es die Wertigkeit bzw. Valenz seines Atoms bestimmt, d. h. die Fähigkeit, in welchem Umfang sich ein Atom mit anderen Atomen innerhalb eines Moleküls verbinden kann. Auf ähnliche Weise scheinen in einer

---

[297] griechische Tragödien- bzw. Komödiendichter (Anm. d. Ü.)

menschlichen Gesellschaft die Vorstellungen und das Verhalten einer dominanten Minderheit das Ausmaß zu bestimmen, in dem die Gesellschaft mit anderen Gesellschaften sympathisieren oder koalieren kann. Der partikularistische Geist, der unter unzivilisierten Gesellschaften vorherrscht, der eine Verständigung zwischen den hellenistischen Stadtstaaten verhinderte und der auch unter modernen Nationen beobachtbar ist, scheint unter diesem Gesichtspunkt in der Tatsache begründet zu liegen, dass ihre Valenzen unterschiedlicher Art sind. Was man menschliche Valenz nennen könnte, ist tatsächlich ein Phänomen von immenser Bedeutung bei der Erforschung des kulturellen Prozesses.

In gewisser Hinsicht ist die Ausprägung eines Vorgangs im universellen Prozess das Gegenstück zu einem Vorgang im kulturellen Prozess. Ein Atom besteht aus einem Atomkern und einer Anzahl von Elektronen, die (obwohl sie in dem Sinn frei sind, als sie durch keine sichtbaren Bande mit den Protonen im Atomkern verbunden sind) durch Kräfte, die wir nicht verstehen, in ihrer Position gehalten werden. Wenn ein Atom Energie emittiert, scheinen die äußeren Elektronen einen Sprung auf eine Umlaufbahn mit niedrigerem Energieniveau zu machen. Zuletzt sind sie näher an den Atomkern gebunden; und was zuvor ein ausgedehnter Zustand niedriger Dichte war, wird zu einem konzentrierten Zustand hoher Dichte.

Wenn eine menschliche Gesellschaft Energie verströmt, geschieht exakt das Gegenteil. Wir beginnen mit einer Gesellschaft, in der alle Individuen durch Kräfte, die wir nicht verstehen, aneinander gebunden sind. Eine solche Gesellschaft weist keine Energie auf. Aber sobald sie sich mit Energie anreichert, beginnen die Individuen den Mittelpunkt zu verlassen und ein energiereiches Kraftfeld um ihn herum zu bilden. Die Eigenschaften dieses Feldes bestimmen den kulturellen Zustand der Gesellschaft. Wenn die Gesellschaft sich dann noch weiter mit Energie anreichert, verlassen weitere Individuen den Mittelpunkt und bevölkern das äußere Kraftfeld. Andere verlassen sogar dieses Kraftfeld und nehmen neuere Verhaltensweisen an. So formen sie ein zweites Kraftfeld, welches einen kulturellen Wandel in der Gesellschaft auslöst. Je mehr soziale Energie eine Gesellschaft zeigt, desto größer wird der kulturelle Abstand zwischen den äußeren Kraftfeldern und dem ursprünglichen Mittelpunkt, der sich sogar auflösen kann. So wie die äußeren Elektronen eines Atoms durch unsichtbare und unverstandene Kräfte an den Atomkern gebunden sind, so sind alle Individuen einer menschlichen Gesellschaft, wie sehr oder wie wenig sie kulturell entwickelt sein mögen, durch Wirkkräfte miteinander verbunden, die noch nicht vollständig analysiert und erfasst sind.

Dieser Prozess kann nicht nur durch das Schema von Atomkern und äußeren Kraftfeldern dargestellt werden, wie ich es getan habe, sondern auch durch einen Kegel, bei dem der obere Kreisumfang im Verhältnis zu dem an der Basis immer geringer wird. In dem Fall würde die Gesellschaft in ihrem inaktiven Zustand durch eine flache Linie repräsentiert werden, aus der vielfältige kulturelle Zustände hervorgehen. Dieser Vergleich ist jedoch nicht so erhellend wie der atomare, zumal wir mithilfe des Letzteren nicht nur die vier großen kulturellen Zustände darstellen können, sondern auch die sechs unterschiedlichen Energielevel, in welchen sich menschliche Gesellschaften in der Vergangenheit befunden haben.

Das Modell, das ich vermitteln möchte, kann auch am Eis veranschaulicht werden. In einem Stückchen Eis bestehen die Moleküle aus Wasserstoff- und Sauerstoff-Atomen einschließlich ihrer freien Elektronen. Wie gesagt, legen uns manche Forscher nahe, dass das Verhalten der Elektronen spontan ist, aber selbst wenn dem so sein sollte, verschwindet die Spontaneität, wenn sich das Elektron in gefrorenem Eis befindet. Dann sind die Moleküle starr verbunden. Wenn nun Energie in Form von Hitze zugeführt wird, bewegen sich die Moleküle frei und das Eis ändert seinen Zustand und wird zu Wasser. Das Eis hat in diesem Fall keine andere Wahl: Wenn es so behandelt wird, kann es nicht anders als seinen Zustand zu ändern. Genauso wenig kann es sich gegen den Zustand wehren, in dem es ankommen muss: Es wird zu Wasser. Ich gehe davon aus, dass dem so ist, weil es Teil der dem Eis inhärenten Natur ist, auf diese Weise zu reagieren, wenn Energie zugefügt wird. Wenn wir noch mehr Energie aufwenden, trennen sich die Moleküle des vormaligen Eises noch weiter voneinander und fliegen in Form von Wasserdampf davon. Auch hier hat das Wasser keine andere Wahl, auch hier kann die Zustandsänderung keine andere als die beobachtete sein.

Auf ähnliche Weise sind die Mitglieder einer zoistischen Gesellschaft (dem niedrigsten Level des Modells) durch unsichtbare Kräfte verbunden, vereinigt in menschlichen Einheiten wie Clans, Familien, Bruderschaften, Banden, Geheimbünden und anderen ähnlichen Gruppen. Wenn der Gesellschaft Energie zugeführt wird, entfernen sich einzelne Mitglieder und zwischen ihnen und ihren Mitbürgern entsteht aufgrund der verwirklichten Energie eine kulturelle Distanz. Wenn der Gesellschaft immer weiter Energie zugeführt wird, formt sich kontinuierlich eine neue soziale Schicht. Die kulturelle Distanz zwischen den Gruppen vergrößert sich. Das Verhalten jeder Schicht und der gesamten Gesellschaft verändert sich weiter und genauso der kulturelle Zustand. Im kulturellen Prozess ereignet sich ständig etwas Neues.

Die Verwandlung von Eis in Wasserdampf ist umkehrbar. Genauso ist auch jeder kulturelle Wandel reversibel. In diesem Fall sinkt die Energie einer Gesellschaft. Die Individuen fallen aus dem äußeren Kraftfeld in andere Positionen zurück. Der kulturelle Zustand der Gesellschaft verlässt die diversen Zustände der äußersten Umlaufbahnen. Für ein Individuum, ob es sich nun von einem inneren Kraftfeld zu einem äußeren bewegt oder umgekehrt, erscheint der Wandel offensichtlich und wünschenswert, zumal seine natürliche Egozentrik so beschaffen zu sein scheint, dass er sein eigenes Verhalten oder das der Gesamtgesellschaft für richtig und angemessen hält. Nur ein außenstehender Beobachter der Vorgänge kann sagen, ob sich der Wandel in Richtung des kulturellen Prozesses vollzieht oder in die Gegenrichtung. Aber sogar er kann allein aufgrund der erkennbaren Kultur keine Auskunft darüber geben, wie wünschenswert der Wandel ist.

Jede Form von Energie ist mysteriös. Wir sprechen von Energie als dem Geheimnis des universellen Prozesses, aber keiner weiß genau, was sie ist. Nach Einstein besitzt Energie Masse und Trägheit; wenn aber ein Physiker Materie analysiert, scheint er letztlich nur Energie zu finden. Tatsächlich scheint Materie eine verfestigte Form von Energie zu sein. Bisher können beide nicht unabhängig voneinander identifiziert werden, da die Materie über Eigenschaften verfügt, die die Energie nicht haben kann, und die Energie Eigenschaften hat, die der Materie fehlen. Wir haben keinen direkten Zugang zur Energie außer durch dessen materielle Form. Während sie sich verfestigt, beginnt die Energie ihre Form zu verändern und Eigenschaften anzunehmen, die sie, soweit wir sagen können, zuvor nicht aufwies. So scheint im universellen Prozess kontinuierlich etwas Neues hervorzutreten. Überdies gibt es aufgrund der auftretenden Energie einen unablässigen Wandel. Sterne und andere Formen von Materie strahlen Energie aus, und wenn sie emittiert ist, entstehen neue Elemente, deren chemische Eigenschaften auf die um den Atomkern kreisenden Elektronen zurückgehen und die Art und Weise, wie die Atome mit anderen verbunden sind.

Abgesehen vom oben genannten Unterschied scheint der kulturelle Prozess ähnlich zu verlaufen. Wir wissen nicht, was menschliche Energie ist; wir sehen nur ihre Auswirkungen. Wenn wir jedoch ein beliebiges Ereignis im kulturellen Prozess auf ihren letztlichen Gehalt reduzieren, finden wir nichts anderes als menschliche Energie. Während sie sich manifestiert, scheint die menschliche Energie Eigenschaften und Attribute anzunehmen, die im Menschen latent gewesen sein müssen, zunächst aber weder sichtbar noch berechenbar waren. Wenn eine menschliche Gesellschaft seine potenzielle Energie verwirklicht, gelangt sie in verschiedene Zustände, und mit jeder Zustandsveränderung tritt ein neues Ereignis im kulturellen Prozess ein. Die Ausprägung des Zustands ist abhängig vom Verhalten der Individuen, die sich am meisten vom Atomkern entfernt haben; und die Struktur der Gesellschaft wandelt sich je nach dem Energielevel der aktivsten Schicht.

Im universellen Prozess emittieren bestimmte radioaktive Elemente Energie und transformieren sich dadurch. Aus Uranium wird erst Thorium, dann Radium. Aus dieser Tatsache haben Physiker gefolgert, dass es theoretisch möglich sein könnte, Elemente künstlich zu verändern und aus Radium Blei, aus Blei Quecksilber und aus Quecksilber Gold herzustellen. Analog haben menschliche Gesellschaften in der Vergangenheit kontinuierlich und zufällig ihren Zustand verändert. Anders als bei den chemischen Elementen scheint es aber theoretisch möglich, die Kultur einer jeden Gesellschaft bewusst und künstlich umzugestalten, einfach durch die Verringerung oder Erhöhung des Energielevels. Es könnte sogar möglich sein, die Struktur einer Gesellschaft auf solche Weise zu verändern, dass sie unaufhörlich Energie aufweist. In diesem Fall würde jede folgende Veränderung des kulturellen Zustands in Richtung des kulturellen Prozesses verlaufen.

Auch wenn die äußeren Eigenschaften eines jeden chemischen Elements schlicht der äußere Ausdruck ihrer Struktur sind, kann das Element entweder stabil oder instabil sein. Wenn die Elektronen in ein Gleichgewicht geraten, ist das Atom stabil und das Element träge und inaktiv. Helium scheint ein Beispiel für ein träges, inaktives Element zu sein. Aber wenn das Atom ein Elektron zu viel oder zu wenig besitzt, ist es instabil. Unter solchen Bedingungen scheint die dem Atom inhärente Natur so zu sein, dass das Atom das Bedürfnis hat, diesen Mangel oder Überfluss auszugleichen. Also verbindet es sich mit einem anderen Atom oder Element, das auf gegenteilige Weise einen Ausgleich anstrebt. Auf diese Weise entsteht ein neuer Zustand im universellen Prozess.

Ein Ereignis im kulturellen Prozess entsteht auf ähnliche Weise. Der Mensch besitzt aufgrund der ihm inhärenten Natur gewisse Bedürfnisse, die erfüllt werden müssen. Wenn die Mitglieder einer Gesellschaft keine unbefriedigten Bedürfnisse haben, ist die Gesellschaft stabil, träge und inaktiv. Wenn hingegen einige Bedürfnisse nicht befriedigt werden, wird sie unruhig und instabil. Wenn sich der unbefriedigte Bedarf in Hunger und Durst äußerst, neigt die Gesellschaft dazu, zu fliehen; aber sobald der Hunger gestillt und der Durst gelöscht ist, wird sie wieder sesshaft. Wenn jedoch der unbefriedigte Bedarf sexueller Natur ist und dieser nicht direkt befriedigt werden kann, muss die Befriedigung anderweitig gesucht werden. Es ist nachweislich so, dass eine fehlende Befriedigung in dieser Hinsicht die von mir geschilderten Kräfte wachruft und das hervorbringt, was ich menschliche Energie genannt habe. Im Ergebnis steigt das kulturelle Level der Gesellschaft. Ein solcher Anstieg tritt nicht ein, und kann offensichtlich auch gar nicht eintreten, wenn nicht ein sexuelles Bedürfnis unbefriedigt bleibt. Aber sobald eine sexuelle Befriedigung ausbleibt (bei angenommener körperlicher Gesundheit), muss sich ein Anstieg des kulturellen Levels vollziehen. Anders gewendet, wenn die direkte Befriedigung nach einer anders geprägten Phase zum Regelfall wird, beginnt die Energie der Gesellschaft abzunehmen, und die Gesellschaft fällt in ihrem kulturellen Level.

Wir wissen nicht, warum dem so ist. Ich lege diese Schlussfolgerung als Ergebnis einer detaillierten Untersuchung des menschlichen Verhaltens vor. Nur so können wir uns ein Urteil bilden. Kein Forscher kann jemals sagen, warum etwas in den universellen, biologischen und kulturellen Prozessen so ist, wie es beobachtet wurde; er muss sich immer mit der Aufzeichnung der Fakten begnügen, die Teile der natürlichen Verfasstheit der Dinge sind. Wir wissen nicht, warum Eis zu Wasser und nicht zu Kohle wird, wenn es sich erhitzt, oder warum Kohlenstoff-Atome je nach ihrer Lagerung Kohle und Diamanten hervorbringen. Wir wissen lediglich, dass die Tatsachen so sind. Kein Wissenschaftler ist befugt auf etwas anderes hinzuweisen als auf die Ergebnisse seiner Beobachtungen. Meine Befugnis zu sagen, dass das Auftreten menschlicher Energie von der Begrenzung sexueller Möglichkeiten abhängt (d. h. von fehlender sexueller Befriedigung oder, wie einige Psychologen es vorziehen zu sagen, von der Sublimierung sexueller Energie in andere Ausdrucksformen), gründet sich auf die Beobachtung menschlicher Quellen und die Ergebnisse psychologischer Forschungen.

Nun möchte ich eine träge menschliche Gesellschaft heranziehen, und ihr auf eine Weise Energie zuführen, dass sie die sechs Energielevel erreicht, die in der Vergangenheit aufgrund der oben angeführten sieben Stufen sexueller Reglementierung aufgetreten sind. Diese träge Gesellschaft ist der Atomkern, mit dem wir die Skizze des kulturellen Prozesses beginnen. Sie befindet sich im zoistischen kulturellen Zustand und verfügt über keine Innovationskraft. Schematisch kann sie abgebildet werden durch einen schwarzen Kreis oder eine dicke schwarze Linie (siehe Abbildung A).

Jede der uns bekannten Gesellschaften ging davon aus, dass sich eine gewisse Macht (oder Mächte) im Universum manifestiert. Die Völker haben sich darum bemüht, auf rechte Weise zu ihr (oder zu ihnen) in Beziehung zu treten. Da wir zu dieser Regel keine Ausnahme kennen, müssen wir in aller Bescheidenheit folgern, dass ein solches Verhalten Teil der dem Menschen inhärenten Natur ist. Aus dem gleichen Grund scheint es der menschlichen Natur eigentümlich zu sein, auf alles Unübliche und jenseits der Vorstellungskraft Liegende heftig zu reagieren und in jedem außergewöhnlichen menschlichen oder tierischen Wesen eine gefährliche, mächtige und deshalb erwünschte Eigenschaft zu sehen. Vor solchen Wesen legt der Mensch seiner Natur folgend Opfergaben nieder, die entweder aus solchen Dingen bestehen, die er selbst für wertvoll erachtet, oder solchen, von denen er glaubt, dass der Empfänger sie wertschätzt. Auf diese Weise versucht er die Macht auf seine Seite zu ziehen oder die Gefahr zu vermeiden, die überall im Wirkungsbereich der Macht lauert. Zudem leistet er zum gleichen Zweck ähnliche Zahlungen an diejenigen Menschen, deren Lebensweise außergewöhnlich ist, und denen er Verfügungsgewalt über jene Macht zuspricht; denn diese Menschen, denkt er, können aufgrund der Macht sein Schicksal beeinflussen oder ihn von seinen Leiden befreien. Außerdem hält er es für möglich, dass sich die Macht in ihren Körpern manifestiert, und bisweilen versucht er sogar sich ein Stück eines solchen Körpers zu sichern, damit er möglicherweise selbst über die Kraft verfügen kann.

Wenn sich eine menschliche Gesellschaft in einem trägen, inaktiven Zustand befindet, ist ihr Verhalten so, dass sich diese dem Menschen inhärente Natur ohne irgendeine relevante Abweichung ausdrückt. Eine zoistische Kultur ist das Ergebnis. Nun führen wir der Gesellschaft Energie zu, indem wir die voreheliche Triebbefriedigung in wachsendem Ausmaß kontrollieren. Schon bald beginnen einige energiereiche Individuen ihre Vorstellungen dahingehend zu verändern, dass sie über den Grund der fortdauernden Entbehrungen nachdenken und einem kürzlich verstorbenen Schamanen die gleichen magischen Kräfte zuschreiben, die ihm vor seinem Tod zugesprochen wurden. Die lebenden Schamanen werden weiterhin als Personen angesehen, die dazu in der Lage sind, jede Form von Himmelsaktivität zu kontrollieren oder zu beeinflussen. Für den erwachenden Verstand der energiereichen Stammesbrüder ist es jedoch offensichtlich, dass es den lebenden Schamanen nicht gelingt, die hartnäckige Krankheit zu heilen. Sie erachten es für angemessener, die Toten zu besänftigen.

Der kürzlich Verstorbenen wird jedoch nicht sehr lange gedacht, und sie werden in der allgemeinen Wertschätzung kontinuierlich durch neue Verstorbene ersetzt, deren Heldentaten den Menschen noch besser im Gedächtnis sind. Und diese wiederum müssen denen Platz machen, die nach ihnen sterben. Des Weiteren beginnen die Menschen die Orte zu schmücken, an denen sie den Geistern der mächtigen Toten opfern. Über ihren Gräbern werden schmale Hütten errichtet, und ähnliche Bauten entstehen an Orten, an denen sich die Macht des Universums manifestiert. Zoistische Gesellschaften haben keine derartigen Gewohnheiten. Die Individuen, die für die Innovationen verantwortlich sind, grenzen sich von ihren zoistischen Stammesbrüdern ab und formen sozusagen eine manistische Atomhülle um den zoistischen Atomkern. Der kulturelle Zustand einer solchen Gesellschaft kann auch mit einem manistischen Kegel auf einer zoistischen Basis veranschaulicht werden (siehe Abbildung B). Die Ethnien der Akamba, Langi und Wayao befanden sich in diesem Zustand.

Die folgenden Diagramme sind bewusst vereinfacht. Sie zeigen nur die kulturellen Grundmuster. Innerhalb der Muster gibt es jedoch eine immense Vielfalt. Kultureller Kontakt vermehrt diese Vielfalt. Tatsächlich sind die Abgrenzungen zwischen den Schichten (oder Umlaufbahnen) niemals so scharf und starr, wie sie scheinen, sondern locker und fließend.

Eine menschliche Gesellschaft ist eine dynamische Einheit, doch kann sie auch träge und inaktiv sein. Wenn sie aktiv ist, verlassen Individuen von Generation zu Generation kontinuierlich die Schicht (oder Umlaufbahn), in die sie hineingeboren wurden, und schließen sich einer höheren an. Nach etwa zwei Generationen kann sich die vormalige Schicht (oder Umlaufbahn) auflösen. Es kann auch eine völlig neue entstehen. Wenn eine Gesellschaft in das Kraftfeld einer anderen, energiereicheren Gesellschaft gerät, kann ihr kultureller Zustand dadurch beeinflusst und verändert werden.

Diagramme der kulturellen Zustände

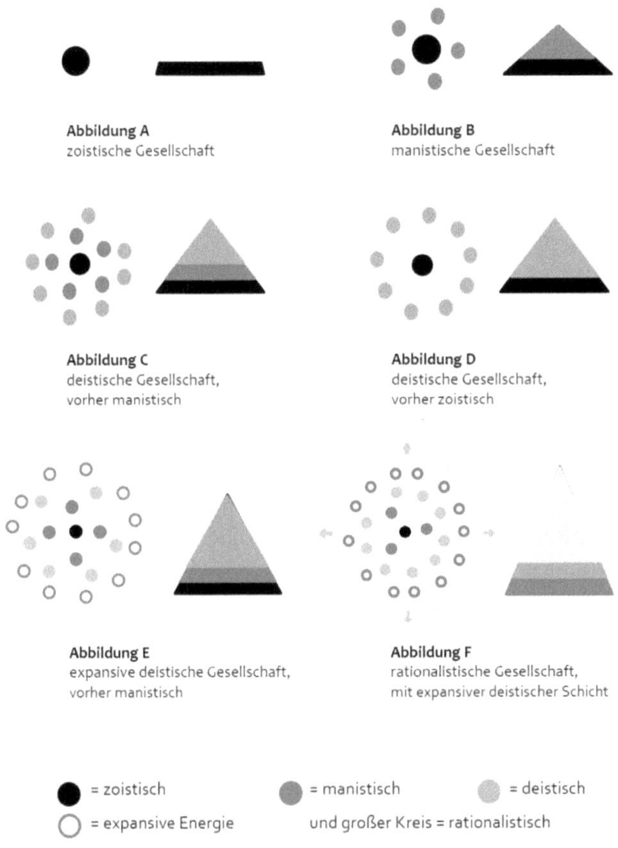

Unter dem Einfluss weiterer Energie beginnen die manistischen Individuen ihren Glauben an eine unabhängig wirkende Magie zu verlieren und die Hilfe mächtiger Geister zu ersuchen, wenn sie sich auf gefährliche, ungewohnte oder wichtige Unternehmungen einlassen. Außerdem dekorieren sie ihre heiligen Orte noch intensiver. Es etabliert sich schnell ein Kult mächtiger Toter. Die Bewohner der südöstlichen Solomonen befanden sich in diesem Zustand. Darüber hinaus verlässt eine steigende Anzahl von Menschen den zoistischen Atomkern und gelangt in die manistische Umlaufbahn. Die verehrten Verstorbenen werden von der Allgemeinheit nicht länger durch die jüngeren Toten ersetzt, deren Heldentaten noch frischer in Erinnerung sind. Der Kult einiger mächtiger Geister wird von Generation zu Generation weitervererbt. Die Schilluk befanden sich in diesem Zustand.

Wenn die vorehelichen sexuellen Bedürfnisse der Frauen unbefriedigt bleiben, entsteht eine noch größere Energie. Die Hütten über den Gräbern und an anderen heiligen Orten nehmen die Ehrwürdigkeit von Tempeln an, und für die aufstrebenden Generationen erscheinen die Mächte in Form von Göttern, die für alle menschlichen und natürlichen Aktivitäten verantwortlich sind und die auf selbstbestimmte und persönliche Weise herrschen. Im Bewusstsein der am meisten entwickelten Schicht entsteht ein Sinn für die Vergangenheit. Diese Individuen trennen sich von ihren manistischen und zoistischen Stammesbrüdern und formen eine deistische Umlaufbahn um die manistische. Die Gesellschaft besteht nun aus drei Schichten (siehe Abbildung C). Der kulturelle Zustand einer solchen Gesellschaft kann auch durch einen Kegel mit einer deistischen Spitze, einer manistischen Mitte und einer zoistischen Basis veranschaulicht werden. Die Fidschi, Nyoro, Yoruba, Dahomey, Aschanti, Tongaer und Samoaner befanden sich in diesem kulturellen Zustand.

Dies würde geschehen, wenn wir der Gesellschaft schrittweise Energie zuführen. Wenn wir sie schnell stimulieren durch eine plötzliche Einführung vorehelicher Keuschheit, ohne solche heranführenden Schritte wie dem Einfordern nur gelegentlicher Enthaltsamkeit, nimmt das Verhalten der Gesellschaft das gleiche Muster an, bildet jedoch keine manistische Zwischenschicht aus. Die energiereicheren Individuen verlieren ihren Glauben an eine unabhängig wirkende Magie und beginnen dann, die Geister der mächtigen Toten zu umhegen. Zugleich wird nur noch die Macht im Universum als Grund jedes beliebigen Leidens angenommen. Ein Kult der bedeutsamen Toten wird nicht eingeführt. Die Macht im Universum wird als einzige Quelle übernatürlicher Hilfe angesehen. Sie wird als ein Wesen gedacht, das die ganze Welt auf selbstbestimmte und persönliche Weise beherrscht. Anstelle einer Anzahl von verschiedenen Kräften denken die energiereichsten Individuen nur an eine Macht. Ihre Tempel errichten sie allein für diesen Gott. Sie trennen sich von ihren zoistischen Stammesbrüdern und bilden eine deistische Umlaufbahn um den zoistischen Atomkern. Der kulturelle Status einer solchen Gesellschaft kann auch durch einen deistischen Kegel auf einer zoistischen Basis veranschaulicht werden (siehe Abbildung D). Die Araber scheinen im 7. Jahrhundert in diesem kulturellen Zustand gewesen zu sein.

Alle diese Prozesse sind umkehrbar. Wenn eine deistische Gesellschaft mit einer manistischen Schicht aufhört auf vorehelicher Keuschheit zu bestehen und zurückkehrt zu einer Vorschrift, die nur eine gelegentliche Enthaltsamkeit vorsieht, verschwindet ihre deistische Schicht. In der kulturellen Tradition verbleiben jedoch möglicherweise manche Aspekte, die während der energiereicheren Phase entstanden sind. Dieser Fall scheint zu der Zeit, über die uns Informationen vorliegen, bei den Baganda, Fidschi, Tongaern und Samoanern eingetreten zu sein. Es scheint auch bei den Maori und Tahitianern geschehen zu sein, bevor sie entdeckt wurden.

Ähnlich verschwindet auch die manistische Schicht, wenn eine manistische Gesellschaft aufhört eine gelegentliche Enthaltsamkeit einzufordern, und die Gesellschaft wird wieder zoistisch. In der kulturellen Tradition können sich jedoch möglicherweise Aspekte erhalten, die während der manistischen Phase entstanden sind. Das scheint bei den Kiwai- und Purari-Papuas geschehen zu sein. Viele der indigenen Völker Nordamerikas scheinen ebenfalls vergleichsweise träge Nachfahren energiereicherer Ahnen gewesen zu sein.

Kehren wir nun zu unserer Gesellschaft zurück, mit der wir begonnen haben. Wir haben ihr bereits so viel Energie zugeführt, dass sie im deistischen kulturellen Zustand ankam. Wenn wir ihr noch mehr Energie zuführen wollen, müssen wir ihre sexuellen Möglichkeiten nach der Eheschließung einschränken und dadurch einen nachehelichen Mangel an Befriedigung auslösen. Wenn wir die Gesellschaft nur mit einer eingeschränkten Form von nachehelicher Polygamie ausstatten und gleichzeitig die Forderung vorehelicher Keuschheit beibehalten, wird sie einfach auf deistische Weise weiterbestehen. Aber wenn sowohl Männer als auch Frauen gezwungen werden, sich auf einen Sexualpartner zu beschränken, beginnt die Gesellschaft expansive Energie zu entwickeln. Sie sprengt die Grenzen ihrer Heimat, erkundet neue Länder und erobert energieärmere Völker. Eine solche Energie bewirkt keinen kulturellen Wandel. Expansive Energie ist die Verhaltensstruktur, die von Gesellschaften angenommen wird, die ihre sexuelle Freizügigkeit auf ein Minimum reduziert haben. Eine Anzahl starker Individuen bildet eine expansive Umlaufbahn um die deistischen und manistischen Bahnen. Der kulturelle Zustand jedoch bleibt gleich (siehe Abbildung D). Die frühen Babylonier, Griechen, Römer und Germanen sind klassische Beispiele deistischer Gesellschaften, die eine große expansive Energie entfalteten.

Wenn den Männern, nachdem sie solch strenge Einschränkungen der nachehelichen Freizügigkeit erlitten haben, wieder mehr als ein Sexualpartner zugestanden wird, sinkt die in der Gesellschaft entfaltete expansive Energie; aber solange fortgefahren wird voreheliche Keuschheit einzufordern, bleibt die Gesellschaft deistisch. Sie genießt außerdem die Früchte ihrer Eroberungen, solange sie eine größere

Energie besitzt als die Gesellschaften, die sie ausbeuten will. Wenn die Ehefrauen gezwungen sind ihre Sexualität lebenslang auf ihre Ehemänner zu beschränken, ist die Energie der Gesellschaft größer als wenn sie sich gegen ihren Ehemann entscheiden und ihn verlassen können. Wenn sich die verheirateten Männer in einem absolut polygamen Zustand befinden, ist die Energie einer solchen Gesellschaft immer noch größer als die jeder anderen Gesellschaft – außer der einer absolut monogamen. Wenn also die Gesellschaft polygam wird, nachdem zuvor expansive Energie entfaltet wurde, wird sie wahrscheinlich ihre Eroberungen und ihre Kultur bewahren können. Wenn sie darüber hinaus ihre sexuellen Vorschriften noch weiter lockert, kollabiert sie. Ich erschließe mir deduktiv, dass dies bei den Persern, Makedoniern, Hunnen und Mongolen geschehen ist. Zu einem Zeitpunkt scheinen auch die Yoruba ein wenig expansive Energie entfaltet zu haben, und als sie erstmalig von Europäern entdeckt wurden, waren sie noch immer das energiereichste Volk in Westafrika.

Wir müssen uns daran erinnern, dass kein Wandel bezüglich der sexuellen Vorschriften seinen vollen Effekt vor der dritten Generation erzielen kann. Wenn daher eine Gesellschaft in den Geschichtsbüchern auftaucht, dann entfaltet sie eine Energie, die in den beiden vorangegangenen Generationen generiert wurde. Um die Effekte der sexuellen Möglichkeiten, die eine Gesellschaft genießt, zu erkennen, müssen wir im Quellenmaterial des nächsten Jahrhunderts suchen.

Es kann sein, dass Männer einer absolut polygamen Gesellschaft, die in einer expansiven Phase neue Länder erobert hat, eingeborene Frauen heiraten. Wenn diese Frauen ihre jungen Jahre in einer Atmosphäre intensiver Enthaltsamkeit verbracht haben, wird die Energie der nächsten Generation die ihrer polygamen Väter übertreffen. Diese größere Energie wird so lange andauern, solange die Mütter der neuen Generationen in einem strengeren Umfeld erzogen werden als in dem der absoluten Polygamie. Die Geschichte der Araber bietet die beste Veranschaulichung dieses Sachverhalts.

Noch eine Schwierigkeit müssen wir uns vergegenwärtigen, bevor wir unserer Muster-Gesellschaft weitere Energie zuführen. Wenn in eine Gesellschaft, die auf vorehelicher Keuschheit besteht und nacheheliche Freizügigkeit einschränkt, Praktiken eindringen, wie dass von ihren weniger zivilisierten Mitgliedern nur eine gelegentliche Enthaltsamkeit verlangt wird, entsteht eine manistische Schicht unter der deistischen (siehe Abbildung E). Dies scheint unter den Christen des 4. Jahrhunderts geschehen zu sein. Diese manistische Schicht kann durch die Annahme strengerer vorehelicher Bestimmungen wieder zurückgedrängt werden. Das scheint unter den Engländern des 16.

Jahrhunderts eingetreten zu sein. Viele energiereiche Engländer waren schon zuvor bestrebt die manistische Schicht zurückzudrängen, aber ihre eigene Energie reichte nicht aus, um ein Ziel zu realisieren, das erst im 16. Jahrhundert (und vielleicht selbst dann noch nicht ganz) erreicht wurde.

Nun kehren wir zur Muster-Gesellschaft zurück. Bisher haben wir ihr durch eine vollständige Reduktion der vorehelichen Freizügigkeit und verschiedene Einschränkungen der nachehelichen Freizügigkeit Energie zugeführt, zunächst in zwei Schritten, dann in einem. Damit sie expansive Energie entfalten kann, reduzierten wir die sexuellen Möglichkeiten auf ein Minimum. Nun konservieren wir diesen Zustand für mindestens drei Generationen. Dann beginnt die Gesellschaft eine immense Energie zu entfalten. Tatsächlich gibt es unter den in der Studie diskutierten Gesellschaften nur drei unbestreitbare Beispiele für ein solches Verhalten. Ich meine die Athener, die Römer und die Engländer.

Als ich gewisse Aspekte des universellen mit gewissen Aspekten des kulturellen Prozesses verglichen habe, habe ich eine kleine Besonderheit angemerkt, in welchem sich die Vorgänge dieser Prozesse unterscheiden. Ein Stern beispielsweise scheint anfänglich eine große Masse und eine geringe Dichte zu haben; durch seine Strahlung verliert er Masse und erhöht seine Dichte. Nach Verstreichen einer unermesslichen Zeit sind dessen Atome eng aneinander gebunden. Nach Aussage der Experten verströmt der Stern zunächst ausgesprochen viel Energie, wie jeder Jugendliche, dann verringert sich das Tempo, und zuletzt emittiert der Stern seine Energie auf eine gesetzte und bedächtige Weise, die wir mit dem Alter assoziieren.

Das Gegenteil ist bei einer menschlichen Gesellschaft der Fall. Wir beginnen mit einer Anzahl von Personen, die durch gleiche Vorstellungen und Verhaltensweisen eng miteinander verbunden sind. Die erste Energiezufuhr, so schmerzlich sie auch sein mag, bewirkt vereinzelte kulturelle Ergebnisse; mit fortdauernder Energiezunahme werden die kulturellen Effekte sichtbarer und unter dem Einfluss von noch weiterreichenden sexuellen Vorschriften sprengt die Gesellschaft ihre Grenzen, erobert, versklavt, unterwirft und beutet aus. Wenn die intensive Enthaltsamkeit über zwei Generationen hinweg Teil der überlieferten Tradition bleibt, steigt die Energie ins Unermessliche, verändert ihren Charakter und bringt Merkmale hervor, die bisher verborgen geblieben sind. Die Energie scheint exponentiell anzusteigen. Die Gesellschaft expandiert in all ihren vielfältigen Bereichen. Sie weist eine herausragende mentale Energie auf, die sich in Kunst und Wissenschaft zeigt, verfeinert das Handwerk, verändert ihre Auffassungen über alle denkbaren Themen, übt eine beträchtliche Kontrolle über ihre Umwelt aus und verwirklicht ihre potenziellen Kräfte in den höchsten bisher bekannten Ausdrucksformen. Ihre ererbte Tradition wird durch die Produkte ihrer verströmenden Energie erweitert und durch menschliche Entropie verfeinert. Eine rationalistische Umlaufbahn trennt sich ab und bildet einen neuen Ring um die bisherigen herum. Der kulturelle Zustand einer solchen Gesellschaft kann auch durch einen Kegel mit einer rationalistischen Spitze, einer deistischen Mitte, einer weiteren manistischen Schicht und eventuell einer zoistischen Basis veranschaulicht werden (siehe Abbildung F).

Auf diese Art scheint die menschliche Energie entstanden zu sein und sich ausgewirkt zu haben. In der Vergangenheit konnte keine menschliche Gesellschaft eine große Energie über einen langen Zeitraum hinweg entfalten. Die Gesellschaften, die sie entfaltet haben, wurden immer von der Schicht dominiert, in der sich die vergleichsweise größte Energie zeigte. Keine Gesellschaft hat jemals die Energie um ihrer selbst willen angestrebt; jedes Aufkeimen von Energie scheint zufällig eingetreten zu sein. Auch hat bisher niemand nachgewiesen, dass die menschliche Energie erstrebenswert ist. Alles, was wir wissen, ist, dass sie sich in der Vergangenheit in ungleichmäßigem Ausmaß entfaltet hat, und dass sich deren Intensität in jeder Gesellschaft von Zeit zu Zeit änderte.

Genauso hat sich in der Vergangenheit die größte Energie nur dort entfaltet, wo die Gesellschaften durch die Annahme absoluter Monogamie ihre sexuelle Freizügigkeit auf ein Minimum reduziert haben. In allen Fällen wurde Frauen und Kindern ein niedriger Rechtsstatus zuerkannt; manchmal waren sie nur Anhängsel im Besitz der Männer. Anschließend wurden sie befreit von ihren Benachteiligungen. Zur gleichen Zeit wurde die sexuelle Freizügigkeit der Gesellschaft ausgeweitet. Dann konnten sexuelle Triebe auf natürliche oder widernatürliche Weise befriedigt werden. Es verschwand die durch eine fehlende Befriedigung entstehende Suche nach einem Ausweg; emotionaler Stress keimte nicht mehr auf. So sank die gesellschaftliche Energie und verschwand dann.

Es ist schwierig, eine eigene Meinung darüber mit voller Überzeugung auszusprechen. Aber wenn ich am Ende meiner Untersuchung den Strom der Zeit Revue passieren lasse, scheint mir, dass es das unterschiedliche Los von Männern und Frauen und nicht die verpflichtende Keuschheit war, die den Niedergang der absoluten Monogamie verursachte. Bisher ist es keiner Gesellschaft gelungen, die Beziehungen zwischen den Geschlechtern so zu regulieren, dass die sexuelle Freizügigkeit dauerhaft minimiert wurde. Aus den historischen Belegen ziehe ich die Folgerung, dass – wenn jemals dieses Ziel erwünscht sein sollte – die Geschlechter zuerst auf dem Fundament einer vollständigen gesetzlichen Gleichstellung stehen müssen.

Wie es scheint, kann sich eine menschliche Gesellschaft in der Zukunft Gedanken machen über die Menge an Energie, die sie sowohl in ihrem kulturellen Verhalten als auch in ihrer Struktur zu besitzen wagen kann, und in ihrem zufälligen Lauf fortfahren. Sollte jedoch eine Gesellschaft danach streben, ihr kulturelles Schicksal zu gestalten, kann sie es durch Steigerung oder Verminderung der Energiemenge tun. Eine Änderung des kulturellen Zustands wird in der dritten Generation nach der Reform der sexuellen Vorschriften auftauchen. Eine geringere Energie lässt sich leicht herstellen, da die Mitglieder der Gesellschaft nicht zögern werden, die Vorteile einer Lockerung der Vorschriften zu ergreifen. Die Lebenskraft scheint zurückzufließen. Wenn hingegen eine starke Gesellschaft wünscht ihre produktive Energie langfristig oder sogar für immer zu entfalten, muss sie sich neu erfinden: Zunächst muss sie, denke ich, die Geschlechter rechtlich völlig gleichstellen, und dann ihre ökonomische und soziale Organisation auf eine Weise reformieren, die es sowohl möglich als auch annehmbar macht, dass die sexuelle Freizügigkeit für lange Zeit oder für immer minimiert bleibt. In dem Fall würde sich das Gesicht der Gesellschaft in Richtung des kulturellen Prozesses verändern, ihre ererbte Tradition würde sich kontinuierlich anreichern. Die Gesellschaft würde eine höhere und bisher noch unerreichte Kulturstufe erklimmen. Durch das Wirken menschlicher Entropie würde ihre Tradition auf eine Weise erweitert und verfeinert werden, die unser gegenwärtiges Verständnis übersteigt.

Nachweis zur Übersetzung

§ bei Unwin	Kapitel in Übersetzung	Kürzung oder Anmerkung
Preface	Vorwort	* *
1.	1.1	
2.	1.2	
3.	1.3	°
7.	1.4	*
15.	1.6	* °
26.	2.1	
30.	2.1	
31.	2.1	°
43.	2.4	* °
55. 56.	2.5	* °
65.	1.5	* *
82.	2.2	°
97. 98.	2.3	°
154.	4.1	° °
155.	4.2	*
156.	4.3	* *
158.	5.	
159.	6.1	* *
160.	6.2	* * ° °
166.	3.	* * Teil aus Fußnote 174 integriert; Absätze nach Ethnien geordnet
167.	7.5	2. Teil des § *
168.	x	größtenteils wegen Redundanz gestrichen, aber zwei Sätze in 7.2 integriert
169.	7.1	°
170.	7.2	
171.	7.3	°
(ohne Nr.)	7.6	Exkurs in § 175 bei Unwin
172.	7.4 / 7.7	Paragraph in 2 Kapitel unterteilt / * °
173.	7.8	
174.	8.	
175.	9.	Ausnahme: Exkurs zu Arabern → 7.6

°   = Kleinere Kürzung/en in den klein gedruckten Passagen (Anmerkungen)

° °   = Größere Kürzung/en in den klein gedruckten Passagen (Anmerkungen)

*   = Kleinere Kürzung/en im Haupttext

* *   = Größere Kürzung/en im Haupttext

Die Auslassungen betreffen in aller Regel redundante Passagen, Querverweise auf andere Stellen, Vergleiche des Autors und vereinzelt auch kleine Exkurse, die für den Argumentationsgang nicht von Bedeutung sind.